JN110725

図書館・文化・社会 3

時代のなかの図書館・読書文化

【編著】
相関図書館学方法論研究会
（川崎良孝・三浦太郎）

【著・訳】
吉田右子
杉山悦子
塩見昇
拱佳蔚
金晶
呉桐
中山愛理
福井佑介

松籟社

目次

時代のなかの図書館・読書文化

戦後初期公民館構想における図書館の位置づけに関する批判的再解釈
なぜ図書館と公民館は分離して語られてきたのか

吉田右子

はじめに

　日本の大多数の図書館において、児童サービスのスペースを除き館内では静寂さが厳密に保持され、資料閲覧と個人学習が利用者の主たる活動となっている。そうした環境下の図書館において利用者同士の対話や議論は存在しえない。しかしながら21世紀の公共図書館は資料提供を中心とした静寂な場所から、あらゆるメディアを通じて他者とコミュニケーションする場所となっている。このような公共図書館の変革を牽引してきた国の1つが北欧デンマークである。デンマークの公共図書館を統括するデンマーク文化省の城・文化局は、公共図書館の機能への新たなニーズにたいし、図書館空間にどのような機能を設定しどこにそうした機能を配置するのかを検討し、学習空間、インスピレーション空間、出会いの空間、創作空間からなる公共図書館モデルを提示している[1]。図書館施設はこの4つの空間を具現化する学習スペース・創作スペース、共有スペース、児童スペース、資料スペースなどから構成される[2]。このモデルからは公共図書館における資料スペースが減少していること、静寂スペースが館内のきわめて限定的な空間となっていること、図書館が出会いや対話を醸成する空間を標榜していることがわかる。このように北欧公共図書館は情報と資料の提供サービスを基盤に文化的体験、新しいメディア機器の利用、対話型学習、文化的体験、知的生産物の創作を促す総合的な学習・文化施設となっている[3]。日本においても新しく設置された公共図書館を中心に上記モデルが具

現化され、多様なニーズを持つ利用者の文化・学習活動が可能となる空間が提供されるようになった。しかしながら大多数の図書館において、児童サービスのスペースを除き館内では静寂さが厳密に保持され、資料閲覧と個人学習が利用者の主たる活動となっている。そうした図書館において利用者同士の対話や議論は存在しない。

　一方、日本には生涯学習のための中核的機関の1つとして公民館があり、あらゆる年代を対象とした生涯学習プログラムを提供し、地域住民の多様な学習・文化活動を支えている。公民館に関して施設数や主催事業の減少、利用者の固定化なども指摘されているものの、公民館数は類似施設も含め全国に2016 年 10 月現在14,841 館あり、同年度の公共図書館数3,331 館の約4.5 倍であり、そのほとんどが地域住民の居住圏内に設置されている[4]。

　中央教育審議会は、2018 年 12 月に「人口減少時代の新しい地域づくりに向けた社会教育の振興方策について（答申）」をまとめた。同答申では公民館と図書館及び博物館が今後、地域の学習拠点としての役割を果たしつつ、公民館には「地域コミュニティの維持と持続的な発展を推進するセンター的役割、地域の防災拠点」、図書館には「他部局と連携した個人のスキルアップや就業等の支援、住民のニーズに対応できる情報拠点」となることが求められているとする[5]。

　佐藤一子は公民館を「学びの公共空間」と捉え、その歴史的発展と今日的な課題を整理している[6]。佐藤は公民館と図書館・博物館との差異を「市町村区域内で地域住民の共通の関心と生活の共同性をベースにしながらつどい、学びあい、地域内で『応答が返される』関係を創り出す」ところに見出し、公民館を「地域住民の自己教育と相互学習の継続的発展を不断に創り出す『地域的な学びの公共空間』」と規定している[7]。

　海外の公共図書館が、資料や情報へのアクセスを基盤に、多様な学習・文化プログラムを地域住民を対象に提供する総合的な教育・文化施設としての役割を担う一方で、日本の場合、図書館が主として情報アクセスと読書のための施設として、公民館が学習講座や文化プログラムのための施設として活動領域を部分的に重ね合わせつつも、双方の施設的特徴を生かして機能分担すること

で、地域の生涯学習空間を形成してきた。換言するならば、海外の公共図書館は、日本の公共図書館と公民館の機能を併せ持った施設として機能している。

　資料提供の場から複合的な目的を持つ生涯学習施設となった海外の公共図書館が、現在最も重視しているのは公共図書館が地域住民の出会いと対話の場所として存立することであり、法制度に公共図書館が議論と対話空間であることを盛り込むことが、近年の傾向として顕著に見られるようになってきた。例えばノルウェーは2013年に改正された「公共図書館法」第1条で「公共図書館は公共性を持つ会話と議論のための独立した出会いの場／活動の場である」と定めた[8]。オランダは2014年に改正された「公共図書館サービス法」第5条の中で図書館の機能として「集会および議論の場の提供」を定めた[9]。さらにフィンランドは2016年に改正された「公共図書館法」で第6条に公共図書館の役割として「社会的・文化的対話の醸成」を掲げた[10]。

　日本の大多数の図書館においては館内での会話が制限されているために、議論と対話の場となることが阻まれている[11]。一方、公共図書館とともに地域住民の生涯学習のための日常的施設である公民館は学習講座や文化プログラムの実施を主体とする施設であり、会話・対話が自然に醸成される空間である[12]。つまり海外の公共図書館が標榜する会話と対話のための公共的学習空間は、日本では「公民館」に準備されてきたと言える。公共図書館と公民館の2つの層から構成された日本の生涯学習空間は、図書館機能と公民館的機能を持つ海外の公共図書館の在りようと比較すると、際立った特徴を持つ。実際に公共図書館と公民館は地域住民の生涯学習施設としての目的を共有し、学習・文化施設としての機能を部分的に共有しつつ生涯学習のための豊かな基盤を形成してきたのである。

　公共図書館と公民館はともに生涯学習の中核的拠点であり、きわめて類似した事業も多い。社会教育法第20条2項は公民館の学習・文化事業について「討論会、講習会、講演会、実習会、展示会等を開催すること」と定めている[13]。一方、図書館法第3条6項には、「読書会、研究会、鑑賞会、映写会、資料展示会等を主催し、及びこれらの開催を奨励すること」とある[14]。図書館法第3条9項[15]により連携を維持してきた両者の関係について、公共図書館と公民館の

専門雑誌では定期的に特集が組まれ、歴史的経緯、現状、課題などが論じられてきた[16]。

　近年の両者をめぐる議論は公民館の中に設置される「公民館図書室」に集中している。社会教育法は第22条3項で「公民館の事業」として「図書、記録、模型、資料等を備え、その利用を図ること」[17]と定めており、この条文が公民館に図書室を置く法的根拠となってきた。しかしこの条文は公民館の機能の1つとして資料の提供を定めているのであり、資料スペースを規定するものではない。この定義をめぐり公民館図書室に関する批判的議論が展開されてきた。公民館図書室は公共図書館未設置地域においては、住民の情報アクセスの拠点として実質的に公共図書館の役割を果たしている。しかしながら図書館法に定められた図書館ではないため、公共図書館サービスを十全に果たすことができない。2006年10月には社会教育施設整備のための補助金によって設置された公民館の図書室が図書館として認められることとなった。これは1995年の合併特例法により2005年から2006年にかけて起こった市町村合併の動きによる公民館図書室の図書館への転用を反映した政策であった[18]。また公民館図書室にたいする住民の働きかけにより公共図書館設置運動が起こり、公共図書館設置を実現させた例もある[19]。しかしながら大多数の公民館図書室は専任職員、資料数、資料情報サービスの点で、量と質を兼ね備えた図書館サービスを提供することが困難な状況での運営を余儀なくされている。

　先行研究は、公共図書館と公民館が日本の社会教育の中核的機関であることを踏まえた上で、両者の関係性がはらむ本質的問題を指摘している。特に図書館界では、昭和20年代に小規模図書館が公民館に切り替わっていったことが問題視され、公民館図書室の図書館としての位置づけが図書館法に明確に記述されなかったことによる弊害を今日の公民館図書室の課題として認識している。内田和浩は公民館図書室の位置づけの危うさを指摘している[20]。西田博志は公民館図書室の図書館サービスが貧困な状況に置かれている現状を報告し「両者を区別して考えることには無理があり、そういう意味では、図書館や公民館の関係者は、余りにも『公民館図書室』の名称と役割にこだわり過ぎていなかったであろうか」と疑義を呈した[21]。進藤文夫は公民館と図書館の歴史

的経緯を示しながら、図書館側の公民館にたいする不信感の理由を示唆している[22]。谷貝忍は住民が自分に合った施設を自由に選択していることを示しながらも「社会教育機関として共同の基盤をもつ二つの施設は本来それぞれ独自の役割を担いながら、その事業内容には類似的に重なりあう部分があり、共同や提携が不十分な場合、教育行政としての展開は非効率となり、場合によっては『張り合う』という住民にとっては理解に苦しむ現実さえが生まれかねない」と指摘した[23]。

　行政上の位置付けや両施設の役割が問題化される一方で、公共図書館と公民館が有機的に機能することで地域の学習環境が豊かになること、住民の社会教育への多様なニーズの充足は社会教育機関の多様性によって担保されることが同時に指摘されてきた。「住民たちは、新たな期待をもって、図書館、公民館をみている。……かれらは自分たちの欲求を充足するため社会教育施設を利用するが、複数施設を利用することが多い。このことは、かれらの多様で深い欲求を充足するには複数の施設が必要なこと、さらに各施設間の連絡、提携を求めていることを示す」[24]あるいは「社会教育施設は、それぞれが孤立し、単独で活動するものとしてあるのではない。住民の多様で複雑な要求にたいし、それぞれがその特徴を活かし、それを充足するよう全体として体系だてられ、組織をもって活動するものである」[25]などがそうした見方である。小川剛は両者の関係について「図書館と公民館とが協力体制を組むのは、住民の学習権を生涯にわたって十全に保障するためである」とした上で、「図書館は最も豊かな知識、情報源をもち、公民館は最も住民に親しまれている施設である。単純にいえば、両者が結びつくことによって、多くの住民に豊かな知識、情報源を保障することになる。また、公民館での学習活動に厚みが加わることになる」と述べている[26]。日本の生涯学習空間において公民館と図書館が中核的な存在となり、基本的にはそれぞれが固有の役割を果たすことでその成果が重なり合い、豊かな生涯学習空間が醸成されてきたことは間違いない。

　本研究は公共図書館と公民館を中心に形成されてきた日本の社会教育の歴史を踏まえ、多様な社会教育施設が地域に厚みのある学習空間を構成することの意義を認めた上で、両者を先行研究とは異なる方向性で捉えることを目指す。

本稿では公民館設置の基点に立ち戻り、公民館を構想した寺中作雄の言説を中心に公民館構想における図書館の位置づけに着目する。田所祐史は公民館の歴史を考える際、図書館および隣接領域と関連づけて検討していく必要性について言及し[27]、公民館が「幅広い多機能性・総合性をもって普及したことにより、学校教育、図書館、社会事業（福祉）など隣接領域と包含・連携・対立などさまざまな関係を結ぶ」ものであることを指摘している[28]。

　本稿の目的は公民館の発案と設置の最初期に焦点を当てて、その段階で図書館および資料提供を含む図書館サービスはどのように捉えられていたのかを分析し、占領期初期にいかなる地域社会の学びの空間が示されていたのかを明らかにすることである。

　戦後初期公民館の構想の際、その計画に図書館的な要素がどのように関係づけられていたのかを歴史的に検討することは二重の意味で重要である。1つには日本の公共図書館の数が海外に比較して絶対数が不足しているという事実を踏まえ[29]、公民館図書室を公共図書館のオルタナティブとして捉え直す可能性の検討材料とすることである[30]。これは公民館図書室それ自体の公共図書館としての存立可能性を探る作業として捉えられる。もう1つは、日本の公民館で実施されている各種学習・文化事業が海外では主として公共図書館で実施されている状況を鑑みるに、日本では公共図書館ではこれらの文化プログラムをどのように伸展させていく可能性があるのかを探る点である。これは公共図書館と公民館の機能分化あるいは役割分担を探る作業として捉えられる。

1　先行研究

　公民館は文部省社会教育局公民教育課長であった寺中が1946年に発案した日本独自の社会教育施設である。寺中の公民館構想については社会教育の領域を中心に多くの研究者が公民館着想に至る寺中の経歴や公民館に関わる見解、構想が具現化されるに至る経緯、公民館の施設としての独自性の解明に取り組んできた。

　上原直人は寺中が公民教育の振興のための施設として公民館を発案した1945年終わりごろから公民館を法的に規定した社会教育法が制定される1949

年6月までの寺中の公民館構想を、寺中の公民教育論を中心にその社会教育理論の深化の軌跡をたどっている[31]。植原孝行は寺中が公民教育課長であった時に社会教育局長であった関口泰からの影響について検討している[32]。夏鵬翔は公民館構想と「三多摩テーゼ」と呼ばれる戦後の公民館の基本的な考え方を関連付けながら論じている[33]。上原は寺中の社会教育観を浮かび上がらせながら公民館が日本独自の社会教育施設として立ち上がって行く様相を総合的に検討し、公民教育を担う施設としての公民館を構想した寺中の公民教育論の全体像を解明した[34]。生島美和は寺中の公民館構想を地域博物館論から検討し、先行研究が「社会教育法以後の専門化された施設論に立脚し、寺中構想を公民館史のみで論じてきたことで、そこに描かれた図書館や博物館の機能を捨象もしくは矮小化してきたのではないか」と問うている[35]。田所は1934年に松尾友雄によって示された社会教育館構想を参照しながら寺中の公民館構想の特徴を検討している[36]。

　図書館史研究においては、戦後初期の公民館構想と構想の具現化による公民館設置の急展開に関して、否定的な認識が示されてきた。裏田武夫と小川剛は1946年7月に通達された文部次官通牒「公民館の設置運営について」に基づいて全国に公民館が設置されることが、「それまで民主主義思想普及の唯一の社会教育機関として考えられていた公共図書館の立場を相対的に低下させ、また、文部省の社会教育にかんする関心を公民館に移させるという結果になった。このことは、市町村段階までの図書館の設置を、現実的に不可能にしてしまったといえる」とし、公民館の振興・普及が公共図書館の展開を妨げたとする[37]。石井敦らは「文部次官通牒」が「敗戦後の混乱期に、忽然と社会教育関係官僚によって構想され、その設置奨励が行われた……彼らは、以後社会教育施設の中心を、自分たちの作ったこの公民館におき、勢力的に補助金を注いでその維持に務めてきた。この社会教育行政中における公民館偏重が、図書館改革を遅らせる一因にもなったと見るのは、図書館関係者の僻目だろうか」と当時の社会教育政策に疑義を呈している[38]。小川徹は1950年に662館あった町村立図書館が、町村合併後の1955年には215館になったことについて「文部省は、統廃合された図書館は、公民館図書館に移行した」と認識していたとし、

当時、同省が「公民館内に図書館的機能をもった図書部を置き、その機能を充実させれば」図書部の独立は必要なしと考えていたと指摘している[39]。1950年代に公民館と図書館が有機的な関係を結んでいる地域は少数であったと言えるだろう[40]。

　このように寺中の公民館構想についてはすでに一定量の研究の蓄積がある。しかしながら初期公民館構想と図書サービスあるいは図書館との関係性に焦点を当てた先行研究は存在しない。そこで本稿では先行研究では十分に検討されてこなかった公民館構想における図書館や資料サービスの位相を、寺中の言説を中心に分析し解釈し直す。

2　占領期公民館構想と図書館

　本章では、寺中の公民館構想に関わる主著である、公民館構想が活字として初めて公にされた「公民教育の振興と公民館の構想」[41]（1946年1月）、文部省から全国の自治体に向けて公民館の設置を通達した文部次官通牒「公民館の設置運営について」[42]（1946年7月）、文部省が公民館を全国的に設置していく際、それを後押しする役割を果たした『公民館の建設』[43]（1946年12月）、『公民館の経営』[44]（1947年6月）、『公民館はどうあるべきか』[45]（鈴木健次郎との共著、1948年5月）を検討する。さらに公民館構想と設置過程に関わる寺中の回想も含めた文献・資料を時系列に沿ってみていき、図書館および資料提供を含む図書館サービスについての記述を抽出・分析することで、初期公民館構想と公共図書館の関係性を探る。

2.1　「公民教育の振興と公民館の構想」（1946年）

　文部省社会教育局の要職を歴任した寺中が初めて公民館構想を公にしたのは、1945年12月の社会教育局会議の席であった。当時、社会教育局公民教育課長の職にあった寺中は局議で次のように発言した[46]。

　　　社会教育のための中心施設を各市町村に持たせ、同時に社会教育の仕事を恒久的に継続して行けるような機構を作って、人と施設と仕事とが結合して併行的に進むようにしなければ、根本的な社会教育の振興は期せら

れないと思う。そこで私はその社会教育の中心施設として、「公民館」というものを考えてはどうかと思う。「公民館」というのは、公民学校、<u>図書館</u>、博物館、公会堂、町村民集会所、産業指導所を兼ねたようなもので、社会教育、自治振興、社交娯楽、産業振興、青年養成というような広汎な機能を綜合的に推進する民主的な機構を持った施設として盛り立てて行く必要がある。［下線部は筆者による］

　寺中は会議で公表した公民館構想を「公民教育の振興と公民館の構想」としてまとめた上で『大日本教育』に投稿した。同論文で寺中は公民館を「現在の図書館施設と青年学校を総合したものを基軸」とすると規定した上で[47]、「公民館は図書館であり博物館であり、郷土館であり、社交場であり、公会場であり、又教会堂であり、青年団、婦人団、壮年団等の溜りであり、青年学校でもあらしめたい」とし、公民館が図書館の機能も含め複合的な目的を持つ社会教育施設であることを明示している[48]。さらに「公民館には講堂、図書室、陳列室、談話室等が施設せられ……常時読書会、講演会、映写会、親睦会、講習会展覧会等が開設せられ」と述べ[49]、公民館には図書室がおかれること、常に読書会が開かれることを示唆している。

　ただし寺中は図書館や資料提供に言及しながらも「公民館の使命は第一義に自治の振興を目標とする」と主張している[50]。公民館は地域社会の自治を形成し維持していくために存在し、図書・資料サービスを含め公民館の目的は自治確立のためであるとの見解が示された。その後の回想でも「昔、島根県で若い見習い時代に地方の村々をあるきまして、地方の人たちが自治というものを体得していないことを知った、［原文ママ］無知のために、自治が乱れていることをみていたことにあった」と述べるなど、地域の自治の確立が公民館を構想するヒントだったと述べている[51]。寺中の公民館構想の中心には、自治の支柱となる公民教育が揺るぎないものとしてあったことはすでに先行研究が明らかにしている[52]。それは公民館に置かれる資料についての発言「公民館には国民の文化水準向上に適当な図書を不断に配給し、特に国民必読と考へられる権威ある書籍は公民教育の教科書としての意味を含めて可能な限りの部数を備付させる様にしたいものである」などの指摘にも明確に示されている[53]。寺中は構

想の中で「一般町村を対象に考へ、大都市で既に図書館を有し公会堂博物館美術館を持ち、娯楽機関や啓蒙宣伝機関を持つた所は、特に之らの機関の総合されたものとしての公民館を置く必要はないであらう」と述べ、非都市地域を公民館設置の主たる対象と考えていた[54]。

2.2 文部次官通牒「公民館の設置運営について」(1946年)

　1946年4月に連合国軍最高司令官総司令部(GHQ/SCAP)民間情報教育局(CIE)に成人教育担当官としてジョン・モーニンガー・ネルソンが着任した。ネルソンと社会教育課長となった寺中との間で公民館(Citizens' Public Halls/Civil Halls)構想検討が本格化した[55]。ネルソンは占領期の日本で、これまでに存在していなかった新たな社会教育施設である公民館の普及を実質的に推進させていくために中心的な役割を果たした[56]。2人が検討したのは文部次官通牒として通達されることになる文書「公民館の設置運営について」である。同通牒が発表されるまでのCIEと文部省の折衝については、大田高輝がCIE社会教育文書に基づいて詳細に報告している[57]。ネルソンが公民館構想を文部省から受け取ったのは1946年5月2日であったが、1946年7月1日に承認されるまでに文部省関係職員と毎週、多い時には週3回の会議を行い内容を固めていった[58]。ネルソンが当時作成していた週間報告書を分析した大田は、「占領下公民館構想とは、もともと文部省社会教育局が『文部省構想』という『原案』の形で提案し、文部省社会教育局と……CIE教育課とりわけ成人教育担当官ネルソンの関与の影響を直接的に内包した新しい地域社会の社会教育の中核的な機関の構想である」と述べ、寺中個人の公民館構想が、文部省とCIEの折衝の場での議論によって形成されていった過程を総括している[59]。そして「公民館の設置運営について」は、日本側とCIE側の折衝から約3か月という早い速度で完成し1946年7月5日に通達された。

　ネルソンは帰国後、自身の博士論文のテーマに占領期日本の社会教育を選び、『占領期日本の社会教育改革:1946-1950年』としてカンザス大学に提出し博士号を得ている[60]。ネルソンの公民館に関わる認識はこの博士論文に以下のように明瞭に記されている[61]。

地域の教育機関としての公民館は……日本の文化様式に調和するかのよ
うにも思われた。「地域共同体的営為は東洋の地域と同様に日本でも生活
上の強力な特徴であったし、今でも相変わらずあり続けている」。……そ
のような地方の教育機関を通して、公衆は「自己を発見し、確立する」こ
とができる。

　ネルソンは公民館が地域共同体の結びつきが強い日本の文化に合った成人教
育機関であると認識し、その有効性を信じていた。大田はネルソンの公民館に
関する認識として「民主的な方法で人々を訓練する場としての公民館」、「成人
教育の地域的拠点としての公民館」、「成人教育の地方分権化の手段としての公
民館」の3点を抽出している[62]。

　ネルソンは博士論文の中で「成人教育に関する公的機関の再編と発展」に1
章を当て公民館と図書館についてそれぞれ解説しているが、公民館の項目に図
書館への言及はない。唯一図書館サービスに関わる記述として、公民館に置く
資料として新刊書、雑誌・新聞と新憲法に関する図書、農業関係の資料に言及
し、それらの資料を用いた討論に触れた部分がある[63]。また図書館の項目にお
いては、他の類縁機関と同列に公民館と図書館の連携に言及があったのみであ
る[64]。

　1946年7月5日に通達された「文部次官通牒」において、公民館は以下のよ
うに規定された[65]。

　　公民館は全国の各町村に設置せられ、此処に常時に町村民が打ち集つて
談論し読書し、生活上産業上の指導を受けお互の交友を深める場所であ
る。それは謂はば［原文では平仮名繰返し記号（濁点）］等郷土に於ける公
民学校、図書館、博物館、公会堂、町村民集会場、産業指導所などの機
能を兼ねた文化教養の機関である。［下線部は筆者による］

　公民館設置の具体的計画の中には「図書館、博物館、郷土館等があれば之を
公民館に併合し、又は之を公民館の分館として活用すること」とあった[66]。ま
た「町村以外の都市で市立図書館、博物館、公会堂等のある所は、極力之らの
施設の固有機能を充実発揮せしめる様にし、特に別個の公民館の設置は必ずし
も考へる必要がないと思はれるが図書館、博物館、公会堂等に於て其の附帯事

業として図書資材の貸出を行ひ又各種の会合を開催し努めて公民館的な経営を行ふことについては、大いに考慮すること」として、公民館施設がない場所では、図書館が附帯事業として公民館活動を行うことを促している[67]。

　文部次官通牒で通達された公民館設置を実行していくための指針として1946年12月に刊行された『公民館の建設』において既存の建物の転用について、以下のような記述がある[68]。

　　　宏壮な石造建築物を空想する必要はなく町村内にある既設建物を利用して充分町村民に愛される魂のこもつた公民館を作ることが出来るのである。学校、図書館、公会堂、道場、寺院、工場宿舎など、町村民の最も集まり易い場所にある最も適当な建物を利用して公民館として施設すればよい。学校の外に図書館、博物館、郷土館等があれば之を公民館に併合するなり、又は之を公民館の分館として活用するのもよい……一般的に見て一番適當と思はれるのは独立校舎を持つた青年学校で、青年団と特別の親しみもあり、之を公民館として解放する様にする事は望ましい事である。[下線部は筆者による]

　続けて公民館と図書館の関係について「公民館が将来制度として確立せられ、図書館制度との調整が為されるまでの間は、制度的な矛盾があるのは止むを得ない。ゆえにここ［原文では平仮名繰返し記号］に図書館を公民館に併合し、又は公民館分館として活用すると言ふ意味は、既存の公立図書館を法的に廃止して、公民館に合併する意味ではなく、実際運営の上に於て機能的に公民館に併合し、公民館と一体的に運営する意味である」と述べている[69]。

　公民館に最も転用しやすい施設として青年学校があげられる一方で、既設の図書館等を公民館に「併合する」とするなど、公民館を主、図書館を従と受け取ることもできる表現が使われていた。こうした表現が戦後誕生した公民館に先行し、この時点ですでに社会教育施設として半世紀以上の歴史を持っていた図書館界の反発を招いた可能性は否めない。

　ところで寺中が最初に公民館を構想した時に、公民館の役割として、図書館の中心的業務である図書・資料提供サービスが組み入れられていたことは前述した通りである。「次官通牒」においてはこうした構想を具現化する組織も明示

された。すなわち公民館の編成として教養部、図書部、産業部、集会部が挙げられ、各部には主事を配置することが示唆されている[70]。図書部の仕事としては、教養図書、科学雑誌の購入、住民への閲覧サービス、貸出サービス、読書会の開催、館外サービスが促されている。「読書相談と巡回文庫」を扱った節で寺中は公民館内での閲覧よりも貸出を重視する理念を具体化する方法として「図書部の仕事は図書を備へて町村民の閲覧に供する事であるが……読者の訪れるのを漫然と手を拱い待つべきものではなく、求めに応じて、図書の方から読者に近付かねばならぬ。即ち貸出文庫、巡回文庫を実施し、又読書会を催して、積極的な読書指導を為すべきである」と述べ、アウトリーチ・サービスの必要性を指摘した[71]。郷土史料、行政史料、産業教育資料の収集、提供を通じて地域住民の教育指導を行うこと、図書部専任主事が図書の購入、保管、貸出、読書指導を行うことも明記されている[72]。

2.3 『公民館の経営』（1947年）

1947年に出された『公民館の経営』は前年度の文部次官通牒を受け、公民館普及のために刊行された書籍である。「公民館経営の目標」、「公民館運動」、「公民館の設計」、「公民館の性格と運営方針」、「公民館運営の組織」、「公民館の事業計画」からなり、平易な言葉で公民館の意義を伝えようとしている。同書には公民館の図書部の特徴を図書館と比較して述べている箇所がある。「公民館の図書部は独立の図書館よりも一層広い広がりを持ち、社会生活と直結し、職業生活と深く接触した町村民の文化の心臓としての使命を果たすものでなければならない」という部分であるが[73]、「図書館よりも一層広い広がり」という文言は同時代の図書館の「閉鎖性」を暗示しているようにも取れる表現である。

さらに公民館図書部に関して「特志研究家を『迎え待つ図書館』ではなく『招く図書館』『出掛ける図書館』となることを望むものである」と説明している[74]。寺中の既存の図書館にたいするイメージは「迎え待つ図書館」であり、それと対比させる形で公民館図書部を「出掛ける図書館」と表現することで伝統的図書館像を批判している。

1948年の東京都社会教育研究大会に文部省代表として登壇した寺中は「公民

館運動は一昨年からはじまりまして約二年になりました。その間、国民の非常な支持を得まして、現在全国に約三千館の設立を見ている」と述べた上で、東京都のような大都市における公民館運動が行き詰まりを打開するために「小さな地域的のところに、適当な建物を見付けて、そこに皆が集つて話し合い、討論しあい、あるいは講演を聞くとか娯楽会を開くとか、あるいはいろいろ［原文では「くの字点」］の講座を開くとか、あるいは小図書館を開設するとかいうような形の公民館を持つことが必要であると思うのであります」と発言している[75]。これは町村を中心に公民館数が順調に伸びる中で、構想最初期の「公民教育の振興と公民館の構想」では必ずしも設置の必要なしとみなしていた都市部への公民館の普及を狙った発言として受け止めることができる。この大会には日比谷図書館長であった中田邦造も登壇しているが、発表は「東京都における図書館の概況」を論題としており、その中で公民館には一切触れていない[76]。また質疑応答でも、登壇者と参加者とのやりとりは個別の施設に関わる内容に終始し、公民館と図書館の関係性に関わる質問は皆無であった。

2.4 『社会教育法解説』(1949年)

　1948年4月に「社会教育振興方策について」(昭和二十三年四月九日　教育刷新委員会第64回総会決定) が内閣総理大臣に提出されたのをきっかけとして、文部省内では社会教育法案に関する検討が本格化した[77]。社会教育法は1949年4月30日に第5回国会に提出され、1949年6月10日に公布された。

　寺中は1949年7月に『社会教育法解説』を刊行した。同書は社会教育行政の沿革と動向、社会教育法制定の経緯や審議過程の解説からなる総論と社会教育法の総則、社会教育団体、社会教育委員、公民館、学校施設の利用、通信教育、附則を解説した各論から構成された。寺中は新しい社会教育の形として、学校拡張、社会教育施設、団体活動をあげる中で社会教育施設である公民館を以下のように説明した[78]。

　　　公民館とは読書施設のみならず、これに附随して集会所施設、展示施
　　　設、文化機材設備等を備えて、読書、講演、集会、討論、展示、社交、
　　　娯楽等の為の総合的な市町村の文化センターとする趣旨の施設であつて、

一は書類倉庫に堕し勝な図書館の形態に活を入れる方法として、一は民
主的な社会教育方法の奨励方策として構想されたものである。［下線部は
筆者による］

　図書館は寺中が「書類倉庫」と称した資料収集と保管以外に、利用者への直
接的な情報提供サービス・読書支援サービスをその業務の中核としていたもの
の、寺中のような社会教育政策の中枢にいた者にとっても、図書館の資料の収
集と保管以外の機能がきわめて見えにくい状況であったことを反映している。
地域社会から孤立した存在として図書館をみる寺中の図書館観は、次のような
文章からも明らかである[79]。

　　戦後館界待望の図書館法の制定をみましたが、社会教育全般のうえから
　は、図書館は何かエァポケットになつたの感を率直にいつて私は抱くの
　でありまして、社会教育施設と機関との関連のもとに図書館が現在私に
　抱かせるエァポケットの感を解消する方向に、図書館の存在を真剣に考
　えて、欧米諸国が図書館中心の社会教育を展開している現状に、わが国
　の図書館も複雑な社会事情を調整しながら、近付けたいと考えるのであ
　ります。……社会教育施設の整備拡充充実はわが国の事情が事情である
　だけに、一層の緊急性をもつのであります。図書館はそういう緊急性の
　課題のまえで、現在の社会教育施設の中心として、課題解決の報告にそ
　の全組織をあげて、活動を展開する時機であると考えるものです。

　明言は避けているが、寺中は社会教育において図書館は十分な存在感を示し
ていないととらえていたことを暗に示唆している。
　「公民館の目的」を示す第20条の説明として、寺中は「公民館には郷土民が
自由に活用し得る図書類、展示資料類、教養上産業指導上の諸器具機械類から
健全娯楽用具に至る各種文化施設を常時備えつけて彼らが自ら教養を高め得る
環境を整備し郷土民にとつてありがたい便利な施設とし、また郷土における各
種集会、講習会、研究会、討論会その他あらゆる会合や文化行事に利用される
ものである」と公民館の必要性について論じている[80]。

2.5 公民館構想に関わる回想

　寺中は1955年9月文部省社会教育局長を退任し文部省を退いた。その後は外務省駐仏日本大使館参事官、国立競技場理事長、国立劇場理事長などの役職を歴任したが[81]、社会教育政策に直接携わることはなかった。ただし折に触れて、公民館構想当時の状況、公民館構想をともに育てたネルソンとの議論の場の雰囲気、関係各省との折衝の様子を社会教育関連の雑誌などで表明している[82]。

　こうした回想の中には、公民館と図書館との関係についての言説がみられるが、その多くは公民館制度と図書館制度の対立構造の指摘であった。社会教育法制定5年を迎えた時期には「公民館制度を法制化することについては部内から相当に横槍が入った。図書館関係者の反対である。図書館の機能をも持つものとされる公民館の制度が法制的に確立されることは、政府施策がこの方へ集中され、図書館にたいする施策が手薄になって、図書館の牙城が公民館に乗取られる危険があると考えられたためである」[83]と社会教育法制定をめぐる図書館界との衝突を振り返っている。社会教育法制定への反動主義的な動きがあったことについて「それは図書館関係者から上る反対の火の手で、図書館の機能も併せ持つとされる公民館の制度が法制的に確立された場合、図書館にたいする措置が手薄になって、図書館の牙城が公民館によって乗っ取られてしまうのではないかという危惧から来ているのであった。図書館と公民館との功罪比較論などが関係者の間で激しく議論されて、賑やかな毎日であった」と振り返っている[84]。公民館が社会教育法によって法制化されていく経緯については「公民館だけを社会教育の中心に考えられては困る。それに似た施設として図書館があるじゃないか。公民館をチヤホヤすることは図書館が疲弊することを意味するということで、図書館側から非常に文句が出ました」と同法への反発が強かったことを示唆している[85]。

　公民館の普及にはCIE成人教育担当官ネルソンの強力な推進があった。寺中は「通牒発出後は、まるで自分で発案した構想施設であるかのように、よい意味で公民館の推進に全力を挙げて地方を督励する態度を取り、ネルソン氏の督励をうけた各地方の民事部では、むしろ行き過ぎる位に、公民館の設置に熱を

入れてくれた。こうした態度が、公民館はアメリカの受売だという印象を地方に与えた原因である」のように表現している[86]。

　公民館を振り返る対談の中で戦前の公民館運動について知っていたかを問われた寺中は「そういうことは一向に知りませんでしたね」と答え、構想は戦後独自に思いついたと語っている[87]。そして「『公民館』という思いつきの造語がついに法律文句にまで取り上げられることになろうとは……思いがけぬ結果であった」とし、公民館が寺中自身のオリジナルな造語であったと述べている[88]。寺中の公民館構想は寺中単独の発案であり、図書館界に附帯施設論争を起こした社会教育館構想など、戦前の類似施設に関する議論との連続性はない。

　ただし寺中は1932年に刊行された『理想郷土の建設』に、公民館に似た構想が出ていることを知人から聞かされたエピソードを紹介しながら「こういうことがあり得るのは……公民館の構想が特別新しいものではなく、社会教育が郷土振興を目標とした共同総合施設というようなものを中心になさるべきだとすることは、以前からある考え方であるからである」とも述べている[89]。つまり公民館という概念そのものは、社会教育施設としての普遍性を有していたことを寺中自身も認めていたのであった。

3　考察：占領期公民館構想における図書館の位置づけをめぐる論点

　本稿では寺中の公民館に関わる主著および文部次官通牒を分析対象として、占領期公民館構想における図書館および資料提供を含む図書館サービスの位置づけを検討してきた。本章では寺中の経歴を振り返り、その著書や発言に示された公民館構想における図書館の位置づけを改めて考察していく。

3.1　寺中作雄の経歴と公民館構想

　本節では、寺中の経歴と公民館構想および政策との関わりを跡付ける。寺中の行政官としての経歴および公民館構想と公民館政策の展開をまとめると表1「寺中作雄の経歴と公民館に関わる主要事項」のようになる。

表1　寺中作雄の経歴と公民館に関わる主要事項

年	月日	経歴と公民館関連事項
1945	11月	社会教育局　公民教育課長兼調査課長
	12月	文部省社会教育局公民教育課長として社会教育局会議で公民館構想を発表
	12月	「公民教育の振興と公民館の構想」執筆
1946	1月	「公民教育の振興と公民館の構想」が『大日本教育』に掲載される
	3月	公民教育課長兼社会教育課長
	4月5日	連合国軍最高司令官総司令部（GHQ/SCAP）民間情報教育局（CIE）成人教育担当官（Adult Education Officer）にネルソン着任
	5月	社会教育課長としてネルソンとの間で公民館構想検討
	7月	「公民館の設置運営について」（昭和二十一年七月五日発社一二二号　各長官宛文部次官通牒写）通達
	12月	『公民館の建設：新しい町村の文化施設』（公民館協会）
1947	6月	『公民館の経営』（社会教育連合会）
1948	4月9日	「社会教育振興方策について」（昭和二十三年四月九日　教育刷新委員会第64回総会決定、内閣総理大臣に提出
	5月	鈴木健次郎との共著『公民館はどうあるべきか』（社会教育連合会）
1949	6月1日	文部省大臣官房会計課長
	6月10日	社会教育法制定
	7月	『社会教育法解説』
1950	4月30日	図書館法制定
1952	1月	文部省社会教育局長
1955	9月	文部省社会教育局長退任・文部省退官

［出典］この表は以下に示されている表を元にして筆者が作成した。田所祐史「戦前と戦後初期の社会教育施設構想に関する考察：松尾構想と寺中構想を中心に」『日本公民館学会年報』no. 7, 2010, p. 99 の年表を元に筆者作成。

　先行研究で述べたように、寺中の公民館構想の中核には自治の支柱となるべき公民教育が揺るぎないものとしてあった。そこには寺中自身の行政官としての経験が反映している。寺中は1934年に内務省に入り、島根県警部保安課に配属になった。島根県と富山県に配属されていた時に、自治行政の監査や選挙

事務を担当し、地方における政治関心の低さを体感し、地方自治を担う公民の重要性に目覚めたとされる[90]。寺中は後年になって、社会教育課に入った時の社会教育のイメージは、自治教育や産業教育に近いところにあったと回顧している。そして地方自治と公民教育を接続させて公民館を発案したことを「一般教養よりも自治と結びついたものをやるほうが、社会教育になると思ったので、公民教育課長になったときに、公民館をおもいたった。……一般教養、自治教育、産業教育を、設備をもって、綜合教育としてやるねらいだった」と説明している[91]。寺中の公民館構想の源泉が、内務省時代の経験にあったことは明らかである。

3.2 寺中の公民館構想と図書館界

本節では寺中の公民館構想における図書館の位置づけを同時代の図書館界の動向も踏まえ検討する。

1946年に出された「公民教育の振興と公民館の構想」を出発点として、CIEとの協働により構想が日本の社会教育政策として結実した1946年文部次官通牒「公民館の設置運営について」の通達、公民館の法制化を実現した1949年の社会教育法の制定という一連の流れの中で、公民館構想は全国規模での施設の設置・普及へと進展した。寺中一個人の発想であった公民館という社会教育施設の構想が、着想を得てからわずか半年足らずで文部省の社会教育政策文書「文部次官通牒　公民館の設置運営について」へと展開されたことは社会教育史上、特筆すべきことであった[92]。

1950年7月の報告によると、公民館の設置率は文部次官通牒の通達1年後の1947年8月には全国市町村の約19パーセント、1948年8月には約33パーセントとなった。社会教育法制定を経て、1950年4月に公民館数は16,783館と報告されている[93]。こうした急激な公民館数の増加には、公民館政策の転換があった。

1946年の時点で寺中は「一般町村を対象に考へ、大都市で既に図書館を有し公会堂博物館美術館を持ち、娯楽機関や啓蒙宣伝機関を持つた所は、特に之らの機関の綜合されたものとしての公民館を置く必要はないであらう」と説明し

ており[94]、図書館などの社会教育施設が設置されている都市部には公民館は不要と考えていた。しかしながら文部次官通牒により、公民館という施設そのものの普及が次第に前面に押し出されるようになってきた。これを受け1948年には東京都のような大都市で公民館設置が伸び悩んでいる点について問題化し、その打開策を提案するなど[95]、構想時からの考えの変化が示されるようになった。

寺中の公民館構想には公民館内の図書施設と資料提供サービスが含まれており、寺中は図書館を批判的に参照しながら公民館の図書スペース、資料提供サービスに言及していた。しかしながら公民館と図書館について両者の連携・協働の内容に関わる発言はみられない。すなわち公民館の図書館部自体の機能および外部の図書館との連携への示唆以上のことについて寺中は述べていない。

また4年間に渡って継続的に占領期の社会教育政策を主導したネルソンは公民館の存在を支持し振興を後押ししたものの、公民館政策と図書館政策とを峻別していた。ネルソンの博士論文では公民館を扱った箇所には、既存の図書館に関する言及はなく、図書館を扱った箇所にも公民館との実質的な関係についての言及はなかった[96]。

図書館法制定過程を日米双方の一次資料の厳密な分析を通して明らかにした三浦太郎はこの点を「ネルソンは教育の地方分権化の手段として公民館を活用することには積極的であったものの、他方で文部省における権力の集中は否定しており、文部省が公民館と図書館を一体的に統制する危険性について敏感であったと考えられる」と分析する[97]。

ところで公民館の設置を通達した文部次官通牒では、公民館施設がない場所で図書館が附帯事業として公民館活動を行うことを促している[98]。寺中は戦前の附帯施設論争についてはまったく知らなかったと述べているが[99]、図書館関係者にとって図書館の附帯事業とは、図書館の中核的機能を問う極めて核心的な論点であった。このことは、附帯事業を巡って起こった戦前の附帯施設論争からも明らかである[100]。

すでに社会教育の拠点としての位置づけを確立していた図書館と異なり、まったく新しい社会教育施設として想起・構想された公民館の普及のための施策

の中で、図書館の附帯事業として公民館活動が示されたことにたいし、図書館界で相当な反感が示されたことは当然であろう。ただし附帯施設論争の時のような論争の存在については、今回の文献調査の範囲では確認できなかった。

　この理由の1つとして推測されるのは、公民館設置が進められた1940年代半ばに、図書館は館界をあげて図書館法の準備に入っていたという事実である。1946年に4月にはフィリップ・オーリン・キーニーによる「日本のための統合的図書館サービス」が出され、同年12月に文部省社会教育局が「公共図書館制度刷新要項案」を公表、1948年3月に「公共図書館法案」（社会教育局文化課案）の公表、同年11月「公共図書館法案」（日本図書館協会案）、1949年1月「公共図書館法案」（文部省案）の公表などの準備活動を経て1950年4月30日の図書館法公布へと歩んでいた[101]。

　裏田は図書館法が単行法化されたことによって「積極的な意味で……館界の内的事項を専心充実・整備することができた」と指摘し、続けて「単行法としての図書館法は、館界を外部の世界から隔絶させ、孤立させる可能性を大きくした、つまり、大きな視野にたって、教育全体、社会教育、公民館、博物館などと協力・提携する行政的基盤から一歩も二歩も後退せざるをえなかったといえるのでなかろうか」と述べている[102]。

　第2次世界大戦以前から図書館活動を通して、すでに社会教育における立場を確たるものにしていた図書館界にとって公民館は後発の社会教育施設であった。それゆえ公民館政策は、既存の図書館の存在を前提とし図書館との関係性において展開されることが期待されていたと考えられる。戦前の附帯施設論争のような議論は起こらなかったにせよ、図書館に関わる議論が不在のまま公民館政策が進められたことにたいして、図書館界が極めて強い反感と不信の念を公民館関係者に抱いたことは当然の帰結であったと言えよう。

　占領期公民館構想においては、館内の図書館機能が提示されつつもその実現過程で既存の図書館を巻き込むような展開は起こらなかった。図書館界と公民館界が領域横断的に図書館と公民館について議論をすることはなかった。むしろ図書館機能を内包した公民館が急速に普及していく中で、図書館界側からは図書館機能を有する公民館の増加が既存の図書館を弱体化させる要因との見方

が示され、公民館政策推進側からは図書館界が公民館の振興に否定的であることに懸念が示された。図書館界においても公民館界においても両者の一体的運営に向けた方向性は見られなかった。両者の関係性は図書館と公民館での個別的連携にとどまった。個別法を持つ図書館と社会教育法に規定された公民館の制度上の複線構造は現在に至るまで続き、公民館と図書館は分離して論じられてきた[103]。

おわりに

　諸外国の公共図書館は公民館と図書館の機能を併せ持った機関となっているのにたいし、日本では情報アクセスに関わる多様な領域を包み込む公共図書館のサービスが資料と情報提供に焦点化され、利用者の行動が読書行為に集中する状況が生まれたことは、公民館の存在と無関係とは言えないだろう。一方、図書館と公民館が別の施設でありながら部分的に活動領域を共有してきたことで、住民は個人のニーズに合わせて複数の機関を自由に往来することができ、結果として生涯学習活動はより多面的かつ厚みを帯びたものになった[104]。公民館と図書館が地域に存在することは住民の自律的な学びを支える日本の生涯学習制度の強みでもある。それゆえ日本の公共図書館が多目的な学習・文化施設に活動を展開していく中で公民館を射程に入れて今後の方向性を討究していく必要があるが、その際、位相の異なる2つの問題が立ち現れる。

　第1点目は公共図書館未設置地域におけるオルタナティブな公共図書館として公民館図書室を位置づけるための理念をどのように定立できるのかという問題である。公共図書館の本質的存在意義は情報・文化格差を埋めることにあるため、すべての住民が公共図書館にアクセスできることが図書館サービスの最低条件である。2018年現在、公共図書館は全国に3,296館存在するが、市区立図書館の設置率は約99パーセントである一方、町村立図書館の設置率は57パーセントに留まる[105]。このような状況の中で、公共図書館へのアクセスが叶わず、日常的に公民館図書室[106]を公共図書館として利用している住民の数は一定数存在することが推定される。公民館図書室は、図書館法で図書館とは認められていないものの、可能な範囲で図書館サービスを提供しており、公民館

図書室を公共図書館と認識している住民もいると推測される。情報アクセスに関わる平等性・公正性に着目するならば、公民館図書室は公共図書館の正式な代替施設としての位置づけを得る必要がある。今後、公民館図書室の実態についても検証を行うべきであろう[107]。

　第2点目は公共図書館と公民館の機能分化あるいは役割分担に関わる問題である。海外の公共図書館において実施されている各種学習・文化事業は日本では公民館の中核的事業である。公共図書館と公民館はどちらも個人に学びの力を与えるエンパワーメント装置として機能するが、図書館は資料・メディアと利用者を結びつけ、公民館は人と人とを結びつける。日本において公共図書館と公民館がその活動領域を重なり合わせつつも、公共図書館は「メディアへのアクセスの場」に公民館は「対話の場」に活動を焦点化することに妥当性を与えることはできるのか[108]。増加傾向にある生涯学習のための複合施設はもちろんのこと、物理的に離れて設置されている場合にも公共図書館と公民館を生涯学習空間として一体的に捉えることの可能性が問われるべきである。

　日本固有の生涯学習施設である公民館と図書館の関係性をその占領期に立ち戻り検討した本稿は、1946年の公民館構想から1949年の社会教育法制定までに焦点を当てているが、今後は1950年代以降の発展をみていくことが必要である。そして今回十分に論じることができなかった図書館関係者側の公民館構想にたいする反駁に関わる資料の発掘を続行するとともに、両者の直接的な議論の不在について、その背景・理由に着目し深く掘り下げて分析する必要がある。さらに歴史的研究を踏まえ、公民館と図書館が類似施設同士の連携、業務提携にとどまらない新たな関係性を構築するための理論的基盤の検討や公民館の専門職員についての検討も今後の課題として残されている。今後は本稿で示した占領期公民館の構想に関わる議論を日本の生涯学習空間の検討の出発点として、議論を深化させていきたい。

注

引用に当たって、仮名遣いは原文のまま、旧漢字は新字に改めている。

　1）Slots- og Kulturstyrelsen, "Bibliotekets rum og zoner: Hvad skal de rumme? Hvor kan de placeres?," <https://modelprogrammer.slks.dk/udfordringer/rum-og-zoner/>. [Accessed: 2019-02-11].

2）このモデルの元になる構想『公共図書館四空間モデル』が2011年に公共図書館研究者ヨコムスンらによって発表されている。Henrik Jochumsen, Casper Hvenegaard Rasmussen, and Dorte Skot-Hansen, "The Four Spaces: A New Model for the Public Library," *New Library World,* vol. 113, no. 11/12, 2012, p. 586-597. モデル図はp. 589に示されている。

3）吉田右子『オランダ公共図書館の挑戦：サービスを有料にするのはなぜか?』新評論, 2018, p. 203-230.

4）"社会教育調査―平成27年度結果の概要," <http://www.mext.go.jp/component/b_menu/other/__icsFiles/afieldfile/2017/04/28/1378656_03.pdf>. [Accessed: 2019-06-09]

5）「人口減少時代の新しい地域づくりに向けた社会教育の振興方策について（答申）」（平成30年12月21日）<http://www.mext.go.jp/component/b_menu/shingi/toushin/__icsFiles/afieldfile/2018/12/21/1412080_1_1.pdf>. [Accessed: 2019-06-09] p. 21.

6）佐藤一子『「学びの公共空間」としての公民館：九条俳句訴訟が問いかけるもの』岩波書店, 2018, 179p.

7）*ibid.*, p. 4-5. 戦後の公民館の展開については以下の文献でも詳細に検討されている。牧野篤「第2章　戦後の公民館構想の特色」『公民館はどう語られてきたのか：小さな社会をたくさんつくる1』東京大学出版会, 2018, p. 21-40.

8）"Lov om folkebibliotek," <http://www.regjeringen.no/nb/dep/kud/dok/regpubl/prop/2012-2013/prop-135-l-20122013.html?id=724286>. [Accessed: 2019-06-09].

9）"Wet stelsel openbare bibliotheekvoorzieningen: Wsob," <http://wetten.overheid.nl/BWBR0035878/2015-01-01>. [Accessed: 2019-06-09].

10）"Laki yleisistä kirjastoista," <http://www.finlex.fi/fi/laki/ajantasa/2016/20161492?search%5Btype%5D=pika&search%5Bpika%5D=Kirjastolaki>. [Accessed: 2019-06-09].

11）館内に会話を禁止する張り紙を出している場合と、そうした明示的な禁止文書はないものの図書館が静寂空間であるという慣例により、利用者が会話を自主的に制限している場合とがある。会話が許される図書館の場合でも、利用者が図書館空間の静寂の維持を強固に望む場合が少なくない。

12）佐藤は「「大人の学び」あるいは「世代を超えて交流する」事業が常にプログラム化されている」場所が公民館であるとし、そこでは「常に相互的な関係、経験や関心を媒介とする対話的な学習が展開される」ことを指摘している。以下を参照。佐藤一子『「学びの公共空間」としての公民館：九条俳句訴訟が問いかけるもの』*op.cit.*, p. 165.

13）"社会教育法　昭和二十四年法律第二百七号," <http://elaws.e-gov.go.jp/search/elawsSearch/elaws_search/lsg0500/detail?lawId=324AC0000000207#123>. [Accessed:

2019-06-09].

14）"図書館法　昭和二十五年法律第百十八号," <http://elaws.e-gov.go.jp/search/elawsSearch/elaws_search/lsg0500/detail?lawId=325AC0000000118>. [Accessed: 2019-06-09].

15）*ibid.*

16）例えば以下である。「特集　住民の学習にとっての図書館と公民館」『月刊社会教育』1976.9;「特集　図書館と公民館の協同」『月刊社会教育』1989.2;「特集 21 世紀の公民館・図書館・博物館」『社会教育』2000.11;「特集 公民館図書室へのまなざし」『みんなの図書館』2011.10;「特集　公民館・図書館・博物館の連携：社会教育施設はどう連携するのか」『社会教育』2014.11.

17）"社会教育法　昭和二十四年法律第二百七号," *op.cit.* [Accessed: 2019-06-09].

18）松岡要「地方自治と図書館」塩見昇・山口源治郎『新図書館法と現在の図書館』日本図書館協会, 2009, p. 60-61.

19）谷貝忍「公民館と図書館の協同をめぐって――社会教育施設計画論からの一提言（図書館と公民館の協同＜特集＞）」『月刊社会教育』33（2）, 1989, p. 18-25.

20）内田和浩「公民館図書室は、「未熟な公共図書館」なのか？（特集 公民館図書室へのまなざし）」『みんなの図書館』414, 2011, p. 2-8.

21）西田博志「公民館図書室の問題点について」『現代の図書館』16（1）, 1978, p. 24.

22）進藤文夫「公民館と図書館 そのかかわりを想う――公民館的感覚から（住民の学習にとっての図書館と公民館＜特集＞）」『月刊社会教育』20（9）, 1976, p. 27.

23）谷貝忍「公民館と図書館の協同をめぐって」*op.cit.*, p. 25.

24）小川剛「住民の学習にとっての図書館と公民館：それぞれの役割と協力の方向（住民の学習にとっての図書館と公民館＜特集＞）」『月刊社会教育』20（9）, 1976, p. 12-13.

25）*ibid.*, p. 19.

26）*ibid.*, p. 17.

27）田所祐史「非・公民館構想に関する一考察：労働者教育施設を例に（特集 公民館構想の研究）」『日本公民館学会』12, 2015, p. 21.

28）*ibid.*, p. 27.

29）アメリカの公共図書館数は16,568館で人口約2万人に1館（2018年現在。出典："American Libraries: The State of America's Libraries 2018," April 2018 <http://www.ala.org/news/sites/ala.org.news/files/content/2018-soal-report-final.pdf>. [Accessed: 2019-06-09]）。デンマークの公共図書館数は527館で人口約1万人に1館（2017年現在。出典："Culture of Kirke, Denmarks Statistik," <http://www.statbank.dk/10368>. [Accessed: 2019-06-09]）。日本は3,296館で人口約3万8千人に1館の割合になる（2018年現在。出典：日本図書館協会図書館調査事業委員会編『日本の図書館

統計と名簿』（日本図書館協会刊行）日本図書館協会, 2019, p. 24.）。

30) 筆者らは以下の論文で公共図書館の運営形態の多様化を背景に、公共図書館の運営原則である無料制、公開制、自治体直営から自治体直営という条件を取り除き、無料制と公開制を基盤に特定のコミュニティの構成員に等しく情報・知識・文化へのアクセスを保障する社会機関という公共図書館の存在意義に関わる要件を満たす、多様な様態の図書館を公共図書館に包摂する可能性を検討している。吉田右子・川崎良孝「アメリカ公立図書館を基点とする公共図書館モデルの再検討」『図書館界』70（4）, 2018, p. 526-538.

31) 上原直人「寺中作雄の公民教育観と社会教育観の形成」『生涯学習・社会教育学研究』25, 2000, p. 31-40.

32) 植原孝行「寺中構想と関口泰の公民教育 ——寺中は関口から影響を受けたか——」『社会教育学研究』2, 1993, p. 1-16.

33) 夏鵬翔「『寺中構想』と1970『三多摩テーゼ』に見る公民館の歴史的発展」『教育学研究年報』17, 1998, p. 27-42.

34) 上原直人『近代日本公民教育思想と社会教育：戦後公民館構想の思想構造』大学教育出版, 2017, p. 305-353.

35) 生島美和「地域社会教育施設論」構想への試論——寺中構想と地域博物館論の検討を通じて（公民館60年の歴史的総括と展望）」『日本公民館学会年報』3, 2006, p. 63.

36) 田所祐史「戦前と戦後初期の社会教育施設構想に関する考察——松尾構想と寺中構想を中心に」『日本公民館学会年報』7, 2010, p. 96-108.

37) 裏田武夫・小川剛『図書館法成立史資料』日本図書館協会, 1968, p. 50. 小林文人は図書館界が公民館に対して批判的であったことを、図書館界における社会教育の位置づけや認識に関する歴史的な観点から討究している。小林文人「社会教育法制と図書館法」『図書館法研究：図書館法制定三十周年記念・図書館法研究シンポジウム』日本図書館協会, 1980, p. 79-84.

38) 石井敦編『図書館史：近代日本篇』白石書店, 1978, p. 150.（図書館学教育資料集成4）

39) 小川徹・奥泉和久・小黒浩司『公共図書館サービス・運動の歴史2戦後の出発から現代まで』日本図書館協会, 2006, p. 57-58.（JLA図書館実践シリーズ 5）

40) 山口県萩図書館館長大村武一と萩市立公民館館長の田辺竹二郎が図書館と公民館の連携について語っているが、両者の交わりが希薄で独立的に運営されている当時の状況を反映して対談が設定されたことが、対談内容から明らかである。大村武一・田辺竹二郎・小林窪一「図書館と公民館との提携（座談会）」『図書館雑誌』46（3）, 1952, p. 10-11. 司会者は「図書館と公民館が明確に事業内容を細分する必要があるであろうか。……若し同じ事業が同時に、公民館と図書館とでとりあげ

られても、お互に連絡し合つて各々の持味を生かし、より以上の成績を挙げること自体が考えられるべき筈であるし、萩の公民館と図書館とはそれをやつている」とする。*ibid.*, p. 11.

41）寺中作雄「公民教育の振興と公民館の構想」『大日本教育』新年号, 1946, p. 2-6（小川利夫・寺崎昌男・平原春好編『社会・生涯教育文献集』日本図書センター, 2001（日本現代教育基本文献叢書 V-43）に所収）

42）「公民館の設置運営について」「昭和二十一年七月五日発社一二二号　各長官宛文部次官通牒写」（1946 年 7 月）（小川利夫・寺崎昌男・平原春好編『社会・生涯教育文献集』*ibid.*）

43）寺中作雄『公民館の建設』「公民館の建設：新しい町村の文化施設」（公民館協会, 1946 年刊）（小川利夫・寺崎昌男・平原春好 編『社会・生涯教育文献集』*ibid.*）

44）寺中作雄『公民館の経営』社会教育連合会, 1947（小川利夫・寺崎昌男・平原春好編『社会・生涯教育文献集』*ibid.*）

45）寺中作雄『公民館はどうあるべきか』1948（小川利夫・寺崎昌男・平原春好編,『社会・生涯教育文献集』*ibid.*）

46）寺中作雄「公民館構想のころ――戦後社会教育の想い出 -1-」『社会教育』21（7）, 1966, p. 45.

47）寺中作雄「公民教育の振興と公民館の構想」*op.cit.*, p. 4.

48）*ibid.*, p. 5.

49）*ibid.*, p. 5.

50）*ibid.*, p. 5.

51）寺中作雄・鈴木健次郎・宮原誠一「公民館創設のおもいでと忠告（てい談）」『月刊社会教育』5（11）, 1961, p. 74.

52）上原直人『近代日本公民教育思想と社会教育』*op.cit.*, p. 306-331.

53）寺中作雄「公民教育の振興と公民館の構想」*op.cit.*, p. 6.

54）*ibid.*, p. 6.

55）大田高輝「占領下公民館構想の形成と展開（特集 公民館構想の研究）」（特集 公民館構想の研究）」『日本公民館学会』12, 2015, p. 29-37.

56）ネルソンの社会教育政策については先行研究で詳細な検討がなされている。以下を参照。新海英行「第2章　占領軍社会教育政策の展開：ネルソン関係文書にみる」小川利夫・新海英行編『GHQ の社会教育政策：成立と展開』大空社, 1990, p. 87-130（日本占領と社会教育 2）; 大田高輝「第5章 J. M. ネルソンの公民館像の特質」小川利夫・新海英行編『GHQ の社会教育政策：成立と展開』*ibid.*, p. 187-208（日本占領と社会教育 2）.

57）大田高輝「第5章 J. M. ネルソンの公民館像の特質」*ibid.* 当時の CIE の社会教育政策については以下の資料集に原資料がまとめられている。小川利夫・新海英行編

『日本占領と社会教育：資料と解説』大空社, 1991.2, 463p.（日本占領と社会教育 3）

58）*ibid.*, 大田高輝「第5章 J. M. ネルソンの公民館像の特質」p. 187-188.

59）大田高輝「占領下公民館構想の形成と展開（特集 公民館構想の研究）」『日本公民館学会年報』12, 2015, p. 33. 以下の文献にも、寺中構想から文部省構想への展開の状況が詳細にまとめられている。大田高輝「占領下公民館史研究序説（1）公民館構想の完成過程と J.M. ネルソンの役割（前編）」『名古屋芸術大学研究紀要』26, 2005, p. 27-38; 大田高輝「占領下公民館史研究序説（2）- 公民館構想の完成過程と J.M. ネルソンの役割（後編）-」『社会教育研究年報』19, 2005, p. 9-24.

60）John Monninger Nelson, "The Adult-Education Program in Occupied Japan, 1946-1950," Ph.D. dissertation, University of Kansas, 1954, 896p. この博士論文は、以下の翻訳書がある。J.M. ネルソン・新海英行監訳『占領期日本の社会教育改革』（日本占領と社会教育 1）大空社, 1990, 294p.

61）J.M. ネルソン, *ibid.*, p. 171-172.

62）大田高輝「第5章 J.M. ネルソンの公民館像の特質」*op.cit.*, p. 200.

63）J.M. ネルソン・新海英行監訳『占領期日本の社会教育改革』*op.cit.*, p. 174. ただし実際のCIEの図書館政策においては、占領期にモデル図書館として都市部に設置されたCIEインフォメーションセンターの分室が、図書館、学校の以外にも公民館に設置された記録がある。今まど子「CIEインフォメーション・センターの活動」今まど子・高山正也編『現代日本の図書館構想：戦後改革とその展開』勉誠出版, 2013, p. 106, 118, 139.

64）J.M. ネルソン, *ibid.*, p. 184.

65）「公民館の設置運営について」*op.cit.*, 2ページ目（原文にはページ付なし）.

66）*ibid.*, 4ページ目.

67）*ibid.*, 17ページ目.

68）寺中作雄『公民館の建設』*op.cit.*, p. 48.

69）*ibid.*, p. 48-49.

70）「公民館の設置運営について」*op.cit.*, 7ページ目.

71）寺中作雄『公民館の建設』*op.cit.*, p. 36.

72）「公民館の設置運営について」*op.cit.*, 10ページ目.

73）寺中作雄『公民館の経営』*op.cit.*, p. 86.

74）*ibid.*, p. 86.

75）寺中作雄・斎藤主事・伊東文雄・中田那造「公民館・図書館について―東京都社会教育研究大会―（討論会）」『教育と社会』3（9）, 1948, p. 39-40.

76）*ibid.*, p. 42-43.

77）寺中作雄『社会教育法解説』社会教育図書, 1949, p. 19-24.

78）*ibid.*, p. 12-13.

79）寺中作雄「図書館と社会教育」『図書館雑誌』46（3），p. 6.

80）寺中作雄『社会教育法解説』*op.cit.*, p. 99.

81）田所祐史「戦前と戦後初期の社会教育施設構想に関する考察——松尾構想と寺中構想を中心に」『日本公民館学会年報』7, 2010, p. 99.

82）以下の文献がある。寺中作雄「社会教育法制定の頃：特に公民館発足当時の思出」『社会教育』9（6），1954, p. 24-27; 寺中作雄・鈴木健次郎・宮原誠一「公民館創設のおもいでと忠告（てい談）」*op.cit.*, p. 74-79; 寺中作雄「公民館構想のころ：戦後社会教育の想い出1」『社会教育』21（7），1966, p. 42-45; 寺中作雄「公民館通牒前後：戦後社会教育の想い出2」『社会教育』21（8），1966, p. 48-51; 寺中作雄「社会教育法前後：戦後社会教育の想い出3」『社会教育』21（9），1966, p. 52-55; 寺中作雄「公民館の構想と立法（特集　戦後社会教育行政の移り変わり）『社会教育』28（10），1973, p. 34-36; 寺中作雄［他］「特集　30歳を迎えた公民館：公民館構想の原点をたしかめる」『月刊社会教育』20（7），1976, p. 28-39; 寺中作雄「今月のことば　八十年代の公民館」『社会教育』35（9），1980, p. 3.

83）寺中作雄「社会教育法制定の頃」*op.cit.*, p. 25.

84）寺中作雄「社会教育法前後」*op.cit.*, p. 54.

85）寺中作雄［他］「特集　30歳を迎えた公民館」*op.cit.*, p. 33.

86）寺中作雄「社会教育法制定の頃」*op.cit.*, p. 27.

87）*ibid.*, p. 74. 質問者は「公民館構想というものが、戦前、といっても大正の末年から昭和のはじめにかけて、和田万吉という人によって論じられておって、それが図書館界に論議をまきおこしたということがあるそうですが」と前置きして質問している。田所は質問者が「1924年の和田萬吉論文「地方文化の中心としての図書館」と1934年の附帯施設論争を混同しているとみられるが、いずれにせよ、1938年文部省入省の寺中は、これらの議論を知らなかったと推測できる」と指摘している。田所祐史「戦前と戦後初期の社会教育施設構想に関する考察——松尾構想と寺中構想を中心に」*op.cit.*, p. 105.

88）寺中作雄「公民館の構想と立法」*op.cit.*, p. 34.

89）*ibid.*, p. 34.

90）上原直人『近代日本公民教育思想と社会教育』*op.cit.*, p. 306, 310.

91）寺中作雄・鈴木健次郎・宮原誠一「公民館創設のおもいでと忠告」*op.cit.*, p. 74-75.

92）ネルソンとの協議に関してスピードのある展開について寺中は「担当のネルソンは若かったし、日本へきて社会教育をやろうという気があったので、民主主義を普及するためにということで、公民館構想をだしたら、すぐにさんせいしました」と後年その思い出を語っている。寺中作雄・鈴木健次郎・宮原誠一, *ibid.*, p. 74.

93）"「公民館に関する件　並木芳雄」（公文類聚・第七十五編・昭和二十五年・第七

巻・国会七・質問に対する答弁書・衆議院三），" <https://www.digital.archives.go.jp/DAS/meta/listPhoto?LANG=default&BID=F0000000000000008597&ID=M0000000000001783869&TYPE=&NO=>. 国立公文書館デジタルアーカイブ [Accessed: 2019-06-09]. 全国の公立図書館と私立図書館を合わせた公共図書館は1948年3月の時点で1,549館と報告されている。以下を参照。西崎恵『図書館法』日本図書館協会, 1970, p. 130-133.

94）寺中作雄「公民教育の振興と公民館の構想公民教育の振興と公民館の構想」 *op.cit.*, p. 6.

95）寺中作雄・斎藤主事・伊東文雄・中田那造「公民館・図書館について」 *op.cit.*, p. 39-40.

96）J.M. ネルソン・新海英行監訳『占領期日本の社会教育改革』 *op.cit.*, p. 170-187.

97）三浦太郎「占領下日本における図書館法制定過程」『現代日本の図書館構想：戦後改革とその展開』 *op.cit.*, p. 257.

98）「公民館の設置運営について」 *op.cit.*, 17ページ目.

99）寺中作雄・鈴木健次郎・宮原誠一「公民館創設のおもいでと忠告（てい談）」 *op.cit.*, p. 74-79.

100）永末十四雄『日本公共図書館の形成』日本図書館協会, 1984, p. 290-301; 小川徹・奥泉和久・小黒浩司『公共図書館サービス・運動の歴史2　戦後の出発から現代まで』 *op.cit.*, p. 182-198.

101）「日本図書館史年表（1945年〜1989年）」『現代日本の図書館構想：戦後改革とその展開』 *op.cit.*, p. 331-333.

102）裏田武夫「序論」『図書館法研究：図書館法制定三十周年記念・図書館法研究シンポジウム』 *op.cit.*, p. 13.

103）高山正也「展望」『現代日本の図書館構想：戦後改革とその展開』 *op.cit.*, p. 1.

104）蓑田明子は、図書館と公民館の勤務経験を踏まえ、両施設がともに住民に働きかけることで市民活動を活発化する可能性をまとめている。以下を参照。蓑田明子「特集：公民館職員が考える図書館の可能性」『出版ニュース』2018年10月下旬号, p. 4-9.

105）日本図書館協会図書館調査事業委員会編『日本の図書館　統計と名簿』 *op.cit.*, p. 24.

106）2016年現在、公民館は14841館存在し、公民館図書室は5,382箇所に設置されている "社会教育調査－平成27年度結果の概要," <http://www.mext.go.jp/component/b_menu/other/__icsFiles/afieldfile/2017/04/28/1378656_03.pdf>. [Accessed: 2019-06-09]. 公民館図書室の数は同調査の統計表一覧の「公民館の施設・整備の所有数（2-1）」のデータによる。 "社会教育調査," <http://www.mext.go.jp/b_menu/toukei/chousa02/shakai/index.htm>. [Accessed: 2019-06-09].

107）個別事例としては例えば以下のような研究報告がある。和田正子「公民館図書室について―東京都国立市公民館を事例として―」『明治大学図書館情報学研究会紀要』5, 2014, p. 17-23.

108）ただし公共図書館が読書専門施設になることを意図してはいない。館内を静寂に保ち個人読書のための環境を保持することと、自由な会話によって学びの成果を他者と共有していく場を提供していくことの両方が公共図書館には求められる。メディアと資料の利用や読書は個人でなされるだけでなく、他者との共有によって厚みを帯び深化するからである。その点からみると日本の公共図書館で利用者行動の主流を占める個人学習は「読書」と「メディア」を扱う図書館の強みが部分的にしか発揮できていないことを示している。

原則の遵守と公務員や市民としての義務との確執
『ラベリング声明』(1951 年)と共産主義プロパガンダを中心にして [1)]

川崎良孝

はじめに

　アメリカ図書館協会（以下 ALA）は 1948 年に『図書館の権利宣言』を改訂したのだが、1951 年には『図書館の権利宣言』について 2 つの方向を示した。1951 年 2 月 3 日にはイリノイ州ピオリア公立図書館で生じたフィルム事件を契機に、『図書館の権利宣言』に「1951 年 2 月 3 日に開かれた評議会の正式の決定により、『図書館の権利宣言』は、図書館で利用あるいは収集される、あらゆる資料やコミュニケーション・メディアに適用されると解釈すべきである」[2)] を脚注として採択した。そののち 1967 年 6 月 27 日の改訂で脚注は削除され、その内容は本文に組み込まれた。いま 1 つは、「アメリカ独立革命の息子」がニュージャージー州モントクレアー公立図書館にたいして共産主義資料にラベリングを求めた事件を契機に、ALA 評議会が 1951 年 7 月 13 日に採択した『ラベリング声明』[3)] である。この声明は読者に事前に偏見を抱かせる企てとして、図書館資料へのラベリングを禁止している。そして『ラベリング声明』（2005 年に『ラベリングと格付けシステム』と名称変更。直近の改訂は 2014 年）は、ALA の知的自由委員会（以下 IFC）が『図書館の権利宣言』に関わる事柄について、具体的な対処を示した最初の声明であった。すなわち『図書館の権利宣言』の改訂に加えて、それとは別途に個別的な事件を契機にして図書館サービスに広範な意味を有する事柄にたいして、具体的な方針を作成するという方向が出てきたのである。

1971年にダラスで開かれたALA年次大会で、IFCは『図書館の権利宣言』の適用法を明確にする解説文の必要性を確認した。IFCは『図書館の権利宣言』の頻繁な改訂は文書自体の効力を弱めると判断し、『図書館の権利宣言』解説文と名づける声明を作成するとともに、既存のいくつかの声明文を解説文に指定した。そして1971年6月25日に『ラベリング声明』は『図書館の権利宣言』解説文に指定され、現在に続く最も古い解説文になっている。

　『ラベリング声明』の採択に関して、声明自体について図書館界で反対はなかったし、この声明は図書館の固有の領域である資料そのものの扱いに関するものであった。とはいえ『ラベリング声明』とは切り離されているとしても、それと無関係ではない主張が、当時の大きな関心事であり、国民にとっても恐怖の対象であった共産主義プロパガンダとの関係で浮上してきた。本稿はそうした結びつきを意識しつつ、ALA内でのラベリングと共産主義プロパガンダについての議論を中心に整理する。

　1章では『ラベリング声明』採択の過程と採択された『ラベリング声明』を紹介する。2章では、『ラベリング声明』が採択された同じ日に元ALA会長でデトロイト公立図書館長ラルフ・A.アルヴェリングが発表した図書選択方針を紹介するとともに、アルヴェリングの発表への個人的な反応を示す。3章ではアルヴェリングの主張にたいするIFCのコメント、コメントにたいするアルヴェリングの反論を紹介する。4章ではアルヴェリングの考えを受け継いだ元ALA会長でピッツバーグのカーネギー図書館長ラルフ・マンの主張を整理する。最終の5章では図書館でラベリングが問題になった事件をまとめる。このような扱いによって、図書館員が一致して反対するラベリングではあるが、そこにはいっそう大きな社会問題や実務上での問題があることが明るみにでる。

1　『ラベリング声明』（1951年）の採択

　1951年7月13日、IFC委員長ラザフォード・D.ロジャーズはシカゴ年次大会で評議会に1つの問題に絞って報告した[4]。ロジャーズが求めたのは『ラベリング声明』の採択であるが、採択にいたる経過は以下のようである。1950年末にIFCは、ニュージャージー州モントクレアーにある「アメリカ独立革命の息

子」支部が、同州の図書館に圧力をかけているとの報告を受け取った。すなわち、「共産主義を唱道したり支持する出版物、それに共産主義団体や、権威ある政府役人や政府機関が共産主義的あるいは破壊的と公的に指定した団体が出版、配布する出版物」に、目立つラベルやしるしをつけるよう主張したのである。さらに「アメリカ独立革命の息子」は、この種の出版物について、「図書館では利用者、学校では生徒に自由に提供するべきでなく、適切な利用申込書に署名することによってのみ、入手できるようにすべきである」と主張していた。

　続いてロジャーズは、「アメリカ独立革命の息子」の他にも読書の自由を限定するためにラベリングを試みたグループがあると報告した。ロジャーズの指摘によれば、ときどき宗教グループは自分たちに不快な出版物にラベルの貼付を図書館に求めてくる。また自ら愛国団体と自称するグループも同じような動きをする。さらにロジャーズは、ALA会長クラーレンス・R.グラハムが「アメリカ独立革命の息子」のモントクレアー支部から、1951年4月に手紙を受け取った旨を報告した。その手紙は、共産主義的な資料や破壊的な資料にラベルを貼るだけでなく、図書館蔵書の他の資料から隔離し、利用申込書に記入し、署名した場合だけに貸出すという方針を、ALAが採択するよう求めていた。

　IFCは、こうした措置は知的自由の原則に違反し、いかなる図書館も見解を理由として図書にラベリングをしてはならないと信じていた。また、だれがラベリングを実施し、だれが何を共産主義的とか破壊的と判断するのか、さらにどのような規準でそうした決定をするのか曖昧であるとも指摘した。その上、ラベリング作業は全蔵書の検討を必要とし、経費と手間がかかるのである。しかしALAがラベリングに関する方針を検討するにあたって、ラベリングの非現実性や財政的問題は不適切とされた。ロジャーズによると、方針は原則を土台にしなくてはならない。

　IFCは「アメリカ独立革命の息子」の提案を検討した後、11名の委員の内9名が投票し、9名全員がラベリングに反対した。しかしIFCは慎重であった。勧告を提案する前に委員が大規模館の図書館員ばかりなので、中小規模の図書館の考えを得るために大規模館も含めて全国24の図書館にラベリングについて問い合わせた。回答館は20館ですべてがラベリングに反対していた。そうし

た回答を例示すると以下のようになる[5]。

- 図書館が問題のあらゆる見解を提供する不偏的な機関でありたいなら、ラベリングに反対しなくてはならない。
- ラベリングを開始すると合理的な終点がないので反対する。
- 個人的にはラベリングはラベリングによって正そうとする悪と同じほど危険であると思う。私は現実に悪が存在していると認識している。現在は危機の時代であり、またソビエト共産主義者は民主主義とは異なる規則で動いている。これらを認識しているが、それでもラベリングに強く反対する。
- 読者は自力で考えて判断できるべきでラベリングに反対する。
- ラベリングを開始すると収拾がつかなくなる。
- ラベリングは読者に偏見を抱かせ、読者を統制する試みである。
- ラベリングからすぐに焚書にいたる。
- ラベリングは個人のプライヴァシーへの侵入であり、自力で判断するという民主主義の原則に違反する。
- ラベリングは1人やグループの考えにすぎない。自由な国で生きるのを願うなら、私たちはプロパガンダの識別および自力での思考ができる能力を発達させる必要がある。
- 民主主義では人びとはすべての事実を知る権利を有する。資料に前もって偏見を抱かせるあらゆる試みに反対する。
- ラベリングは自由な思考や意見という原則に違反する。
- ある回答は自館の全職員がラベリングに反対との意見を報じたのち、利用者にも反応を問うていた。そこでは次のような意見があった。「ヒトラーの焚書と同じである」、「各自が自分で考えを決定できる」、「スターリンは問題の1つの側面しか取り上げず、アメリカ人はスターリンのやり方を信じない」、「読むべき資料や読むべきでない資料を私に指示する権利はだれにもない」、「思想や良心の自由の剥奪である」。

IFCは上のような回答に励ましを得た。1951年7月13日、評議会はIFCが提出した6か条からなる『ラベリング声明』をALAの方針として採択した。それ

が以下である。

1. 全体主義国家の倫理によれば、出版物を「破壊的」と決定する判断規準の設定は、容易であるし正しくさえある。しかしながら、これを実践すれば、正義と啓蒙ではなく、不正義と無知が生じる。アメリカ図書館協会は、民主主義国家において、そうした規準の設定に反対の立場を取る責任がある。

2. 図書館は、蔵書中の思想を唱導しているのではない。図書館に雑誌や図書がおかれているからといって、図書館がその内容を推奨しているのではない。

3. だれも、出版物のラベリングに責任を取るべきでない。ラベリングすべき種類の資料について、あるいは疑わしいとみなされるべき資料源について、かなり多くの人の合意を獲得するのは困難であろう。現実的に考えても、図書や雑誌に親共産主義者とのラベルを貼る図書館員は、名誉毀損で訴えられる可能性がある。

4. ラベリングは、読者に偏見を持たせる企てである。したがって、検閲者の道具である。

5. ラベリングは、『図書館の権利宣言』の精神に違反する。

6. 共産主義が自由世界に脅威を与えている点については、全面的に賛成する。しかしながら、あるグループをなだめるために資料にラベリングをすれば、図書館蔵書のいかなる資料についても、ラベリングを拒否する理由がなくなる。共産主義、ファシズム、その他の独裁主義は、思想を抑圧する傾向や、特定のイデオロギーに個人を順応させるべく強要するという傾向がある。しかし、アメリカの図書館員は、こうした「主義」に反対しなくてはならない。それゆえ、アメリカの図書館員は反共主義者である。しかし同時に、知識にいたる道の閉塞を目的とする、あらゆるグループにも反対する。

現在から振り返れば、「共産主義が自由世界に脅威を与えている点については、全面的に賛成する」、「アメリカの図書館員は反共主義者である」といった文言には違和感が出されるだろう。しかし当時のアメリカ図書館界は大勢にお

いてこの文言に違和感はなかったようである。例えばカリフォルニア州図書館協会知的自由委員会のジョン・E.スミスとイーヴリン・B.デッチョンは、1952年に同州バーバンク公立図書館でのラベリング論争を報告した。まず『図書館の権利宣言』とラベリング反対決議の採択によって、大多数の図書館員は国内でのイデオロギーの闘いへの態度は明確で、アメリカの遺産である自由を遵守するという立場を取っていると記した。続けて、「私たちは（ラベリング決議が示すように）、共産主義にはっきりと反対しているとともに、思想の検閲者、抑圧者にも反対している」と明言した[6]。ただしこのスミスの立場、すなわちALAの立場は微妙である。この考えを実務に降ろした場合、後述するラルフ・A.アルヴェリングの主張と一定の親和性があると思えるからである。このような文言を入れたのは、まさにマッカーシズム、さらには国内世論を勘案してのことであったろう。これに関連してデイヴィッド・K.バーニングハウゼンは1970年に『図書館の権利宣言』の歴史を振り返り、「もし『ラベリング声明』が今日作成されるなら、反共産主義者であるとの強調はしないだろう。しかし1951年はマッカーシズムが頂点に差し掛かる時期で、多くの人がアメリカ図書館協会とりわけ知的自由委員会を破壊的と考えていた」と記している[7]。すなわち上述のような文言は『図書館の権利宣言』の精神にそぐわないのだが、当時の状況からしてやむをえないという判断である。

2　ラルフ・A.アルヴェリングの報告と個人的な反応

2.1.1　ラルフ・A.アルヴェリング[8]

　ラルフ・A.アルヴェリング（1902-1980）はミネソタ州で生まれ、シカゴに移って1922年に大学（DePaul University）を卒業し、一般企業に勤めた。1924年から1926年まではシカゴの学術図書館であるニューベリー図書館に勤務した。そののちテキサス州で鉄道会社の事務員を経て、アマリロの公立図書館長になった。この時期に図書館を生涯の職にすると決定し、コロンビア大学で図書館学を学んだ後、1928年にデトロイト公立図書館の分館部長として赴任した。1934年には副館長に、そして1941年には館長に昇任し、29年間の奉職の後1967年に退職している。

伝記を執筆したダニエル・リングによると、アルヴェリングは「公立図書館の主目的は個人の教育ニーズに仕えることにあり、そのことによって個人をいっそう高い教育成果に導くことにある」[9]と確信していたという。またリングはアルヴェリングの知的自由や人権との関わりについて3点を指摘している[10]。まずアルヴェリングは社会の調和を重視して寛容を訴え、公民権についてはリベラルな立場であったという。特筆すべきは、デトロイトでは1943年に大規模な人種暴動が生じたのだが、アルヴェリングは積極的な役割を担い、寛容を訴える巧みなパンフレットを作成して、人種の調和に大きな貢献をしたことである[11]。このパンフレットは暴動参加者の感情を鎮めることを意図しておらず、むしろ暴動を傍観する「自尊心を持つ市民」への働きかけを意図していた。そうした市民は根拠のない噂が広まるのを楽しみ、暴動参加者をさらに刺激したのである。このデトロイト公立図書館の取り組みは図書館内外から賞賛を得たという。次に1944年にはリリアン・スミスの『奇妙な果実』(1944)をめぐる検閲事件があった。この本は人種間の愛を描いた小説で、警察は書店からの除去を命じ、大多数の書店は警察の命令に従った。しかし公立図書館が所蔵している限り撤退させないと主張する書店があった。警察や市長は公立図書館からの除去を求めて、アルヴェリングを威嚇さえしたが、図書館は『奇妙な果実』を置き続けたのである[12]。最後にリングはデトロイト公立図書館の図書選択方針に触れ、その方針は知的自由を体現していると高く評価した[13]。リングはデトロイトの図書選択方針を知的自由との関連で高く評価したのだが、後述するようにラベリングとの関係で最も問題になったのが、この図書選択方針であった。

　こうしたアルヴェリングは1945-46年度のALA会長に選ばれ、1956年には最も傑出した図書館員に授けられるリッピンコット賞を受賞した。その表彰には専門職上の功績に加えて、「アルヴェリング氏は、あらゆる見解の意見やあらゆる種類の情報へのフリー・アクセスの勇気ある擁護者として、また緊張の時代にあって人種間の理解の促進者として、良き市民であった」[14]と書かれている。

2.1.2　ラルフ・A.アルヴェリングの報告

　このような立派な職歴を持つアルヴェリングは、1951年6月26日に開催されたイリノイ夏期教育会議で、「市立図書館システムは緊急事態にどのように対処しているのか」を論じ、危機の時代の図書選択方針として同じ内容の発表を1951年7月13日のALAシカゴ年次大会で行った。報告の全体は8月号の『ライブラリー・ジャーナル』に「図書選択方針」との題名で掲載された[15]。

　アルヴェリングは現在を思想戦争の時代と把握し、「善悪とは別に、プロパガンダは軍事戦略に次いで重視されている」と主張する。また図書館には「国際的、全国的、地方的な問題を問わず、現代の問題や争点に関して、どのような観点に立つ資料でもあっても、それらを可能な範囲で最大限に備えるべきである」（『図書館の権利宣言』第2条）という原則がある。続いてアルヴェリングは、「読書資料への検閲はあってはならないという［『図書館の権利宣言』の］通常の解釈は、敵の重要な兵器の1つであるプロパガンダに、重要な経路を図書館が開き続けることになる」[16]と述べた。そしてアルヴェリングは『図書館の権利宣言』が示す図書館の原則と、アメリカ市民としての自分の義務や政府の機関としての義務が両立しないと考えるように至ったと話しかけた。さらにアルヴェリングは合衆国最高裁裁判官オリヴァー・W.ホームズの言を取り上げた。言論の自由を最も厳格に保護しても、劇場内で火事だと嘘の叫び声を上げること、すなわち「明白で現実の危険」が生じる場合は、言論の自由を保護できないのである。こうしたホームズへの言及は、アルヴェリングが共産主義プロパガンダを「明白で現実の危険」と把握していたことを示している。

　このような前置きに続けて、アルヴェリングは具体的に自館の方針を説明する。デトロイト公立図書館は実際には明確に異なるが調整された2つの図書館で構成されている。1つは一般住民への教育サービスに関わる分館、それに中央館の児童部門、貸出部門、視聴覚部門である。いま1つは参考研究サービスに関わる中央館の主題別部門である。後者でも貸出は行うが、それは付随的な機能にすぎない。続いて、アルヴェリングはこの2つの部門について次のように「方針」を説明した[17]。

　　　家庭読書サービスは専門的でない一般読者に図書を提供し、励ましや

案内によって利用を促進する。その目的は、子ども、若者、男性女性が、個人、家族の一員、市民として十全に発達する機会を持ち、それを励ますためである。家庭読書サービスは、知識自体の洗練や拡大というよりも、既存の知識をとおして最善の個人的発達を目指すものである。それがために、図書選択の目的は、さまざまなレベルの入手可能な最も使用に適した図書を選ぶことにある。図書館全体としては最も包括的な意味で知識を保存すべきであり、また探求という知的自由を最大限に行使するために道筋を開いておくべきであるが、家庭読書サービスではそうした図書館全体が担う義務を考慮しなくてよい。

参考研究サービスでは、研究、探求の自由、あらゆる種類の情報のために、知られていない資料、学術的資料、それに社会的、経済的、宗教的、政治的に正統でない資料さえも提供する。

こうした「方針」の下では、共産主義についてのしっかりした事実情報は両方のサービスに含まれる。しかし、「共産主義者の意見や人を誤らせるプロパガンダは参考研究サービスにだけ置かれる」。この措置によって、「探求心や研究ニーズを有する利用者は全幅の調査ができるとともに、一般読者の前には、個人の最善の発達を助け、また各人が各自の義務を巧みに果たす助けになる重要な選ばれた図書だけが置かれる」。アルヴェリングはこのような方針を示したが、予算が少ない小規模図書館については別途に検討する必要があるとの言を添えた。

このような内容の報告であったが、『ALAブルティン』は次のように報告した。

　　　ラルフ・A.アルヴェリングは危機の時代の図書選択方針について報告した。会員総会は知的自由委員会にまわし、1952年の冬期大会以前に報告するようにと決定した。公式の投票はしなかったが、『アメリカン・ライブラリー・アソシエーション・ブルティン』に冬期大会以前に掲載するとの提案には賛意が表明された。知的自由委員会の報告は12月号に掲載されるだろう[18]。

アルヴェリングの報告は会員総会でなされたのだが、当時の会員総会は活動

的でもなく、ほとんど影響力がなかった。そうした総会での発表が、このような IFC への要請を決定し、それを委員会が受け入れたのは異例のことである。この要請はアルヴェリングの発表にかなりの異論が会員から示されたことを物語っている。なお会員総会が活性化するのは、1964年年次大会頃からで、この大会の会員総会で公民権活動家の黒人図書館員 E.J. ジョズィーが、人種隔離のために支部（州図書館協会）の資格が剥奪されている州図書館協会の会議に、ALA の幹部が出席していることを問題にしてからである[19]。以後、1970年前後は会員総会が社会的責任ラウンドテーブルや若い活動家の発言の場となり、評議会とともに最も議論が闘わされる場となった。

2.2　ラルフ・A. アルヴェリングの報告への個人的な反応
2.2.1　サーストン・テーラーの批判

　『ライブラリー・ジャーナル』編集部はアルヴェリングの「図書選択方針」について2人の図書館員の意見を12月15日号に掲載した。まずマサチューセッツ州ウースター公立図書館長サーストン・テーラーのコメントで、厳しい内容であった[20]。テーラーはアルヴェリングの意見を、アメリカ人は共産主義プロパガンダによって欺かれ、自分たち自身の権利を破壊される「明白な現実の危険性」があり、それがために共産主義者の意見表明や人を惑わすプロパガンダは、参考研究サービスに閉じ込めるという主張と要約した。それにたいしてテーラーはこうした考えを愚かとする。テーラーにすれば、図書館員が最も関心を持つ表現の自由という権利の破壊については、共産主義プロパガンダよりも「他の側」からの脅威の方が大きい。テーラーは「他の側」を具体的に示してはいないが、愛国主義団体や非米活動委員会を示していると思われる。テーラーは、図書館には反共産主義の意見やプロパガンダに満ちており、そうした資料には人を惑わすものもあると主張した。一方、共産主義プロパガンダの資料は大規模館でも非常に少ない。テーラーによれば、図書館員は共産主義、反共産主義を問わず、プロパガンダを識別する力量を持つべきだが、そうした資料を隠す必要はないということである。

　また共産主義プロパガンダや破壊的な資料とそうでない資料との区別は不可

能である。マッカーシズムの信奉者にとっては、自分たちの基準を受け入れないすべての刊行物は破壊的で共産主義的である。そしてテーラーは、『ニューヨーク・タイムズ』の書評欄や『ネイション』などは現在攻撃されており、それらを閉架書庫に入れるべきなのかと問うた。そうした資料には反共産主義者の批評家も投稿している。

　テーラーにすれば、アルヴェリングは極端で過激な意見から読者を保護するのが図書館員の義務であると主張しているとしか受け取れないのであった。テーラーは、アメリカの図書館運動のために最善を尽くす誠実で献身的な図書館員（アルヴェリング）が、現在の主流となる意見に動かされて、私たちを吹き飛ばすかもしれない愚かな罠にはまり込んでいると決めつけた。そしてアルヴェリングが罠を認識せずに、こうした提案に達するのは、私たちの危険性を示す尺度になるとの判断を示した。これは非常に厳しい批判である。

　そしてテーラーは1948年版『図書館の権利宣言』の擁護を強調した。「『図書館の権利宣言』が1948年、すなわち共産主義への恐怖が現在の段階に達する以前に採択されたのは好ましい」[21]と述べている。このテーラーの言及は、1951年ならば1948年版『図書館の権利宣言』の採択は難しいとの指摘と推察できる。事実、1951年には『図書館の権利宣言』に脚注を設けて、『図書館の権利宣言』をすべての形態の資料に適用できるとした。この措置は本体を改訂すると、各館で再び正式に採択する必要があり、当時にあって図書館理事会が改訂版を採択するか否かIFCには自信がなかったからである。さらにテーラーは、アルヴェリングが提起する問題は善意に基づいているものの、その主張は私たちが最も重視している価値を破壊しようとしている敵に励ましを与えることになると述べた。これは共産主義に対抗するのに、アメリカが非難している共産主義者の手段（検閲や隔離）を用いることになるということである。そしてテーラーは、「私たちの最大の敵は、——共産主義者への恐怖、反共産主義者への恐怖、中傷への恐怖といった——私たち自身の恐怖やパニックである」[22]と結んだ。

2.2.2　ポール・ビクスラーの批判

　続いて図書館での知的自由の強力な擁護者になるポール・ビクスラーのコメ

ントである[23]。ビクスラーは、アルヴェリングの考えがALAの方針声明になってはいけないと断じ、その理由を3点にまとめているが、重要なのは以下の2点である。まずアルヴェリングの考えは大規模公立図書館はともかく、中小の公立図書館では機能しないだけでなく、思想の配布者としての図書館の有用性を破壊する。アルヴェリングの考えによると、中央館の蔵書やスペースを貸出蔵書と参考研究蔵書に分けることになる。不適切な本を貸出蔵書（分館がある場合は分館の蔵書）から参考研究蔵書に移すことになるが、これは一種の広範なラベリングに相当する[24]。また中小公立図書館の全面開架という利点を損なう。次に現在の公立図書館は成人教育サービスを行っているが、そこではさまざまな見解の比較検討が必要であり、アルヴェリングの考えはこのサービスを著しく害する。アルヴェリングは劇場で偽って火事だと叫ぶ例（明白で現実の危険性）を持ち出しているが、これを図書館に適用するのは妥当でない。むしろホームズ裁判官は知的自由の重要性、論争を喚起する言論の自由の重要性の擁護者である[25]。共産主義との思想戦争への対処について、ビクスラーは思想戦争への闘い方を明確に示すことはできないとしつつ、「敵が用いる検閲や抑圧という戦術を真似ることで立ち向かうべき」[26]ではなく、このことは確実であると断言した。

　両者のコメントに共通していることは、共産主義プロパガンダに対抗する必要があるものの、共産主義者が用いる検閲や抑圧という方式を用いてはならず、『図書館の権利宣言』が定める探求の自由や読書の自由を重視し、個人の判断力を信頼すべきということである。

3　知的自由委員会とラルフ・A. アルヴェリングの意見対立

3.1　知的自由委員会のコメント

　アルヴェリングは評議会が『ラベリング声明』を採択した後の会員総会で発表したのだが、その内容について会員は1952年冬期大会以前に、IFCが意見を公表するように求めていた。IFCのコメントは1951年11月号の『ALAブルティン』に掲載された[27]。まず委員会のコメントをバウカー社の社長で1944年からIFC委員であるフレデリック・G.メルチャーが、以下の3点にまとめてい

る[28]。

(1) 提起されている問題は以下のようである。現在の図書館における図書の購入や展示について、共産主義への直接的な反対の図書はともかく、共産主義に導く本を図書館の一般読者 (general readers) が接触しないようにすべきか否か。

(2) 知的自由委員会はそのような措置の正しさを疑問視しており、すぐれた図書館実践に反し、原則として支持できないと確信している。すべての図書購入は必然的に選択のプロセスである。どのような分野であっても、野卑や暴力のために資金やスペースを用いるのではなく、啓発や実質のために用いる。民主主義は教育に依存し、教育は意見を形成する基礎資料が利用できることに依存する。

(3) 今日の世界では多くの事柄に議論が白熱している。アメリカ国民が国内外の出来事に各自の役割を最善に果たすのは、人びとの読書へのニーズや関心に奉仕するすべての者が、幅広い図書選択という伝統的な図書館実務を意識しつつ、目的意識と民主主義の展望を高める助力を提供することによる。

IFCはアルヴェリングの意見に否定的であった。例えば次のような意見を示している。アルヴェリングの意図はともかく、アルヴェリングは「分館に『非正統』(unorthodox) と思われる本を置かないことで、利用者を『保護する』(protect) のが、図書館員の責任なのか」という問いを提起しているとした。そしてIFCはこの考えに「否」と断言した[29]。またIFCはアルヴェリングの発表の真意を図りかねていた。単に図書選択に賢明な判断を強調しているだけなら、委員会が検討する必要はない。しかし、アルヴェリングは通常の『図書館の権利宣言』の解釈と公務員や市民としての義務とが両立しないとしており、これはIFCにとって大きな関心事であった。

最も関心を当てるべきはデトロイト公立図書館の図書選択の方針であり、またアルヴェリング自身もこの部分の検討を求めていた。それはすでに引用で示している「方針」である。この「方針」の文言をIFCは満足できないとし、次のように2点を指摘した[30]。

(1) この選択方針からは、探求心ある人のための「参考」(*reference*) 資料と、「個人、家族の一員、市民として十全に発達する機会を持ち、それを励ますため」に、市民に安全に（safely）提供できる「その他」(*other*) の資料とを、はっきりと区別することができると考えているように思われる。

(2) この選択方針からは、探求心を持つ人と、一般読者をはっきりと区別できると考えているように思われ、「一般読者の前には、個人の最善の発達を助け、また各人が各自の義務を巧みに果たす助けになる重要な選ばれた図書だけが置かれる」というのである。

そしてIFCは、「こうした区別を有効あるいは筋の通ったものとして受容できない」と断言した。委員会は蔵書や読者の区分に反対したことになる。アルヴェリングはALA会長経験者であり、図書館界の大物なので、IFCのコメントは非常に抑制されている。例えば、「知的自由委員会はデトロイト公立図書館の方針声明の作成者の意図を誤解しているかもしれないが」と述べ、「それでも多くの人は委員会と同じように判断するだろう」と書いている。そしてデトロイトの方針声明を市民の読書を制限する口実として使われないように、声明を書き直していただきたいと願った。その際に留意すべき4点を示している[31]。

(1) 『図書館の権利宣言』に示された原則への現在の攻撃を誇張すべきではない。民主主義の性格からして、さまざまな挑戦は常に生じる。アルヴェリングは現在の危険性を他のすべての危険性とは別物と把握しているようである。確かに探求の自由にはリスクがある。しかし各状況に応じて方針を変えることは非常に大きなリスクとなる。『図書館の権利宣言』は大多数の図書館員が客観的に物事を考えることができる時期に健全と判断したものであり、探求の自由が脅かされている時に最も大きな保護になる。

(2) ソビエトのプロパガンダという挑戦への対処としては、基本的な自由を強調し強めることが重要で、自由を弱めて降伏してはならない。

(3) 共産主義者のプロパガンダや方法を打ち負かす主たる闘いは図書館で

生じるのではない。しかし探求の自由を維持する主たる闘いは図書館で生じうる。私たちは後者について降伏にいたる道を避けなくてはならない。

(4) ラベリングに反対するアメリカ図書館協会の現在の方針は、カリフォルニア州バーバンクで最初のテストに成功した。当地ではすべてのカリフォルニアの図書館の「破壊的」資料にラベリングを求める動きがあったのだが、『ラベリング声明』はこの試みを阻止するのに役立った。デトロイトの方針が提起する資料の隔離はラベリングと非常に近いので、プロパガンダの問題の解決法としては規則違反である。

IFCは次の言葉で締めくくった[32]。「図書館専門職の責任に従う図書館員は、『知性や判断力に劣る市民』を『保護する』ために『良い』、『安全な』読書を決定しようとするあらゆる実践や方針に反対しなくてはならない」。

3.2　アルヴェリングの反論

このIFCのコメントにたいして、アルヴェリングは反論を書き、その反論にIFC委員長ウィリアム・S.ディックスがさらに言及することになる。『ALAブルティン』の1952年3月号で、事務局長デイヴィッド・H.クリフトは2つの論考が掲載されていると述べ、アルヴェリングとディックスの論考に読者は大きな関心を持つだろうと記した[33]。まず委員会のコメントに関するアルヴェリングの反論である[34]。

アルヴェリングは知的自由についてのデトロイト公立図書館のこれまでの積極的な取り組み（人種暴動や『奇妙な果実』への対応）を示したのち、IFCのコメントに反論していく。まず形式面について、IFCのコメントでは、読者の「保護」(protecting)、「知性や判断力に劣る市民」(the less intelligent or less discriminating citizenry)、「安全な」(safe) 図書といった語句に括弧が付けられていると指摘した。しかしアルヴェリングはこれらの語について、自分の論文には用いていないし、自分の25年間にわたる図書館界での活動においても、いっさいこうした語は用いていないと強調した。そして普通の読者ならば、括弧が付いていることでアルヴェリングが用いた語句だと誤って判断すると述べ

た。これは偏見をもたらす試みということになる。

　次にアルヴェリングは、IFCは「一般読者」（general readers）を知性の劣る人と結びつけ、誤解していると指摘した。アルヴェリングによれば、「一般読者」とは特定主題の追求や探求を目的とせず、さまざまな本を読む人を示し、一般読者が同時に専門を追求する探求者でありうる。こうした点についてアルヴェリングは、「知的自由委員会はおそらく私を理解していない！」[35] と断言した。

　続いてアルヴェリングは、『ラベリング声明』採択の契機となったモントクレアー事件によって、IFCの意見が着色されていると主張した。そしてアルヴェリングは、「知的自由委員会は参考研究サービスに図書を置くのは危険な内容を理由にラベリングあるいは隔離することを意味すると結論づけた」[36] と把握した。そして委員会の仮定では参考研究サービスの資料はデスク後方のガラス扉の書架に置かれている資料で構成されているように思われると感想を述べた。アルヴェリングはこのように委員会のコメントを解釈し、デトロイトの実践はラベリングとはまったく無縁であると切って捨てた。アルヴェリングによると、デトロイトの参考研究サービスは10の主題別部門からなり、その蔵書は100万冊を越え、その内の25万冊は開架に置かれ、ラベリングや隔離とはまったく無縁である。またアルヴェリングは、デトロイト公立図書館システムは27の独立した図書館の連合体ではなく1つの図書館であり、分館職員の案内やシステム内の相互貸借によって、すべての市民があらゆる資源を利用できると確認した[37]。

　そして『図書館の権利宣言』は最上層に位置する信条であり、その下のレベルの実務のあり方について、建設的な助言を得ることを期待したのだが、むしろ非難を受け、これでは何の解決にもならないと述べた。

　一方、事務局長クリフトが指摘したIFC委員長ディックスのアルヴェリングへの応答は、単なる冬期大会でのIFCから評議会への報告であり、1ページに満たないものであった[38]。ディックスは論争の経過を簡単にまとめた後、1951年11月号の『ALAブルティン』に公表されたIFCのコメントについて、「不幸なことだが、この知的自由委員会のコメントはアメリカ図書館協会の数人のメンバーによって、アルヴェリングへの個人的批判として組み立てられ、かなり

の興奮を生み出した」と述べた。そしてIFCの委員はアルヴェリングをこの上もなく尊敬しているとし、アルヴェリングは知的自由の擁護者として立派な経歴を誇っていると続けた。ディックスは議論の収束を願い、議論が含む原則を静かに検討すべきだとした。ディックスによると、現在はアメリカニズムの基本原則が攻撃され、各図書館員は自由を擁護し、その敵との闘いに備える準備として、立場を注意深く検査しなくてはならない。特に現在は堅固な戦線を持つ必要があり、それは基本原則への深い誠実な合意によってのみ生み出される。幸いなことにアメリカの図書館員は『図書館の権利宣言』を持っている。IFCの各委員は、一般原則を示す声明はどのようなものであっても、多様な解釈が生じると認識している。図書館員の『図書館の権利宣言』の解釈を精査するのはIFCの領域には入らない。と同時にディックスは『図書館の権利宣言』は正しいとの確信を表明し、最も団結が必要な時に、自由を恐れて私たちが分断されることがあってはならないと強調した。最後にIFCは「『図書館の権利宣言』にはアメリカの最善の遺産と両立しないものは何もないと信じる」と主張するとともに、「『図書館の権利宣言』が表明する探求の自由という精神は、アメリカの遺産の中核にある」と結んだのである。

　これはディプロマティックなディックスの性格を明示している[39]。アルヴェリングの主張に最大の理解を示すとともに、IFCの基本的な考えを末尾で確認し、分断や波風を立てることなく収束させようとする内容である。そして実際にこの議論は終息に向かった。

4　図書選択と第1回知的自由会議（1952年）

4.1　フィールド財団から知的自由委員会への支援

　事務局長デイヴィッド・H.クリフトは1951年11月号の『ALAブルティン』で、フィールド財団がIFCの活動のために2年間に15,000ドルの補助金を提供すると報告した[40]。同じ号でバーニングハウゼンは、フィールド財団からの補助金で委員会は探求の自由を擁護する闘いを組織的に強めることができると述べた[41]。それは、(1) 情報の収集と組織化、(2)『図書館の権利宣言』違反の調査、(3) そうした違反への抗議、(4) 資料の作成や配布、それに (5) 研修会の

実施による。さらにALA会長ロリータ・D.フィアンはALAの1952年冬期大会で評議会に報告を行い、フィールド財団からIFCへの補助金について、IFCの重要な仕事がいっそう十分に行うことが可能になると報告した[42]。

　フィールド財団とは、シカゴの実業家にして百貨店で有名なマーシャル・フィールド（1834-1906）の孫マーシャル・フィールド3世（1893-1956）が、1940年に設けた財団である。フィールド3世は大恐慌の悲惨な状態に動かされ、貧困との闘いやニューディールを支えるために財団を設置して多くの慈善活動を行った。特に人種統合や差別の撤廃に積極的な財団として知られていた。この財団からの援助によって、IFCはALA会員の目に見える2つの事業を行った。1つは上記の（1）「情報の収集と組織化」、（4）「資料の作成や配布」に関わる『ニューズレター・オン・インテレクチュアル・フリーダム』（第1号は『ニューズ・ノーツ・オン・インテレクチュアル・フリーダム』）の刊行で、1952年3月に第1号が刊行された[43]。粗末なタイプ打ちの4ページの情報誌であった。そして6月号（3ページ）、7/8月号（5ページ）、9/10月号（4ページ）、11月号（5ページ）で、知的自由に関わるALAや州支部の動き、事件、集会、文献などを簡潔に報じたのである。編集長はIFCの非常勤事務局長ポール・ビクスラーである。いま1つが（5）「研修会の実施」で、これは1952年6月にALAニューヨーク年次大会の事前会議として開催された。さらに翌1953年にはロサンゼルス年次大会に関連して6月に開催されている[44]。

　1952年夏のニューヨーク年次大会の予告で、IFCは6月28日と29日に事前会議を開くと予告した[45]。そこでの題目は以下である。（1）民主的社会における図書館の基本的性格、（2）図書選択の現代的問題（理論から実践に）、（3）自由なコミュニケーションへの攻撃と対処、（4）知的自由に関わる新聞、出版、教育者、図書館員である。そして登壇予定者も掲載した。

4.2　第1回知的自由会議

4.2.1　知的自由会議の背景とプログラム

　この第1回知的自由会議の記録は『コミュニケーションの自由』として1954年に刊行された[46]。ポール・ビクスラーは、知的自由会議の背景を記してい

る[47]。ビクスラーによると、検閲は道徳的検閲と政治的検閲にまとめることができるが、後者は破壊的な資料や政治的に非正統な見解を対象とし、近年の図書館への検閲の主流である。共産主義が検閲の唯一の目標ではないが、大多数の検閲は共産主義という語を用いている。

　ビクスラーは検閲全般というよりも、ここで1951年の『ラベリング声明』の第6条を取り上げた。第6条は次のようになっている。

　　6. 共産主義が自由世界に脅威を与えている点については、全面的に賛成する。しかしながら、あるグループをなだめるために資料にラベリングをすれば、図書館蔵書のいかなる資料についても、ラベリングを拒否する理由がなくなる。共産主義、ファシズム、その他の独裁主義は、思想を抑圧する傾向や、特定のイデオロギーに個人を順応させるべく強要するという傾向がある。しかし、アメリカの図書館員は、こうした「主義」に反対しなくてはならない。それゆえ、アメリカの図書館員は反共主義者である。しかし同時に、知識にいたる道の閉塞を目的とする、あらゆるグループにも反対する。

　ビクスラーによると、この第6条は、図書館が共産主義者やあらゆる党派の手段になってはならないと定めている。図書館利用者を教化のために用いることは『図書館の権利宣言』の精神に反する。事実とあらゆる見解の双方を自由に提示しつつ、プロパガンダの濫用から図書館を守るために、しっかりした均衡を維持するというのが現代の図書館の問題の中心になる。ある種の図書、雑誌、フィルムの貸出を妨げるために、各所から図書館に圧力がかかっている。図書館員は思想へのフリー・アクセスが図書館の存立基盤であると合意しているが、これらの圧力への対処法については不確かである。このように述べたのち、ビクスラーは今回の会議が私たちの思想の明確化、私たちすべてが合意できる共通の土台の開発、従うべき最も効果的な行動の設定、それに類似の問題に直面している他のグループとの協力関係の促進に役立つことを期待した。

　次に具体的なプログラムの説明である[48]。会議は、(1)図書館と自由なコミュニケーション、(2)図書選択の現代的問題、(3)圧力団体とその方法、(4)自由なコミュニケーションでの共通関心という4部で構成された。第1部は自由

なコミュニケーションと検閲に関わる歴史を通覧し、第3部は『図書館の権利宣言』の第3条、すなわち圧力団体の検閲に関係し、第4部は『図書館の権利宣言』の第4条、すなわち関係グループと協力して検閲に立ち向かうとの定めを取り上げている。そして第2部は『図書館の権利宣言』の第1条と第2条、すなわち図書の選択である。このように第1回知的自由会議は『図書館の権利宣言』の各条について、現代直面している課題との文脈で検討しようとするもので、したがって図書館員だけでなく、研究者、出版者、法律家、教育者など幅広い参加を意図していた。

　本稿に関係するのは第2部「図書選択の現代的問題」である。ここでビクスラーは「『図書館の権利宣言』第1条、第2条が示す原則について意見に相違はないが、現実の問題として、この条文の適用にはいくらかの変化がある」[49]と説明した。いっそう具体的には、例えば「資料にいくらかの使用制限をするのは原則の枠内に入るのか」、「論争中の資料をカウンターの後方に置き、利用者に署名させて提供するのは正当化できるのか」、「ラベリングは拒否されているが、特別書架はどうなのか」といった問題である。こうしたプログラムはまさにアルヴェリングとIFCとの議論を踏まえて設定されたものであった。すなわち原則と、原則を実際に適用する実務との関係である。

4.2.2　第2部「図書選択の現代的問題」とラルフ・マンの報告

　創刊まもない『ニューズレター・オン・インテレクチュアル・フリーダム』は、1952年7/8月号の冒頭で第1回知的自由会議に触れ、この会議にたいする「ニュースでの扱いや一般的な受けとめ方は、すべての点で私たちが求め期待したものであった」[50]と書いた。そして『ニューヨーク・タイムズ』や『ヘラルド・トリビューン』が詳しく取り上げたこと、またWNYC（ニューヨークの公共ラジオ放送局）やVOAをはじめ、多くのメディアが報じたことを伝えた。例えば『ニューヨーク・タイムズ』は6月29日に知的自由会議について報告している[51]。同紙は300名が参加した会議全体を見渡し、図書館への圧力を以下の3つに整理した。(1) 愛国団体などからの直接的な圧力：一般的には、真面目に自分たちの行動は正しいと信じ、破壊的資料や冒瀆資料の貸出や購入を禁

じようとする。(2) 順応を求める広範な要求の間接的な影響：この影響によって、過剰反応の図書館員が批判を恐れて自分自身の行動を検閲する。(3) 立法府などからの直接、間接の圧力：こうした圧力は非正統的な資料への制限を要求する。この新聞記事は特にピッツバーグのカーネギー図書館長ラルフ・マンの報告を取り上げ、「公然たるプロパガンダはそのように明示 (labeled) すべきで、隠されたプロパガンダは完全に遮断すべきと提言した時、かなりの議論が生じた」とまとめている。マンはどのような主張を展開したのであろうか。第2部「図書選択の現代的問題」の登壇者は、ラルフ・マン、議会図書館副館長のヴァーナー・W.クラップ、カンザス州サリーナ公立図書館長ジェローム・クッシュマン、それにいま1人はイギリスからの報告者である。

　クラップの論題は「大規模研究図書館」である[52]。大規模研究図書館の場合、基本的に研究のためにあらゆる資料を収集するのが目的で、図書選択に検閲といった問題はない。クラップはナチの時代のドイツでも、研究図書館は幅広く資料の収集が認められていたと述べている。クッシュマンは1951-52年度のカンザス州図書館協会会長で、サリーナは人口26,000人の町である。クッシュマンはさまざまな圧力がかかっている現実を押さえつつ、選書にあたっての書評誌の扱い、自館の選書基準を満たさない図書の扱い、さらには寄贈書の扱いなどに触れた[53]。サリーナ公立図書館は館長室に図書を置くといった制限的な扱いをする余地はないと報告した。そして理事会が『図書館の権利宣言』を認め理解することが最も重要で、さらに検閲については検閲に反対する新聞社や一般読者の支持を得る取り組みが必要と述べた。クッシュマンによると、図書館員は検閲を恐れる必要はないとのことであった。

　こうした論者の中で、アルヴェリングの主張を引き継いで報告したのが、1939-40年度のALA会長を経験しているラルフ・マンで、論題は「大規模公立図書館」である[54]。マンは冒頭で次のように話した。

　　『図書館の権利宣言』は「どのような観点に立つ資料であっても、それらを可能な範囲で最大限に備える (provision) べきである」と定めている。この文言は従来から確立している図書館の方針および実践に反映されている常套句にすぎず、もし冷戦が現実にしたロシア帝国主義者の共産主

義というブランドがなければ、この声明を論じるという関心はほとんどなかったであろう。『図書館の権利宣言』に重要性、そして議論に緊急性を与えているのは共産主義の脅威である。

そしてマンは図書選択との関連でロシアや共産主義に関わる資料を以下の7つに分類した[55]。

(1) 共産主義の公式の表明。マルクス、エンゲルスが表明し、レーニン、スターリンが展開させた文献は歴史的文献であり、公立図書館にとって正当な資料である。

(2) 共産主義の創造者や展開者の伝記は他の諸領域と同じように収集すべきである。

(3) ソビエトを含めてロシアの歴史は、ロシア人が執筆したり、ロシア人の観点から記された歴史も備えるべきである。

(4) ロシアも含めて、定評ある書き手によるソビエト政府に関する事実を説明する資料は、明らかに正当な図書館資料である。

(5) 入手可能なロシアの公式文書、非公式の年鑑や統計は参考資料として必要である。

(7) 『デイリー・ワーカー』、『ニュー・ワールド・レヴュー』といった雑誌、それにアグネス・スメッドリーといった公然たるプロパガンダや共産主義者の本は、欺くことを意図していない。これらの資料の利用者は資料の性格を知っている、あるいは知るべきである。大多数の利用者は特定の合法的な目的のために、これらの資料を用いている。公然たるプロパガンダ資料は収集し、保存すべきである。

このように考えるマンが最も問題にしたのが (6)「一般向けの図書」である。マンは「現在の状況を扱う一般書は多くの問題を提示するが、著者の権威性や客観性に関する通常の選択基準が、選択に際しての主たる案内になる」[56]と原則を示した。ソビエトが教育、科学、産業で進んでいると書くだけで、反逆として反対されたりするが、こうした反対者には毅然たる態度で対抗しなくてはならない。

また現在を扱う一般書にはロシアの隠されたプロパガンダによる本がある。

市民や図書館員はプロパガンダが強力な武器になることを認識しなくてはならない。その最終目的はもはや防衛できないほどに国の目的や道徳を破壊することにある。このことが図書館員に積極的な義務を負わせる。そうした義務の中には、隠されたプロパガンダ資料を識別し、図書館の一般蔵書から除去するということが入る。共産主義のシンパとして知られていない人物が、巧みに共産主義を支持する文を執筆する。もちろんこうした本は欺くことを意図している。隠されたプロパガンダ資料の拒否は、図書は誠実でなくてはならないという図書選択の伝統的な教えによって支持される。マンは、選択と呼ばれようが検閲と呼ばれようが、すべてを把握できないとしても、隠されたプロパガンダの本を識別することによって一般蔵書から除去しなくてはならないと念を押した。

　続いて一般蔵書から除去した図書の措置である[57]。ここでマンは、『図書館の権利宣言』第2条「どのような観点に立つ資料であっても、それらを可能な範囲で最大限に備える（provision）べきである」の「備える」に注目した。そして「備える」には3つの方式があると説明する。まず開架への配架である。次に閉架書庫に入れるが、図書請求票に無記名で申し込むという通常の請求方式である。最後に制限書架に置き、図書請求票に署名をして利用するという方式である。もし共産主義プロパガンダの資料を収集するなら、制限書架に置くか、あるいはプロパガンダとのラベルを添付するかである。その他の範疇の共産主義関係の図書は、開架あるいは閉架に備えるべきである。なおプロパガンダの性格を持つと思われる本の展示について、マンは意見が分かれるだろうと述べつつ、図書の展示はその本を知らない人の利用を招くとの事実を重視した。例えば、『ニュー・ワールド・レヴュー』の展示は、実質的には「ロシアのプロパガンダ装置の一部分になり、ロシアや共産主義に勧誘する手先になる」[58]と訴えた。

　分館には閉架書庫がないので、プロパガンダ資料は閲覧室に置くか、館長室といった制限された場所に置くかである。分館の建物は制限されているので、性に関する本、一般貸出に不適な小説、高価な専門書などは備えないのが従来からの実践である。そしてマンは、この範疇の図書に隠されたプロパガンダの

本を含めた。そうした図書は中央館からの通常の配送サービスで利用でき、この措置で十分である。隠されたプロパガンダ以外の本は、ロシアからの観点の図書も含めて開架に置いてよい。

　ここでマンは「管理上の実行性」（administrative feasibility）という言葉を持ち出した[59]。「管理上の実行性」とは、管理される機関（図書館）とその運営状態を十分に理解することを意味し、知識と判断が構成要素となる。要するに『図書館の権利宣言』を「管理上の実行性」を視野に入れて解釈し実施するということで、その解釈は当地で主流となる意見によって左右される。「管理上の実行性」で重要なことは実際に主流となっている意見の識別であり、そこではアメリカ在郷軍人会や反動的な新聞が決してコミュニティの主流の意見でないことを忘れてはならない。マンによれば、図書の所蔵と読者獲得のために本を宣伝することには大きな相違がある。ここでの宣伝とは開架に置くことや展示することを意味する。そしてマンは、この相違（所蔵と宣伝や展示）という領域で、「管理上の実行性」は正当な役割を発揮すると強調した。

　マンは『図書館の権利宣言』を「管理上の実行性」に照らして解釈し実施することに関して、便宜主義や臆病さによる意識的な妥協として反対を受けると予想し、「断じて便宜主義や臆病とは無関係である」[60]と言葉を強めた。マンにすれば、公立図書館と破壊的資料に関する近年の議論は、あたかも図書館が環境からまったく独立して存在し、政府、公共政策、世論には何の義務もないといった論調になっている。一方、マンによれば、公立図書館は地方政府に組み込まれた機関で、この基本的な事実を認識して、いっそう現実的なアプローチを探る必要がある。あまりに環境や世論と乖離していると、機関として生存できない。マンにすれば、『図書館の権利宣言』は基本的信念を表明し、例えば『共産党宣言』を備えるのは基本的なことである。とはいえ図書リストで宣伝するか否か、展示をするか否か、開架か閉架のどちらに配架するのかといったことは、基本的な問題ではない。公立図書館は政府機関であり、そうした機関が世論に敏感なのは正しい。基本原則の下に位置する問題の決定には「管理上の実行性」が手引きになる。

4.2.3 マンの発表にたいする反応

　第2部の発表が終わった後の意見交換では、マンの発表に質疑が集中した[61]。いくつかの意見交換を紹介して、マンの立場をいっそう明確にしておく。まず共産主義プロパガンダではなく、アメリカのプロパガンダ資料も、同じように悪影響を利用者に及ぼすのではないかとの質問があった。この質問についてのマンの回答は、公立図書館は政府機関であり、アメリカの制度を主張する本は、どのようなものでも問題がないと答えた。この回答については会場で意見の相違があったものの議論は深まらなかったという[62]。次に、隠されたプロパガンダについて、誰が決定するのかという質問があった。これについてマンは、「書評、委員会、新聞などから、あらゆる可能な情報を獲得」して、「おそらく館長を交えた館内の職員委員会で決定する」と答えた[63]。また共産主義プロパガンダとアメリカへの正当な批判とをどのように識別するのかという質問があったものの、この問いにはだれも答えなかったという。さらに制限された場所に資料を置くというマンの主張には合意がなかった。マンは次のように確認した。

> 　私が制限すべきと述べる種類の資料は、プロパガンダのために書かれている文献に限る。それらは特別蔵書になり、特に関心を持つ人びとのために所蔵する。例えばプロパガンダの技法自体を研究する大学関係者や学生などである[64]。

　この説明には、全国製造業協会はアメリカ労働総同盟の主張をプロパガンダと把握しており、マンの主張の実践には難点があるとの意見が出された。

　第1部で「今日における自由なコミュニケーションの意義」[65]を報告した『ワシントン・ポスト』の論説委員で『自由な人の忠誠』[66]の著者アラン・バースが2日間の会議の総括を担当した[67]。バースの総括は論争が生じた領域としてマンの発表を重視している。バースは「マンは少数派の見解を表明したように思われる」[68]と述べ、マンの発表を以下のようにまとめている。マンは『図書館の権利宣言』を「管理上の実行性」を斟酌して解釈や適用をしなくてはならず、図書館は環境から独立しえないこと、地方政府に組み込まれた機関であること、またその地の世論とあまりに乖離しては存在しえないことを主張してい

る。そしてバースによると、この立場にはかなりの合意があったと思われるの
だが、マンが具体的に共産主義プロパガンダを取り上げたことから異論が出さ
れてきた。そして隠されたプロパガンダ資料を一般読者から隔離するように主
張した時、そうした隔離はしていないという実践の報告や、特別な制限的配架
は悪しき実践であるとの意見が出されたのである。さらに「隠されたプロパガ
ンダを誰が決定するのか」といった厳しい指摘も出された。バースは、隠され
たプロパガンダ（破壊的な本）と、社会の変化、経済革新、政権、現行の政策
への誠実な批判とをどのように識別するのかわからないと述べた。と同時に、
印刷物の最も重要な役割は、変化や革新をもたらすメカニズムの提供にあると
締めくくった。明らかにバースはマンの主張に批判的であった。

　アルヴェリングの発言を発端とする議論は、『図書館の権利宣言』の再確認、
および隠されたプロパガンダの図書の扱いについては、原則の下での各館の具
体的な図書選択方針に委ねるという方向に落ち着いた。ただしラベリングをす
るというマンの発言に支持はなかった[69]。

4.2.4　アルヴェリング、マンの考えと「民主主義」

　アルヴェリングやマンの考えは『図書館の権利宣言』や図書館における知的
自由について重要な論点を提示している。両者は決して『図書館の権利宣言』
や知的自由を否定したのではない。その上で、『図書館の権利宣言』と公務員
としての役割に齟齬があるとし、良き市民の育成という教育的関心を前面に打
ち出すことで、共産主義プロパガンダ資料への扱いを俎上にのせたのである。
マンは、そこに「管理上の実行性」という考えを導入して、地域社会に埋め込
まれた機関としての公立図書館の役割を重視し、プロパガンダ資料への扱いを
具体的に示して見せた。

　実のところ図書館界におけるプロパガンダ資料の扱いへの関心は、戦後冷戦
期になってはじめて登場したのではない。そうした資料への扱いは、ナチが政
権を握り、図書への弾圧を開始して以降、図書館界は一貫して大きな問題とし
て取り上げてきた。その時代の考え、少なくとも図書館員や教育関係者の主流
の考えは、例えばアイオワ州デモインの公教育、成人教育を指導（1914-1934）

し、その実績によって合衆国教育局長（1934-1948）になったジョン・W.スチュードベイカーの考えと実践に代表される[70]。スチュードベイカーはデモイン市全域を対象に成人教育としてパブリック・フォーラムを組織した。これは登壇者がさまざまな考えを報告したのち、参加者と登壇者が意見を交わし、そのことで自ら思考し判断できる市民の育成を目的にしていた。そこでの主題は、社会的、政治的、経済的な現代の課題に限定されていた。この成人教育プロジェクトは1930年代の経済不況、全体主義国家の台頭と結びついていたが、異論や不人気な思想を排除するという考えはなかった。民主主義を維持するには、異論や不人気な思想を知ることが必要で、それを踏まえてはじめて民主主義が強固になるというのが基本的な考えであった。こうしたパブリック・フォーラムの思想と実践は、スチュードベイカーが教育局長になった後、全国的なプロジェクトとして実施されていく。

　パブリック・フォーラムの思想と実践とアルヴェリングやマンの思想を比較すると、スチュードベイカーの思想と実践は『図書館の権利宣言』や知的自由を現実化するもの、思想としての民主主義を具現化するものと判断できる。一方、アルヴェリングやマンは、『図書館の権利宣言』や知的自由を図書館における原則と把握してはいるが、そこに国家的な政策としての「民主主義」がかぶさっていたと考えてよい。『ラベリング声明』が「アメリカの図書館員は反共産主義者である」と記入したのも、国家政策としての「民主主義」の表明と考えられる。こうした意味での「民主主義」や思想としての民主主義と、図書館との歴史的関係については考察される価値があるだろうし、ALAの1939年『図書館の権利宣言』の雛形となったデモイン公立図書館の1938年「図書館の権利宣言」[71]に直接に関係するように思われる。

5　ラベリングをめぐる事例

　図書館資料の内容によってラベリングを行うには基準の設定が難しいとともに、全蔵書の点検が必要であり、実際には不可能である。ただしラベリングが問題となる場合は少数ながら事例として存在する。以下ではそうした事例を簡単にまとめて紹介する。ただしフィルムの格付けといった問題が出現する以前

の時代に限定する。

5.1 アメリカ図書館協会内での事例

　ALAは図書館での人種差別についての調査報告『公立図書館へのアクセス』を1963年に刊行した[72]。この調査報告では図書館での人種隔離、すなわち「直接的差別」は南部に限定されていた。しかし同報告は「間接的差別」という概念を導入し、北部の黒人居住地域と白人居住地域を比較して、図書館の密度や蔵書冊数など白人居住地域の図書館状況がまさっていると分析した。要するに実質的に北部でも黒人への差別的な扱いがされているということである。これにたいしワシントン・D.C.やシカゴの公立図書館長（それはALAの有力者でもある）が強く抗議を行い、担当部会である図書館管理部会は8ページからなる『『公立図書館へのアクセス』の評価』という報告書を作成した。そこには例えば、「10の都市における分館の配置と資源」について、調査が浅くて包括的な結論は導かれず、この部分の調査結果は拒否すると書かれていた。そして『公立図書館へのアクセス』にこの評価文書を添付して配布するという案が出された。これにたいしてIFCの委員リーロイ・メリットが、報告書に評価文書を挟み込んで配布するということであれば、ラベリングとなりALAの方針に反すると指摘した。カリフォルニア大学ロサンゼルス校図書館のロバート・ヴォスパーもメリットと同じ考えを表明した。これにたいしてIFC委員長アーキ・マクニールが、この問題はラベリングとは無関係で「正誤表」の添付であると発言し、これ以上の議論はなく収束した。

　これと類似の言及は他にもある。IFCは修正第1条が定める表現の自由を啓蒙するフィルム『ザ・スピーカー』を作成した[73]。しかしこのフィルムは「黒人の劣等性」という黒人差別を温存し助長するとの非難が出されてきた。そしてフィルムに添える声明文が作成され、そうした声明文の添付を理事会や評議会は支持したが、声明文に反対する評議員はラベリングに相当すると主張した。

5.2　壮大な試みの提案

　実現はしなかったものの、マッカーシズム期には壮大なラベリングの主張があった。既述のように1952年6月に開催された第1回知的自由会議で、議会図書館のヴァーナー・W.クラップは大規模研究図書館での図書選択と知的自由について報告したのだが、この場で連邦下院議員ハロルド・ヴェルデの構想を報告した[74]。それは議会図書館長にたいして、議会図書館が所蔵する破壊的図書の一覧を作成する権限、そしてそのリストを全国の図書館に提供する権限を授けるという内容であった。クラップによると、この試みは不評で、大規模なラベリングへの取り組みはなくなったという。11月にはイーライ・M.オボラーが「検閲者としての連邦議会」を発表し、ヴェルデは「議会図書館長は同館のすべての破壊的資料にマークを付け、合衆国の他館の案内にするためにリストを編纂する」という法案（H.R. 6335）を提出したものの、この法案が審議されることはなかったという[75]。そして『ニューヨーク・タイムズ』などがヴェルデの提案を強く非難したと指摘した。

　事実、1952年2月24日、『ニューヨーク・タイムズ』は論説「図書の調査」でヴェルデの法案を俎上にのせて厳しい批判を展開した[76]。冒頭でこの法案を非常識と断言し、900万冊の点検作業が異常なことはともかく、「人生での成功の基本的な信条の1つとして、大多数の事柄における選択の自由を重視している社会にあって、この試みは図々しいものである」と非難した。アメリカでの図書の運命は、その図書自体の内容によって決まる。図書館に所蔵される本は、利用者の要求によるか、蔵書構成での必要性による。後者は図書館利用者が問題に対処するに際して、均衡ある理解を提供することにある。図書に破壊的とマークをすることは、図書の除去と同じである。それは全体主義国家が実施していることで、そうした国は人びとの識別能力を信頼していない。ヴェルデの提案は破壊的リストの複製を作成して、全国の図書館の手本にするとしている。すなわち承認されない図書の目録となり、そうした図書の利用者は要注意人物になるだろう。同法案で気にかかるのは具体的な内容よりも、同法案をもたらした考え方である。「恐怖が良識を窓の外に放り出し、権威的行動を要求する神経過敏な緊張に取って代わられた。共産主義への恐怖が正当化される

のだが、しかし共産主義を隠すことで共産主義との闘いはできない。闘っている内容について十分な知識を持って、闘う必要がある」。

5.3 具体的な事例：ピオリア、バーバンク、セントチャールズ
5.3.1 ピオリア公立図書館のフィルム事件とラベリング

　本稿の冒頭で示したように、1951年2月3日、ALAは『図書館の権利宣言』に「1951年2月3日に開かれた評議会の正式の決定により、『図書館の権利宣言』は、図書館で利用あるいは収集される、あらゆる資料やコミュニケーション・メディアに適用されると解釈すべきである」という文言を脚注として採択した。これは『図書館の権利宣言』が活字資料にだけ適用されるという解釈へのALAの対応で、イリノイ州ピオリア公立図書館で生じたフィルム検閲事件を契機に採択された。ここでは地元の愛国団体や保守的な新聞からの攻撃があったのだが、その後に事件は第2幕を迎えることになる。1952年2月16日の図書館理事会は次の決議を採択した。

　　　図書館理事会は図書館長にたいして、国内、国際、政治、経済、社会、宗教といった主題を扱う新しいフィルムを購入した際、定期的な試写会を設けるように指示する。図書館長は各試写会に関心を持つ市民団体など、あらゆる関心を持つ団体の代表者を招く。そして各団体は各フィルムについての態度を書面で表明する。そうした試写会は新しいフィルムを提供する前に開催し、各団体のコメントはタイプ打ちにして、また団体名も記載する。そして永久にフィルムに添付する。その結果、利用者はこの特権を活用したいと願うグループの反応を即座に知ることができる。『人権』、『人類愛』、『境界線』については最初の試写会で上映する[77]。

　館長はこの理事会決定に反対した。図書館理事会に厄介ごとを持ち込み、おそらくこの措置は図書に波及すると述べた。またどのように呼ぼうとも、これはラベリングであると決めつけた。また1952年の図書館予算を検討する図書館理事会で、館長はALAの『ラベリング声明』を読み上げようとしたが、理事会はそれを拒否した。

　5月には、国内、国際、政治、経済、社会、宗教のフィルムについては、公

開の試写会を実施して、意見が分かれるフィルムには情報ファイルを作成して、利用者にその存在を知らしめると変化した。すなわちフィルム自体に添付するのではなく、情報ファイルに綴じ込み、必要に応じて利用者が活用できるようにした。この措置にたいして、『ニューズレター・オン・インテレクチュアル・フリーダム』の編者ポール・ビクスラーは、図書館長と図書館理事会がフィルムに用いた妥協は注目に値すると述べた[78]。このビクスラーの言は少なくとも情報ファイルの作成という措置に反対はしていない。おそらくフィルム容器に添付すると強制的に目に入るが、情報ファイルの活用は利用者の自発性にもとづき、見るか否かは利用者の裁量に任されるということであろう。

5.3.2　バーバンク公立図書館と図書館理事会主導のラベリング

　カリフォルニア州図書館協会知的自由委員会のジョン・E.スミスとイーヴリン・B.デッチョンの報告は、同州バーバンク公立図書館理事会が破壊的な資料や不道徳な資料へのラベリングを試み、それを打ち負かした事例報告である[79]。スミスはカリフォルニア大学ロサンゼルス校の図書館員で、ALAやカリフォルニア州図書館協会の知的自由委員会の委員であった。またデッチョンは同州コロネイド公立図書館の図書館員で、当時は同州知的自由委員会の委員長である。またバーバンクはロサンゼルス郊外にあり、人口は1940年の35,000人から1950年には78,000人に増加していた。ロッキード社が君臨している市である。

　1951年9月4日、図書館理事会の満場一致の要請によって、同州の公立図書館にある破壊的な図書や不道徳な図書へのラベリングを認めるために、市議会はカリフォルニア自治体連盟に決議を提出すると決定した。カリフォルニア自治体連盟は、自治体の行政幹部、市議会員、市長などで構成される準公式のグループである。1951年9月18日、バーバンク市長の要請によって、9月4日の決定は大きく変化し、アメリカの生活様式と異なる有害なプロパガンダなどが公立図書館に入り、各市はこの問題をどのように解決しているのか調査すると、カリフォルニア自治体連盟に提起する決議案を作成することになった。この2週間の間に市議会の態度は大きく変化したことになる。この変化は、新聞

による詳細な報告、個人の働きかけ、それに市に大きな影響力を有するロッキード社の労働組合の運動などによる。市長と市議会は検閲の意図はないと述べ、市長は図書館を大いに賞賛した。

ラベリングの動きにたいして、当地の図書館員や書店主は反対の声を上げた[80]。カリフォルニア大学ロサンゼルス校の図書館長で1950年度のカリフォルニア州図書館協会会長ローレンス・C.パウェルは、「警察国家」の危険性から救うことを求めている人が、「警察国家」の手法を主張していると非難した。そしてALAがラベリングに徹底的に反対していることを賞賛した。ロサンゼルス公立図書館長ハロルド・C.ハミルは、ラベリングは実行不可能であるし、住民もラベリングを求めていないとの確信を表明した。ロングビーチ公立図書館長エドウィン・キャスタグナは、ラベリングは実行が困難だし、図書館界が保持しようとしている知的自由を危険にさらすと警告した。ロサンゼルス・カウンティ図書館長ジョン・D.ヘンダーソンは、ALAの『ラベリング声明』の重要性を指摘するとともに、「検閲以外の何物でもなく、民主主義にとってなげかわしい」と非難した。アメリカ古書店協会の南部カリフォルニア支部長は、「ラベリングは誰が何と言おうとも、最終的には焚書になる」と非難した。また地元の書店主は、誰も他者に安全な図書を決定する義務はないし、図書の選択は各人が決定することであると述べた。

バーバンク公立図書館理事長のロバート・E.ベンソンは修正された市議会の決定を支持した。ベンソンは理事会の提案が検閲と解釈されたことに驚きを表明し、破壊的な資料や不道徳な資料の流れを減じるために、依然として何らかの図書の点検が必要であると考えていた。9月18日からカリフォルニア自治体連盟の会議が開かれる10月までの間に、カリフォルニア州図書館協会の大会がサンフランシスコで開催された。同協会知的自由委員会は自治体連盟にALAの『ラベリング声明』の要点を示す決議を送付した。この大会にはバーバンクの図書館理事2名も参加し、図書館大会から多くを学んだと述べつつ、破壊的資料は問題であり、何らかの措置を検討したいと話した。予想されたことだが、自治体連盟は何らの措置も講じず、蔵書へのラベリングの問題は公には終了した。

このバーバンクの事例について、執筆者のスミスとデッチョンは好ましい諸点を次のようにまとめている[81]。(1) 住民と図書館関係者の素早い効果的な行動が市議会の立場を変化させた。(2) 図書館員が一体となって図書館界の考えを周知させた。(3) ALAの『ラベリング声明』の存在が役立った。(4) 図書館界が支持しない図書館の事柄にたいしてカリフォルニア自治体連盟は関与を拒否した。(5) カリフォルニア州図書館協会知的自由委員会の存在と、委員長にあらゆる情報を報じ、同州図書館協会が決議を採択できたことである。一方、以下の2点は弱い面であった。(1) 図書館理事会がラベリングを勧告した。図書館理事会が助言機関でなければ、ラベリングが実施されていたかもしれない。(2) 市議会が当初はラベリングに好意的であった。

　この事件の場合、もともと図書館理事会は破壊的な資料や共産主義のプロパガンダ資料を点検したいと考えていた[82]。そうしたプログラムの一環として、理事の1人がノーマン・ジャコビーとエドワード・H.ギボンズを理事会に招いた。両者は反共主義のニュースレター『アラート』の発行者である。2人はバーバンク公立図書館の破壊的な影響を点検する計画を提示した。後にジャコビーが話したところによると、書架からの除去を考えておらず、共産主義に関する良質の参考蔵書を持つべきで、利用者が内容を知るために表紙などにラベルを添付すべきということであった。またファシストの資料にも同じようにすべきだとした。そして自分たちが請け負うなら、共産主義資料に関して職員訓練も行うと提起したという。共産主義に関する図書だけを点検するのか、全蔵書を点検するのかという質問にたいして、ジャコビーは蔵書数が多いので、まず政治学を手がけ、フィクションにまで至るのはかなり先になると答えた。具体的には著者名の下に、「この本の著者は共産主義団体に属している」と記載する。

　こうした事件の場合、公立図書館長が中心になるのだが、この報告の場合、図書館長にまったく触れられていない。

5.3.3　セントチャールズ・カウンティ図書館とラベリング

　1969年の6月下旬に開催されたALAアトランティックシティ年次大会で、

IFCは「読書の自由」をテーマにした[83]。その第3部は6月25日に開催され、題目は現場からの闘いの報告であった。そこに登壇したのがミズーリ州セントチャールズ・カウンティ図書館の館長ニナ・ラドフである。その報告は『ALAブルティン』の7/8月号の「知的自由欄」に掲載された[84]。

　1968年1月、通常のニュースとして新聞に新規購入雑誌を85点と報じ、『ランパーツ』を含めていくつかの雑誌名も示した。この記事が掲載された後、図書館利用者と名乗る女性がラドフに電話し、図書館が定期購入している最左翼の雑誌名を求めた。ラドフは定期購入している全雑誌のリストを送付したが、そこには『リーダーズ・ガイド』に収録されているすべての雑誌に加えて、保守系の雑誌もあった。ラドフは一件落着したと思ったという。

　1968年4月の図書館理事会に、同じ女性、すなわち共和党のジュディ・ギトマイアー[85]が6名の牧師と10名ほどの住民が署名した請願書を持参して現れた。請願は『ランパーツ』の除去と購入停止を求める内容であった。理事会は、同誌は図書選択方針に合致しており、除去せずに購入を続けると応じた。なお同館の選択方針は『図書館の権利宣言』と『読書の自由』を組み込んでいた。こうした方針と説明は請願書に署名した全員に送られた。

　しかしこれらは前触れで、ギトマイアーはカウンティ政府の行政部門に属するカウンティ裁判所に不快な雑誌の除去を求めた。ギトマイアーは「『ランパーツ』を粗野で、安っぽく、疑似知性的で嘘が多い」[86]と非難した。そして焚書者と呼ばれることには我慢できず、税金が同誌に投入されていることに反対していると述べた。寄贈ならば反対しないということである。合わせて、ある牧師が図書館理事に就任することを、あまりにリベラルな人物との理由で反対した。これにたいして図書館理事会は、「圧力グループが望む人物だけを理事にすれば、コミュニティに奉仕できない」、「問題のあらゆる側面を読んで理解することが人びとの権利でも義務でもあり、それを保護するのが図書館理事会の義務である」[87]と応じた。裁判所は図書館理事会は自律しており、図書館の行動や方針は裁判所の管轄範囲に入らないとの判断を下した。この件はセントルイスの新聞に取り上げられ、新聞は検閲にたいする図書館理事会の確固たる姿勢を賞賛した。それがためにギトマイアーは『ランパーツ』に反対している

のではなく、税金での購入に反対していると主張した。

　ラドフはこの時点での図書館側の状況判断について、図書館は巧みに広報した結果になったこと、決して重大な脅威になるとは思われないこと、問題は明確なことを確認し、楽観視していた。

　10月に入って再びギトマイアーが図書館理事会に現れた。そして以下のような請願書を提示した。これは、外国戦退役軍人会、アメリカ在郷軍人会、高齢者市民クラブ、ライオンズ・クラブ、それに8人の牧師などからなるグループの請願書である。

　　下記署名者は、セントチャールズ・カウンティの図書館理事会に、以下を請願する。連邦や州の公式の非米活動委員会や事実究明委員会が、破壊的、非アメリカ的と指摘した個人やグループがある。また、そうした団体に所属する個人やグループがある。このような個人やグループが、執筆、出版、編集した図書や出版物の中で、セントチャールズ・カウンティ・ライブラリー・システムで備えているものはすべて、図書館利用者がすぐに識別できるように、明確で目立つラベルを貼付すべきである[88]。

　ギトマイアーは、「私たちはカウンティ住民を横断している。納税者として、私たちは図書や雑誌の内容に関するラベルの添付を願っている。図書館理事会は住民への奉仕者である」と主張した。さらにギトマイアーは、「こうした著作へのラベリングは読書の自由や権利と対立しないし、学問の自由を侵害するのでもない。『ランパーツ』などに反対者側の考えを示すのは好ましい。そして破壊的な雑誌と確認することで、特に若者は同誌を知的に読むことができる」と主張した[89]。理事会は適当な期間で調査し、回答を出すと決定した。これは最善の取り組みを検討するためである。ラドフは自身で最善策を模索することになる。ラドフによるとラベリングの要求にマルクスなどは入っておらず、もっぱらアメリカの著者に限られていた[90]。ラドフはこうした検討から、ベンジャミン・M.スポックが最近になって若者の兵役拒否を助けたとのかどで有罪判決となり、上院の内国安全小委員会で調べを受けていたことを知った。したがってスポックのすべての著作は、非アメリカ的著作者の作品としてラベルが添付されるようになる。つまり「『スポック博士の育児書』の著者は連邦下院非

米活動委員会で破壊的な人物とされている」という趣旨のラベルを、スポック
の多くの著作や雑誌記事に添付するということが、いかに愚かな行いであるこ
とかを示そうと考えた。また道徳的な理由や専門的な理由を持ち出すのは控え
ることに決定した。後者についてラドフは、ALA などの外部者を持ち出すの
は、かえって反発を買うと判断したという。そして法的根拠に訴えることにし
た。これは結局、成功することになる。

　そして『育児書』にラベルが必要なのか問い返すとともに、この図書をさら
に追求した。出版社に手紙を書き、もし自分がスポックの作品にラベルを貼付
すれば、出版社はどのような行動をとるか問い合わせたのである。2つの出版
社（Meredith Press, Simon & Schuster）の回答によると、ラベリングは図書館を
起訴するにたる理由になるとのことであった。スポック博士の弁護士もこの点
に同意した。またラドフはミズーリ大学「情報の自由センター」に法的助言を
求めて連絡し、ほぼ同時にアメリカ自由人権協会も助力の提供を申し出た。ラ
ドフは後者に公然たる支援を求めはしなかった。というのは保守的な人びとは
アメリカ自由人権協会を共産主義者が支配する組織と考えていたからである。
両団体の法律上の助言は以下のようであった。請願者の要求どおりラベリング
をすれば、著者はラベリングの結果生じるであろう売上の損失を理由に、名誉
毀損として起訴できるとのことであった。例えば「何某は1941年当時共産党員
であった」と書いたラベルが事実であっても、売上の損失という理由は成立す
るであろうというのである。実のところ損失が実際に生じる必要はない。この
種の事件の場合、裁判所は原告が実際に損失を被ったと裁定するに際して、単
に可能性だけを問題にする。そして図書館理事会を1つの法人団体として起訴
できないので、各理事が裁定された損害の責を負うことになる。このように守
りを固めて図書館理事会は以下の7項目からなる声明を作成した[91]。

　　(1) ラベリングは先入観なしに資料を利用できなくするとともに、読者は
　　　　自力で判断できないとの前提がある。
　　(2) 思想はそれ自体で判断されるべきで、著者の政治的信念で判断すべき
　　　　ではない。
　　(3) 提案されているラベリングは、読む自由や権利、子どもの読書を決め

る親の権利に抵触する。

(4) 提案されているラベリングは、図書館利用者の監視に至りうる。それは個人のプライヴァシーを侵害し、ハラスメントに至る。

(5) 著者を「破壊的」、「非アメリカ的」とラベリングをすることは、アメリカの司法の慣習に反する。

(6) ラベリングをひとたび実施すれば、すべてのグループの要求を等しく受け入れなくてはならなくなる。

(7) ラベリングは非アメリカ的である。なぜならアメリカは異論者の権利を基本的自由の1つとして常に重視してきたからである。

ラドフは、この声明を図書選択方針に組み込み、また関心のある人には説明書を添えて配布したという。『ランパーツ』は除去されず、またラベリングも実施されず、従来通りの扱いを続けた。

5.4　ラベリングに関わる課題

このように蔵書全体を見渡してラベリングを実施するのは現実には行われていない。ただしラベリングに関わる問題がなくなったのではない。例えば児童書の動物を扱った部分に象の絵を示して案内（指示）するのは問題がないだろう。とはいえ宗教書の部分に十字架を示して案内するのは問題となりうる。これは「案内」（指示）ではなく、ラベリングとされかねない。クリスマスツリーについても、サンタクロースやトナカイを飾るのは問題ないが、十字架を入れると問題になりかねない。ALAや各図書館が推薦図書リストを作成した場合、あらかじめ良書との意識を利用者に植え付けることで、ラベリングとの主張が出されるかもしれない。さらにフィルムの格付け、児童生徒向けの図書での対象年齢の記載をそのまま用いることはラベリングになるし、それらを外したり抹消したりすれば、『図書館資源の部分的な削除』[92] が定める原則に抵触する。またOPACに読者の感想を結びつけることは技術的に簡単だが、それらも読者に偏見をもたらす措置としてラベリングに相当するとされかねない。一方では、こうした措置は読者にとって利便性の高いものでもあり、考えや思想の交流という面からは積極的に評価されよう。これらのことは、価値中立な案内

（指示）と価値が関わるラベリングとの境界が必ずしも明確でない場合があること、また図書館の原則の遵守と読者にとっての利便性の間に葛藤が生じうることを示している。

おわりに

本稿を箇条書きでまとめると次のようになる。

・1951年に共産主義を唱道する図書や破壊的団体が刊行した図書にラベルの添付を要求する動きがあった。これを受けて1951年7月にALAは『ラベリング声明』を採択し、読者に前もって偏見を抱かせるラベリングに反対した。この声明には、アメリカの図書館員は反共主義者である、共産主義が自由世界に脅威を与えているといった文言が入っていた。こうした文言は現在からみると違和感があるものの、当時の社会状況を反映しているとともに、図書館員の一般的な考えでもあった。

・ラベリング自体は資料の扱いの問題であるが、共産主義プロパガンダという大きな社会的問題との関連で、『図書館の権利宣言』に直結する問題が浮上してきた。アルヴェリングが『図書館の権利宣言』が示す原則と公務員や市民としての義務が両立しないと主張したのである。そして一般読者への図書の提供は市民の育成という教育的目的を有し、共産主義プロパガンダの図書は一般貸出部門や分館に配置せず、参考研究部門に配置し、だれもが利用できることで知的自由を十分に保障できると主張した。

・こうしたアルヴェリングの主張にはIFCなどから手厳しい批判があった。アルヴェリングの実践は広範なラベリングであるとの批判があった。また共産主義プロパガンダに対抗する必要があるものの、共産主義者が用いる検閲や抑圧という方式を用いてはならず、『図書館の権利宣言』が定める探求の自由や読書の自由を重視し、個人の判断力を信頼すべきという主張があった。さらにアルヴェリングは現在の危険性を特別視しているが、『図書館の権利宣言』を状況に応じて変えることは危険であり、『図書館の権利宣言』は探求の自由が脅かされている時に最も大きな保護になるとも論じられた。それにプロパガンダという挑戦への対処は、基本的な自由を強調し強めることが重要で、弱めて

ならないと主張された。

・IFCのコメントにアルヴェリングは反論を投じたが、「知的自由委員会は
おそらく私を理解していない」と断定するように、一連のやりとりは合意に達
することはなかった。ただしアルヴェリングの問題提起は重視され、1952年
に開かれた知的自由会議ではマンが共産主義プロパガンダの図書の別置やラベ
リングを主張した。マンは「管理上の実行性」という考えを持ち出し、図書館
は環境を超越して存在するのではなく、地方政府に組み込まれた機関であるこ
と、当該コミュニティの主流となる考えと無縁では存在できないことを強調し
て自論を支えた。この考えには合意があったが、別置やラベリングというマン
の主張はアルヴェリングと同じように批判された。

・アルヴェリングやマンの考えは少数派の考えとされたのだが、『ラベリン
グ声明』が明示する図書館員が反共産主義者であることに異論は出されなかっ
たし、共産主義プロパガンダに対抗する必要性についても異論は出されなかっ
た。この点で館界は一致していた。

アルヴェリングは図書館の教育的機能を重視していた。その場合、「教育」
をどのように把握するのかという問題はともかく、当時の図書館が教育、特に
成人への教育を重視していたことは事実である。そしてすべての図書館ではな
いとしても、図書の内容によって、開架、閉架、別置、館長室など置き場を変
えていたことも事実である。そうであれば、アルヴェリングの主張は特異なも
のではなく、性関係資料、同性愛資料、南部では人種統合を主張する資料な
ど、道徳的、社会的に問題とされそうな図書についての現実の実務上の扱いを
報告したものと考えることもできる。

本文でも示唆したように、プロパガンダの問題は戦後冷戦期に特有の問題で
はない。戦後冷戦期以前にもプロパガンダへの対処は図書館界で問題になって
いた。しかし第2次世界大戦中はともかく、大戦前の時期にあって、民主主義
を守るために、図書館が例えば全体主義国家のプロパガンダを積極的に押さえ
込む（住民の目に届かないようにする）という主張は、少なくもALAの指導者
から提出されはしなかった。これは民主主義を守るのが重要ではないとの考え
ではない。民主主義を守るというのは至上の価値とされたが、それは対立する

思想を知り、比較検討し、自力で考える市民の育成を目指すという方向を取っていた。少なくとも ALA の 1939 年版『図書館の権利宣言』の手本となったアイオワ州デモイン公立図書館の「図書館の権利宣言」(1938) を生み出した背景をみると、この点ははっきりしていると思われ、その研究は『図書館の権利宣言』の歴史研究の課題になるであろう。

注

1) プロパガンダについては以下を参考にした。Louise S. Robbins, "Segregating Propaganda in American Libraries: Ralph Ulveling Confronts the Intellectual Freedom Committee," *Library Quarterly*, vol. 63, no. 2, April 1993, p. 143-165; ルイーズ・ロビンズ『検閲とアメリカの図書館：知的自由を擁護するアメリカ図書館協会の闘い 1939-1969 年』川崎良孝訳, 日本図書館研究会, 1998, p. 73-86, 99-102. また 1950 年代全般の図書館における知的自由については以下を参照。ルイーズ・ロビンズ「2　大義の擁護者：1950 年代のアメリカの図書館員と『図書館の権利宣言』」ウェイン・A. ウィーガンド編『「図書館の権利宣言」を論じる』川崎良孝・薬師院はるみ訳, 京都大学図書館情報学研究会発行, 日本図書館協会発売, 2000, p. 39-72.

2) "News Roundup: 1951 Midwinter Meeting," *American Library Association Bulletin*（以下 *ALAB*), vol. 45, no. 3, March 1951, p. 94. 以下も参照。アメリカ図書館協会知的自由部編纂『アメリカ図書館協会の知的自由に関する方針の歴史：『図書館における知的自由マニュアル』第 9 版への補遺』川崎良孝訳, 京都図書館情報学研究会発行, 日本図書館協会発売, 2016, p. 50-52. ピオリア事件については以下を参照。川崎良孝「第 2 章　愛国団体と新聞からの猛攻撃：ペオリア市立図書館事件 (1950-1952 年)」川崎良孝『図書館の自由とは何か：アメリカの事例と実践』教育史料出版会, 1996, p. 22-33. なお脚注として採択したのは、『図書館の権利宣言』の本体を改訂すると、当時の社会状況にあって各図書館での改訂が認められない可能性があり、それを意識して脚注にした。

3) "Labeling: Recommendations Unanimously Adopted by the ALA Council, July 13, 1951," *ALAB*, vol. 45, no. 7, July/August 1951, p. 242. 訳については以下を参照。アメリカ図書館協会知的自由部編纂『アメリカ図書館協会の知的自由に関する方針の歴史』 *op.cit.*, p. 203-204.

4) "Labeling: A Report of the ALA Committee on Intellectual Freedom," *ALAB*, vol. 45, no. 7, July/August 1951, p. 241-244; "ALA Council Action," *ALAB*, vol. 45, no. 8, September 1951, p. 273.

5) "Labeling: A Report of the ALA Committee on Intellectual Freedom," *op.cit.*, p. 242-244.

6) John E. Smith and Evelyn B. Detchon, "It Happened in Burbank," *ALAB*, vol. 46, no. 3, March 1952, p. 85.

7) David K. Berninghausen, "The Librarian's Commitment to the Library Bill of Rights," *Library Trends*, vol. 19, no. 1, July 1970, p. 24.

8) アルヴェリングの略歴は以下を参考にした。Daniel Ring, "Ulveling, Ralph Adrian (1902-1980)," Wayne A. Wiegand, ed., *Supplement to the Dictionary of American Library Biography*, Englewood, CA, Libraries Unlimited, 1990, p. 138-144. なおデトロイト公立図書館の歴史については以下を参照。Frank B. Woodford, *Parnassus on Main Street: A History of the Detroit Public Library*, Wayne State University Press, 1965.

9) Daniel Ring, "Ulveling, Ralph Adrian (1902-1980)," *op.cit.*, p. 140.

10) *ibid.*, p. 140-141.

11) この暴動の時、図書館の敷地は300名の軍隊の野営地となったが、これは図書館思想と最もかけ離れた光景であったろう。以下を参照。Frank B. Woodford, *Parnassus on Main Street, op.cit.*, p. 354-357.

12) 1944年の『奇妙な果実』の事件については以下を参照。Leon Carnovsky, "Can the Public Library Defend the Right to Freedom of Inquiry?," *ALAB*, vol. 38, no. 7, July 1944, p. 258. さらに『奇妙な果実』については以下が参考になる。リリアン・E.スミス著, 廣瀬典夫訳・著『リリアン・E.スミス『今こそその時』:『ブラウン判決』とアメリカ南部白人の心の闇』彩流社, 2008, p. 192-206.

13) Daniel Ring, "Ulveling, Ralph Adrian (1902-1980)," *op.cit.*, p. 141.

14) リッピンコット賞の受賞とその理由については以下を参照。Robert E. Scudder, "ALA Awards and Citations," *ALAB*, vol. 50, no. 8, September 1956, p. 512.

15) Ralph A. Ulveling, "Book Selection Policies," *Library Journal*（以下 *LJ*), vol. 76, no. 14, August 1951, p. 1170-1071.

16) *ibid.*, p. 1170.

17) *ibid.*, p. 1171.

18) "General ALA Membership Meeting," *ALAB*, vol. 45, no. 8, September 1951, p. 274.

19) 以下を参照。"Highlights of the St. Louis Conference," *ALAB*, vol. 58, no. 7, July/August 1964, p. 610; David H. Clift, "Memo to Members: The Membership Meeting of the St. Louis Annual Conference," *ibid.*, p. 592; 川崎良孝『アメリカ公立図書館・人種隔離・アメリカ図書館協会』京都大学図書館情報学研究会発行, 日本図書館協会発売, 2006, p. 284-285.

20) Thurston Taylor, "Keep Calm and Support the Library Bill of Rights," *LJ*, vol. 76, no. 22, December 15, 1951, p. 2063-2064.

21) *ibid.*, p. 2063.

22) *ibid.*, p. 2064.

23）Paul Bixler, "Don't Split Collections," *ibid.*, p. 2064-2065.

24）*ibid.*, p. 2064.

25）*ibid.*, p. 2064.

26）*ibid.*, p. 2065.

27）ALA Committee on Intellectual Freedom, "Book Selection Principles," *ALAB*, vol. 45, no. 10, November 1951, p. 346-350.

28）*ibid.*, p. 347.

29）*ibid.*, p. 347.

30）*ibid.*, p. 349.

31）*ibid.*, p. 350.

32）*ibid.*, p. 350.

33）David H. Clift, "Memo to Members," *ALAB*, vol. 46, no. 3, March 1952, p. 69.

34）Ralph A. Ulveling, "A Reply to the CIF Committee," *ibid.*, p. 73-76.

35）*ibid.*, p. 74.

36）*ibid.*, p. 74.

37）*ibid.*, p. 75.

38）William S. Dix, "ALA Intellectual Freedom Committee Report, February 1, 1952," *ibid.*, p. 84.

39）こうしたディックスの性格はヴェトナム戦争や社会的責任をめぐって鋭く対立した1969年から1970年のALA年次大会でいかんなく発揮された。この時期ディックスはALA会長であった。以下を参照。川崎良孝「第6章　図書館における社会的責任：ACONDA報告をめぐるアメリカ図書館協会での議論と帰趨」相関図書館学方法論研究会編『マイノリティ、知的自由、図書館：思想・実践・歴史』京都図書館情報学研究会発行, 日本図書館協会発売, 2016, p. 113-148.

40）David H. Clift, "Memo to Members," *ALAB*, vol. 45, no. 10, November 1951, p. 332.

41）"ALA Receives Grant from Field Foundation, INC.," *ibid.*, p. 340.

42）Loleta D. Fyan, "Report of the President to the Council," *ALAB*, vol. 46, no. 3, March 1952, p. 77.

43）*News Notes on Intellectual Freedom,* vol. 1, no. 1, March 1952, n.p.

44）この1953年会議のまとめが以下である。Fredric J. Mosher, *Freedom of Book Selection: Proceedings of the Second Conference on Intellectual Freedom, Whittier, California, June 20-21, 1953*, Chicago, American Library Association, 1954.

45）"Conference Notes: Conference on Intellectual Freedom," *ALAB*, vol. 46, no. 5, May 1952, p. 151; "Tentative Program 71st Annual ALA Conference New York City, June 29 - July 5: Intellectual Freedom Committee Institute," *ALAB*, vol. 46, no. 6, June 1952, p. 178.

46）William Dix and Paul Bixler, eds., *Freedom of Communication: Proceedings of the First Conference on Intellectual Freedom, New York City, June 28-29, 1952*, Chicago, American Library Association, 1954.

47）*ibid.*, p. 2-4.

48）*ibid.*, p. 4-8.

49）*ibid.*, p. 6.

50）*Newsletter on Intellectual Freedom,* vol. 1, no. 2, July/August 1952, n.p.

51）"Librarians Confer on Censor Threat," *New York Times*, June 29, 1952, p. 23.

52）Verner W. Clapp, "The Large Research Library," William Dix and Paul Bixler, eds., *Freedom of Communication, op.cit.*, p. 38-43.

53）Jerome Cushman, "The Small Public Library," *ibid.*, p. 50-54.

54）Ralph Munn, "The Large Public Library," *ibid.*, p. 44-49.

55）*ibid.*, p. 44-46.

56）*ibid.*, p. 45.

57）*ibid.*, p. 46.

58）*ibid.*, p. 47.

59）*ibid.*, p. 47-48.

60）*ibid.*, p. 48.

61）"Summary of Discussion: Second Session," *ibid.*, p. 63-68.

62）*ibid.*, p. 63.

63）*ibid.*, p. 64.

64）*ibid.*, p. 65.

65）Alan Barth, "The Significance of Free Communication Today," *ibid.*, p. 19-24.

66）Alan Barth, *The Loyalty of Free Men*, London, V. Gollancz, 1951.

67）Alan Barth, "Conference Summary," William Dix and Paul Bixler, eds., *Freedom of Communication, op.cit.*, p. 124-130.

68）*ibid.*, p. 127.

69）既述のようにアルヴェリングの伝記を執筆したリングは、デトロイト公立図書館の図書選択方針に触れ、その方針は知的自由を体現していると高く評価していた。そこでは次のようにまとめている。「デトロイト公立図書館の組織構造と図書選択方針も、アルヴェリングの知的自由への責任感を示している」。同館は中央館の10の主題別部門からなる参考研究サービスと、分館からなる家庭読書サービスで構成されている。家庭読書サービスは専門的でない読者に図書を提供し、参考研究サービスでは「研究、探求の自由……のために、知られていない資料、学術的資料、それに社会的、経済的、政治的に正統でない資料さえも提供する」。そしてリングは1951年という「赤の恐怖」の最盛期に、アルヴェリングは共産主

義のしっかりした事実情報は家庭読書サービスにも参考研究サービスにも置き、共産主義プロパガンダは後者だけに置くと公表した。リングにすれば、この時期にあってアルヴェリングのように自館の蔵書構成を公に説明する勇気を持つ館長は珍しいのであり、こうした勇気を賞賛した。Daniel Ring, "Ulveling, Ralph Adrian (1902-1980)," *op.cit.*, p. 141.

70）スチュードベイカーの代表的な著作は以下である。John W. Studebaker, *The American Way: Democracy at Work in the Des Moines Forums*, New York, McGraw-Hill Book Company. 1935; John W. Studebaker, *Plain Talk*, Washington D.C., National Home Library Foundation, 1936. さらにフォーラムについては以下を参照。Mary L. Ely, *Why Forums?*, New York, American Association for Adult Education, 1937; John W. Studebaker and C.S. Williams, *Education for Democracy: Public Affairs Forums*, Washington D.C., Government Printing Office, 1936.

71）デモインの「図書館の権利宣言」の翻訳は以下を参照。アメリカ図書館協会知的自由部編纂『アメリカ図書館協会の知的自由に関する方針の歴史』*op.cit.*, p. 45-46.

72）川崎良孝「第13章　同等の図書館サービスとは：『公立図書館へのアクセス』をめぐる論議（1963年）」『アメリカ公立図書館・人種隔離・アメリカ図書館協会』*op.cit.*, p. 287-314. 特にラベリングについては以下を参照。*ibid.*, p. 312-314.

73）川崎良孝「第3章　黒人と図書館：『ザ・スピーカー』論争（1977-1978年）」川崎良孝編著『図書館と知的自由：管轄領域、方針、事件、歴史』京都図書館情報学研究会発行, 日本図書館協会発売, 2013, p. 81-131. 特にラベリングについては以下を参照。*ibid.*, p. 117-118.

74）[Verner W. Clapp], "Summary of Discussion," William Dix and Paul Bixler, eds., *Freedom of Communication, op.cit.*, p. 63-64.

75）Eli M. Oboler, "Congress as Censor," *LJ*, vol. 77, no. 20, November 15, 1952, p. 1927.

76）"Survey of Book," *New York Times*, February 24, 1952, 8E.

77）*News Notes on Intellectual Freedom*, March 1952, n.p.

78）*Newsletter on Intellectual Freedom*, June 1952, n.p.

79）John E. Smith and Evelyn B. Detchon, "It Happened in Burbank," *op.cit.*, p. 85-87.

80）*ibid.*, p. 86.

81）*ibid.*, p. 87.

82）*ibid.*, p. 86.

83）"Tentative Program of the 88th Annual ALA Conference, Atlantic City, June 22 - 28, 1969," *ALAB*, vol. 63, no. 5, May 1969, p. 652.

84）Nina Ladof, "Intellectual Freedom," *ALAB*, vol. 63, no. 7, July/August 1969, p. 903-905.

85）ラドフの『ALAブルティン』の報告にはギトマイアー（Judy Gittemeier）の名前はでていない。名前は以下による。また適宜『ニューズレター』で補足した。"St.

Charles Library Board Resists Censorship," *Newsletter on Intellectual Freedom*, vol. 17, no. 4, July 1968, p. 47.

86） *ibid.*, p. 47.

87） *ibid.*, p. 47.

88） Nina Ladof, "Intellectual Freedom," *op.cit.*, p. 903.

89） "Librarian Opposes "Subversive" Labels," *Newsletter on Intellectual Freedom*, vol. 18, no. 1, January 1969, p. 8.

90） *ibid.*, p. 8.

91） Nina Ladof, "Intellectual Freedom," *op.cit.*, p. 904-905.

92）『図書館資源の部分的な削除』の翻訳は以下を参照。アメリカ図書館協会知的自由部編纂『アメリカ図書館協会の知的自由に関する方針の歴史』*op.cit.*, p. 185-188.

1950年代の『実践国語』誌上における俗悪書論争
学校図書館の選書に対する国語科教員の異議申し立て

杉山悦子

はじめに

　教育の市場化が拡がるなかで、学校図書館の果たす公共的役割は重要性を増している。子どもの読書機会を物的及び空間的に用意する機能は、教育機会の保障及び知的自由を獲得する力の育成において不可欠である。しかしながら、戦後の長い期間、学校図書館不振が続いてきたこともあり、学校教育側の図書館理解が進まないという解釈は根強い[1]。学校教育側はほんとうに図書館を必要としていなかったのか、そもそも図書館側の振る舞いに問題はなかったのかといった検証作業は、図書館史研究において不足している感が否めない。本稿では、学校図書館の歴史に批判的検討を加えるために[2]、学校教育誌を用いて、学校教育側の図書館認識を検討していくことを試みたい。

　ここで取り上げるのは、1950年代に教育研究会誌で繰り広げられた読書指導論争である。1954年、実践国語研究所が発行した機関誌『実践国語』10月号に、1人の教師から読書指導と学校図書館に対する疑義と提案が掲載され、教育関係者、作家、研究者を巻き込んだ誌上討論へと展開した。教員から出された意見というのは、学校図書館に「俗悪書」を置くというセンセーショナルなものであった。『実践国語』では読書問題号として特集を組み、研究者、作家、官僚、現場教師等様々な方面の見解を掲載した。このなかには滑川道夫の他、当時、学校図書館界の中心にいた阪本一郎、久米井束が含まれており、戦後教育界における国語教育対学校図書館という構図が映し出されている。

本稿の構成は、次の通りである。第1章では『実践国語』の概要について解説し、第2章では、なぜ「俗悪書」設置が提案されたのか、教員の主張を見ていく。第3章では「俗悪書」提案に応答された国語教育関係者の意見をまとめ、学校図書館関係者の意見は第4章で紹介する。第5章では「俗悪書」設置を提案した意味を分析し、最後に考察していく。

　引用文中の旧漢字及び旧仮名遣いは、それぞれ新漢字、新仮名遣いに書き換えた。

1 『実践国語』とは

　東京武蔵野市を拠点として活動した実践国語研究所の機関誌が『実践国語』である。同誌は、成蹊小学校訓導であった西原慶一によって1934年から1941年まで刊行された『実践国語教育』を前誌にもち、1949年4月に『実践国語』として刊行された[3]。編集長の飛田多喜雄の他、西原慶一、滑川道夫、與田準一らが本部委員を務め、研究者、現場教員、作家などの会員で構成された。「固定した啓蒙の理論」ではなく「日常の進歩的な実践」[4]を掲げた同研究所は、全国各地域に「実践国語の会」支部を持っており、『実践国語』が会員同士の意見を交換するプラットフォームの役割を兼ねていた。誌面は、特集記事やそれに対する意見の往還、実践記録、提言、連載講座、書評、随筆、会員通信、近況報告、会員による創作童話や詩歌等というように、多彩な内容で構成されている。

　『実践国語』の名称は幾度かの変更を重ねている。1949年4月発行の1巻1号から1958年8月の19巻214号までは『実践国語』であったものの、1958年9月の19巻215号からは、『実践国語教育』という以前の誌名に戻る。1963年12月の24巻286号までは『実践国語教育』として刊行され、1964年1月の25巻287号から再び『実践国語』となり、その後、1969年10月の30巻352号をもって休刊に至る。また、1951年4月号から巻号の数字が前誌からの通番へと変更している。これは、戦後の『実践国語』が、戦前の『実践国語教育』の復刊と捉え直されたことを意味している[5]。本文中では、混乱を避けるために『実践国語』で統一した。

『実践国語』は、国語教育界の動向を探る重要な史料の一つで、いくつかの先行研究がある。林利恵子[6]は、単元学習がなぜ戦後10年程で姿を消したのか、その過程を『実践国語』の記事分析によって考察している。当時における学習の特質には、第1に、子どもの興味に着目した授業が行われたこと、第2に、子どもの「生活」への意識があったこと、第3に、教科を越える傾向があった。林は、学習の目標や評価に読書指導が頻出しているものの、実践が具体的ではないため、読書による学習方法は、模索されつつも導入に至らなかったのではないかと推測している。大内善一の「『実践国語教育』誌における「表現」概念の位相」[7]は、西原や滑川等の会員の多くが戦前期から活動し、子どもの生活体験の表現を目指していた昭和前期の綴方・作文教育を知るうえで重要な研究であるものの、読書指導に関しては扱われていない。幸田国広[8]は、1950年代前半の『実践国語』を用いて、戦後一時期刊行された分冊教科書（文学編・言語編）の指導について考察している。幸田は、教科書を資料として扱う単元学習が、学校現場で混迷を極めたことを指摘する。この他、『実践国語』誌の変遷の整理に菅原稔の研究がある[9]。『実践国語』を対象としたこれらの研究では、主として生活綴方（生活作文）について考察され、読書指導に関する記述は限定的である。

　『実践国語』創刊号から1950年代における読書関連の記事タイトル一覧を、表1に示した。1950年代の初期に関しては、学校図書館との関連で読書に関する報告がみられる。たとえば、1950年2月の「私の考える読書指導」では、多読することにおいて学校図書館の学習が効果的であることや、同年9月の「中学生の読書指導について」では、読書法を主題に単元学習を実施し、「一刻も早く整えるべきものは学校図書館」としている。読書指導との関連で、学校図書館にたいする期待が寄せられていたことがうかがわれる。

　『実践国語』では、児童図書の選定を実施していた。「新教育によって新しい歩みをつづけている児童のために、よい読書生活をもたせる」ことを目的とし、例会に参加した委員、あるいは会員の推薦で「実践国語選定児童図書」を決めていた。選んだ図書を、「学校図書館、学級文庫、家庭読物などえらぶときの参考として大いに活用してほしい」[10]として、たとえば創刊号では、宮澤賢治

表1　創刊号から1950年代における『実践国語』の読書に関する記事の一覧

発行年月	巻号	著者	タイトル	頁
1949年4月	1(1)	滑川道夫	児童出版の現況と読書指導	p. 33-35
1950年2月	1(11)	上飯坂好美	私の考える読書指導	p. 36-42
		大村浜	中学校に於ける国語単元指導の展開	p. 18-32
		与田準一	児童文学メモ	p. 72-76
1950年4月	2(1)	石井庄司他	「小学校国語指導目標の設定」に対する諸家の批判	p. 20-44
		周防博	児童文化と社会	p. 14-18
1950年5月	2(2)	奥山喜也	一年生のことばを育てる「朝のお話」の実践	p. 29-32
1950年6月	2(3)	飛田多喜雄	国語学習指導における資料の問題	p. 19-24
		北川浩	子どもの生活の中から資料を	p. 41-46
		勝沼勝敏	小学校の黙読指導	p. 47-55
		滑川道夫	児童文学読書論	p. 63-67
1950年9月	2(6)	今井誉次郎	村の子供の読書生活	p. 42-47
		佐々木利男	北海道における中学生の読書生活	p. 62-65
		藤田秀徳	小学生はどんな読書生活をしているか	p. 32-35
		相沢保治	中学生の読書指導について	p. 66-71
		今井鑑三	子どもの読書指導はどうするか	p. 52-57
		無記名	子どもと教師に読ませたい本	p. 72-83
		中村晋	読書指導について―特に二年生の	p. 57-61
		串田孫一	私の読書生活	p. 20-22
		中村浩	読書と人生	p. 16-19
1950年11月	2(8)	飛田文雄	中学生の読書指導―坊ちゃんを資料として対話風に	p. 52-60
		柳内達雄	小学校における読書記録の指導過程	p. 47-51
1951年7月	12(134)	飛田文雄	読書の後始末	p. 77-81
1951年8月	12(135)	鳥山榛名	作文指導のための読書生活	p. 30-33, 85
1953年9月	14(157)	阪本一郎	読書と人格形成	p. 6-10
		石黒修	教養としての読書	p. 11-16
		井本農一	高校生の読書について	p. 27-29
		鳥山榛名	中学生のための読書指導	p. 30-36
		久米井束	小学生のための読書指導	p. 37-43
		飛田文雄	読書指導の実践	p. 51-55

			田中稔	私はこうして読書指導をしている	p. 56-61
			吉塚幹子	いなかの子の読書生活指導	p. 62-66
			無記名	アンケート これからの子ども達には何を読ませたらよいか	p. 92-96
1953年12月	14(159)		飛田文雄	学校図書館を場とする読書指導	p. 63-87, 103
1954年2月	15(161)		飛田文雄	なぜ児童文学は児童に読まれないか	p. 18-23
1954年8月	15(167)		山本稔 須藤久幸	私はこうして夏休みの読書指導をした―小学校・中学校	p. 20-29
			滑川道夫 飛田文雄	夏休みの読書指導はどうあるべきか	p. 10-17
1954年10月	15(169)		飛田文雄	読書指導はこれでよいか―問題点三つ	p. 6-17
1954年11月	15(170)		飛田多喜雄	巻頭言「読書指導の徹底を」	p. 5-6
			百田宗治	提案の御返事	p. 7
			西原慶一	生活読書のために	p. 8-9
			阪本一郎	提案に対する私見	p. 11-12
			久米井束	読書指導に関する四つの提案について	p. 13-16
			古谷綱武	飛田さんの提案を読んで	p. 19-20
			石黒修	読書指導の諸問題	p. 21-23, 16
			平井昌夫	読書指導の問題点	p. 24-25
			小山定良	読書指導の問題点	p. 27-29, 20
			鳥山榛名	読書指導の形―公約数的指導と個人差に応ずる指導	p. 30-32, 50
			三輪和敏	読書指導の問題点	p. 33-36
			島影盟	読書の役割と指導	p. 37-39
			志波末吉	読書と批評	p. 43-46
			馬場正男	読書指導の問題について	p. 47-50
			高野桑蔵	読書指導の問題点	p. 51-52
			伊橋虎雄	学校図書館の問題点	p. 53-56
			白石大二	子供は、いつ、どこで、どういうものを、好んで読むのであろうか	p. 57-59
			滑川道夫	提案にこたえて	p. 60-63
			平山瑞夫	学校経営と学校図書館	p. 74-75
			堀内輝三	学校図書館を場とする私の読書指導	p. 81-85
1954年12月	15(171)		飛田文雄	西部物読後の始末	p. 44-48
1955年7月	16(177)		菅原満子	入門期と読書指導	p. 50-67
1956年5月	17(187)		坪井富男	読解と読書感想文の一体的指導	p. 71-75

1957年3月	18(197)	渡辺守順	高校の読書感想文指導	p. 2-9
		古谷竹三郎	読書感想文にあらわれた子どもの倫理	p. 9-15
1958年10月	19(216)	堀内輝三	読書指導は道徳教育にどう取り組むか	p. 25-28
		古谷竹三郎	伝記はどのように読まれているか	p. 34-35
		井出茂	二年生における読書指導	p. 39-42
		滑川道夫	読書指導今日の問題点	p. 45-50
		久米井束	学校図書館の発達	p. 51-55

注：通しの頁数を省略した。なお、1958年10月の誌名は『実践国語教育』である。

集や『ビルマの竪琴』が対象学年とともに推薦されている。

　『実践国語』の選定図書活動には、本部委員の一人であった滑川道夫の存在が影響しているとみられる。滑川は、創刊号に寄せた「児童出版の現況と読書指導」のなかで、童話に代わって冒険・探偵小説が勢力を増していることを読者に訴えていた。「児童出版の不健全な偏向の是正」は教育者が行わなければならず、「絶対に商業主義にまかせておくべきではない」と危機感を募らせている。戦後の開放的な気分は、「エログロ」といわれるカストリ雑誌の氾濫のみならず図書にも顕著に表れ、怪奇・探偵・冒険ものの読み物に眉をひそめる大人が少なくなかった[11]。滑川は、「低俗」出版の影響を食い止めるために、技術的な面を図書館員が、内容的な面を国語教師が中心となって指導すべきと述べた。良心的な本が出版されるためには、「需要の組織」となる学校図書館の協会を設立する必要がある、ということをも示唆している[12]。そしてこの翌年に、民間団体の全国学校図書館協議会が結成されるのである。つまり、学校図書館界の組織形成に、出版界への働きかけという意向が強く働いた可能性がある[13]。

　ここでは、児童書の出版普及と児童の「読書生活」を目指した滑川及び実践国語研究所員たちの選書活動が、民間の全国学校図書館協議会結成のそれよりも早く開始されていたことを指摘しておきたい。

2 俗悪書の提案

　中学校教員による「俗悪書」の提案には、どのような真意が込められていた
だろうか。教員の主張を、選定図書と読書指導の2つに整理して分析していき
たい。

2.1 選定図書に対する疑問

　1954年10月号の『実践国語』に、当時、私立中学校で指導していた飛田文雄
による「読書指導はこれでよいか──問題点三つ」が投稿された。飛田は、「学校
図書館における図書整備のあり方」、「読書指導の着手点」、「広義の性教育への
参加」の課題を述べ、解決策の1つとして「怪奇・探偵・探検・冒険・痛快・
熱血・悲傷・哀隣等々の読み物を、そっくり学校図書館の書だなに収めておく
こと」を主張した。

> 　　学校図書館が、出発における人々の善き意図にもかかわらず、いよい
> 　よ出来上がってみると、かんじんの子どもたちが、はじめはとにかく、
> 　しばらくすると、いっこうに寄りつかなくなってしまう、という珍現象
> 　のひんぱんに見受けられることです[14]。

飛田は、学校図書館で閑古鳥が鳴いていることを指摘した。この年の4月に
は学校図書館法が施行されたにもかかわらず、現場ではすでに図書館離れが進
んでいたのである。

> 　　学校図書館がこんなにお客さまからきらわれてしまう原因は、いった
> 　いどこにあるのでしょうか。私は一に図書の選定の仕方にあると思いま
> 　す。店頭であくどい「俗悪書」にきもを冷した人が、子どもを思うあまり、
> 　極度に反動的になったことにあると思います。人々はあまりに「良書」を
> 　選びすぎようとしたのです[15]。

飛田は、学校図書館離れの原因が「良書」にあるとした。

　飛田の言い分は、「悪書」から子どもを遠ざけるために張り巡らされた「良
書」の垣根が、むしろ子どもを図書館から追いやっているということであった。
その証拠に、図書館の「良書」には手垢がついておらず、「係りはみずから読書
に熱中」する有様だと述べた。

「良書」が並ぶ元凶を、飛田は図書館の選定基準にあると考えていた。この前年の12月に彼は、「学校図書館を場とする読書指導」という論稿を『実践国語』に寄せ、各機関から出された目録の問題点を指摘していた。第1の問題は、学校図書館法が国会を通過してから出版界等の各企業が「たくましい商魂」を見せ始め、出版社の目録に「優良」と銘打ちながらも、それは自社の広告でしかないということ、第2は、各機関の目録が、「おとなの目から見た良書」でしかない、ということである。後者の例として彼が挙げるのは、全国学校図書館協議会の『学校図書館基本図書目録』[16] 及び『選定図書目録』[17]、厚生省中央児童福祉審議会の推薦図書目録[18]、日本図書館協会の『選定図書総目録』[19] であった。とくに全国学校図書館協議会の図書選定基準では、教育課程に合っているか、「現代の進歩に応じているか」、装幀や外観、著者や発行所の信頼性等が点数化[20] され、まるで「教科書の検定要領的」だと飛田は述べる。この基準が子どもの興味に即していないことに対して、彼は次のように言った。

　　　学校図書館は生徒のためのものである。けっして参観者のためのものではない。何よりもまず生徒がたのしんではいってゆく所でなければならない[21]。

　いったい誰にとっての図書館なのか、飛田の指摘はその本質を射抜いていた。飛田は、予算をまず子どもが「よろこぶ図書」に充てるべきで、書棚や机といった備品は後回しでよい、子どもたちの好きな本を備えてはじめて図書館が「生徒の図書館になる」とし、「これが学校図書館の第一の使命」と述べた。

　飛田が問題とした目録とはどのような方針であっただろうか。1952年版の『学校図書館基本図書目録』「まえがき」[22] には、「われわれの事務局において、現に出版されている類書と比較し検討して、もっとも適当であると判定されたもの」が採録されていること、そしてこれらが「出版界の清掃を意味し、一つには学校教育活動の整理をふくむものである（傍点は筆者による）」と記されている。この基本図書目録の刊行が教育内外に与えたインパクトは小さくなかったと思われ、たとえば児童文学全集の当時の広告には、勉強に役立つことがしきりに謳われていた、ということが近年の研究で指摘されている[23]。また、『学校図書館基本図書目録』の選定委員会は、国木田独歩全集[24] に関してのみ

「調査不充分の為採択を断念した」[25]。

　飛田は『学校図書館基本図書目録』刊行の翌年、国木田独歩の『鹿狩』を推薦した。1953年10月の『実践国語』で実施された推薦図書のアンケートに応えたもので、先に述べた毎月の推薦図書とは別に、『実践国語』の編集者が、学者、作家、教育者等に呼びかけて実施されたものである[26]。36名から回答された200冊以上の書名が、低学年・高学年等の学年別に分けられて掲載されたリストは、いわば図書館団体等の選定目録を模したようにみえる。そこには推薦者として波多野完治、霜田静志等の名が連ねられているものの、滑川、阪本、久米井ら学校図書館関係者の名前は無く、実質上は『実践国語』版の選定目録といった体を成している。このとき飛田が推薦したのは、先の『鹿狩』の他、『坊ちゃん』、『路傍の石』、青木茂の『三太物語』であった。

　ただし、『学校図書館基本図書目録』が著しく偏った選定をしていたとは考えにくい。学校現場の教員で構成された初期の選定目録作業チームは、「基本図書とは何か」という議論を重ねており、結論は導き出されなかったものの、何を「基本」とするかに関しては少なくとも慎重であった[27]。ただし、これは1952年2月の段階のことであり、その半年後には結局『学校図書館基本図書目録』が刊行されるに至る。この間、どのような方針転換があったのかについては不明である[28]。

2.2　対話による読書指導

　「俗悪書」を置こうとする飛田の提案には、閑古鳥の鳴く学校図書館を救済しようとする発意があった。「読書指導はこれでよいか—問題点三つ」のなかで、彼は次のように述べている。

　　　近来とみに学校図書館は学校経営のアクセサリー化しつつあります。外来者に見せるための設備に堕しつつあります。子どもが寄りつくかどうかは、二義的な問題になろうとしています。とんでもないことです。子どものよろこばない図書館を作ったってどうなるのですか。子どもあっての図書館です。それには、まず何よりかんじんかなめの図書の性格に心せねばなるまいと思います[29]。

学校図書館には、外来者のためではなく子どもにとっての図書が所蔵されるべきだとした。この他に彼は、「隠れ読みから受ける害」を無くすこと、自由読書の指導に着手すること、「俗悪書」を「読書指導の出発点」とすることを提案している。

　飛田の読書指導は、子どもとの対話を重視するものであった。日常的に「何か読んだかい?」「どうだった?」と生徒に声をかけ、読書について自由に話し合える関係をつくっていた。「どんな人物が出てくる?」と生徒に問い、お互いに人物の印象を語り合う。彼の信条は、生徒が読んでいるものに対して「絶対に訓戒を垂れない」こと、「からかう態度に出ない」ことであった。淡々と子どもたちの話を深く聞き、「この人になら何を読んだことを話しても、まじめに相手になってもらえるんだ」という「うちとけたふんいき」を心掛けた[30]。

　さらに飛田は、「批判精神の養成」を目指していた。「批判力をもっていわゆる好ましからざる読書に対抗させよう」という彼もまた、良書主義の一面を持っていたと言える。「俗悪書」から出発し、対話を重ねることによって客観的視点を持たせ、「良書」への道筋をつけようとしたのである。ただし、飛田は感想文を書かせる指導には賛意を示さなかった。あくまでも討論と批評を喚起させていくための「俗悪書」であり、読後感の交流であった。

　特筆しておきたいのは、人権に対する彼の先見性である。「読書指導はこれでよいか─問題点三つ」の中で、性の問題に関して飛田は、「女は男より何か価値的に低いもののように考えたり」、「男だから大きく構えてよい」と考えたりするといった「男女の人間性にまでさかのぼった差別観を、まず是正しなければなりません」ということを主張していた。また、図書の選び方に関しては2つあり、1つは指導者の側に立つもの、もう1つが子どもの側に立つもので、戦後の教育は後者を基本としなければならない、と述べていた。

　ただし、「性教育への参加」に関しては、読書指導の論点から逸れた意見であったうえに、「俗悪書」の提案に比べると、説得性に欠けていた。何よりも、社会の価値観が追い付いていなかった。『実践国語』誌上の論者たちもまた「へきえきする」等といった冷ややかな反応にとどまり、議論を興すことは出来なかった。

飛田自身、都会の私立学校教員という立場にあったものの、彼の視線は、裕福な子弟よりも、「雑多な書物を手あたりしだいに読んでいくほか」ない多くの子どもの読書環境に注がれていた。子どもが「手放しで『おもしろい!』とさけぶ」興味自体が彼らの原動力になるのだから、飛びつかない「良書」よりも「俗悪書」を学校図書館に揃える意義があるとしたのである。読書指導がそもそも強制であるのだから、図書も選定されるというさらなる強制は「二重の強制」である、というのが飛田の考えであった。

　したがって、授業で図書館の書物を利用する課題を出すことにも飛田は反対していた。「いやおうなしに図書館に出入り」させる「強力な図書館指導」は、子どもに束縛感や圧迫感を覚えさせ、むしろ図書館の印象を悪くさせると言う。図書館に子どもを呼び込むのは「強引な方法」ではなく、「しぜん」に「吸引する方法」が賢明であるとした。

3　俗悪書の提案に対する会員の応答

　俗悪書を置くという飛田の提案に対し、『実践国語』ではどのような意見が寄せられただろうか。ここでは1954年11月号に掲載された各識者の反応を見ていく。

3.1　大学教員の意見

　1951年の指導要領の委員を務めた[31] 山梨大学の鳥山榛名は、飛田の見方が都市部の児童を中心としたものであると指摘したうえで、地方の場合は本屋さえなく、経費の問題もあるから「俗悪書」は数冊に限定し、「良書」を複数で揃えるようにしたいと述べた。鳥山は、「暴論」かもしれないと断りつつも、「義務的な読書」を設けるべきとする。子どもの中には体を動かすことのみに興味を示す者や、図書館に寄りつかない子どもが相当数いるはずだから、内容に幅のある2、3冊を学期ごとに選定し、複本で揃えて読書を経験させたり、購入する「俗雑誌」を子どもたちに決めさせたりすることを薦めた。「義務読書」という提案は、中学校の1、2年頃までに読書の習慣を持たないと一生本を手にしない場合がある、という考えからであった。鳥山は、国語科一人では無しえ

ないから、司書教諭の専任を望み、辞書の引き方や黙読の習慣は学校図書館で経験を通して行われるべき、としている。

　神戸大学教育学部助教授の三輪和敏は、飛田とは異なる視点で学校図書館の「閑古鳥」の問題を指摘した。三輪は、「入試準備に熱中」する都市部の教師を指摘し、学校図書館が利用されないのは、「蔵書の生硬さ」や「漫画好きの児童」によるものではなく、受験を重視する大人と教師の側にあると説いた。同時に三輪は、分類や目録書き等の「煩鎖」な作業がいつしか図書に対する「主観的感興」を失わせ、「客観的分析」や「無感覚」に陥らせるとした。つまり図書館業務が人間らしい感覚を失くすとして、それを教師が行うことに三輪は反対したのである。教師には図書を子どもたちと一緒に「味わい楽しむ」こと、「若者の性格や児童文学の動向などにも関心を抱くような余裕」が必要で、「公共図書館の司書が単に民衆に良書を提供するのとは違」うと述べた。

　二人の大学研究者に共通しているのは、都市と地方の文化的差異と、学校図書館業務を教師が担うことにより及ぼされる教育的影響への懸念であった。

3.2　作家・評論家の意見

　百田宗治は、飛田の考えに「同感」するとし、読書指導よりも「読書クラブ」という方法を提案する。

　　　教師も子どももおなじ一つのスタートに立って、そこから徐々にいくつかの本の内容をあれこれと比較して読む。子どもらしい（学年相応の〔ママ〕）やりかたで分せきする。そしてそれをみんなの相互の批評にまで持って行く。それができたら、こんどはそれよりも高次の一群の本に移る——そういうやり方で学級の読書クラブを徐々に発展させて行くことなどが考えられます[32]。

　教師も子どもたちもクラブの一員として本を読み、相互に批評し合いながら読む対象を高めていくという提案であった。そして百田は、「形式的で施設本位に傾き易い学校図書館よりも、もっと小規模で気やすい学級文庫」の方が都合がよいのでは、と文庫を奨めた。

　社会評論家の古谷綱武は、基本図書を揃えなければならないというのは学校

図書館の「土台をつくる」うえで「いちばん大切なこと」としながらも、学校図書館の「あゆみだし」には、漫画や通俗よみものなどのよく利用される娯楽的なものを揃えることに賛意を示す。子どもたちの関心から出発した後に、基本図書を徐々に揃えていく方向がよいと述べた。ただし古谷は、「書きたしかめること」「書くたのしみ」は「つよく奨励されてよい」とし、この点は飛田の意見に同意できない、としている。

　評論家の島影盟は、「成長するための栄養を俗悪書からとりいれることも多い」とし、警戒すべきはむしろ「低級な良書」と述べる。また、「指導される読書なんか児童がしたいはずはない」から、児童自身の要求を尊重し、「うちとけた話し合い」の中で行われる読後指導に賛成する。

　教育評論家の石黒修は、飛田の俗悪書「積極論」を「おもしろい」とし、「毒は毒を制する」としつつも、一方で「悪貨は良貨を駆逐する」場合もあると注意を促す。石黒は、学校図書館が「家庭や社会、公共図書館と同じであっていいかどうか」と問い、教育の使命と限界があるのでは、と述べる。ただし石黒は、現状の学校図書館には不満をもっており、読書の環境や読書指導を、学校図書館や図書館教育に限定するのは「独善論」だとする。そもそも石黒自身、図書館が「きらいだった」と吐露し、「無教会主義の宗教」のように「無図書館主義の読書」があるのではないかと言う。さらに、司書教諭をおくことに「意義を認めない」とし、すべての教師が学校図書館の運営を行えることと、教師自身の読書の必要性を述べている。

　学校教育外の論者に見て取れるのは、図書館という「施設」への忌避観である。公共図書館とは異なる教育機能を学校図書館に見出しつつも、現状の学校図書館については否定的であった。

3.3　文部省・教育委員会側の意見

　『実践国語』では、官側の意見も求めている。文部省国語課長の白石大二は自らの経験を振り返り、上級学校を受験するための「勉強場」でしかなかった図書館の「さびしい記憶」を語る。多感な時期に禁欲的に図書館通いをした白石は、むしろ子ども時代には子どもらしいことをするべきではないかとして、

「読むところ」ではなく「調べるところ」の印象がつきまとう図書館に否定的である。

　文部省事務官の小山定良は、「学習にことかかない程度に図書が充実したあかつきに」は、児童の興味本位のものを増やしていくことが必要であろうと述べる。また、「調べるための読み」には、子どもの興味・必要・能力が織り込まれており、児童の個人差に対応することが可能であるとして、自由読書だけではない各教科に広がる学校図書館の機能について言及している。そのうえで教師も「めんどうがらずに」学校図書館の図書を調べる必要があると苦言を呈している。

　国立国語研究所の平井昌夫は、飛田の提案に「とにかく大賛成」と絶賛する。「学校図書館の悲劇」と称して次のように述べる。

　　　学校図書館の指導者たちの大部分が、国語科や社会科とは無関係な図書館専門職の人たちだから、学校図書館の講習会が公共図書館員養成所の出店みたいになってしまっている。そのため、千冊ぐらいの図書室でも、著者名目録がどうの、十進分類がこうのと、児童の読書要求はよそごとになっている[33]。

　平井は、学校図書館が専門化していくことに対する不満を述べた。読書相談は何を読むかが問題になるが、読書指導はそれとは違い、読みたくなるよう「しむけることがたいせつ」と述べた。「式場」のような「よそゆき」の図書館では気軽に入ることができず、子どもたちに書物を好きにさせることは不可能、というのがその理由である。文部大臣にほめられる図書館より、「子どもたちの好奇心をみたすたのしい場所」が必要であること、「某機関」による選定図書の点数化を「どうかしている」と辛辣に批判し、むしろ「良書追放運動」が必要だと述べた。

　千葉県指導主事の伊橋虎雄も平井と同様、飛田の「おっしゃる通り」とし、「子どもが飛びつくものは数部そろえるがよい」とする。伊橋は、子どもに苦い経験を与えたら、彼／彼女らはもう寄りつかなくなるとし、「形式ばるな」「仰々しく出発するな」と述べる。図書の破損はむしろ活用されている証拠であるとして「読み物は消耗品と心得」、次々と補充することを提言する。とく

に都会と地方の文化施設の差異を指摘し、「住む所のちがいによって、このような差別を受けていいのだろうか」と問うた。伊橋は、放課後に自由に読ませ、「貸出しも大いにするがよい」とし、とくに小学校の低学年では絵本でも漫画でもよいから読書の習慣をつけることが大切だと述べた。「学校図書館は国語科の専有物ではない」にもかかわらず、事務作業が国語科に委ねられていることについて疑問を呈し、「あらゆる教科に、あらゆる活動に」学校図書館を拡げるべきとしている。

東京教育庁指導部の志波末吉は、指導する教師自身の不読を指摘し、俗悪書は教師が知るために備えるべきとしつつも、子どもに読ませることには賛成できないという立場であった。俗悪書の読書は、「正しい読書」への指導計画がある場合にのみ許されるべきとし、たとえば同じ怪奇でも大正期の読み物とは違うことを挙げ、「文章本位の読み物」の意義と、文学教育の一環としての読書指導があるべきと主張した。学校図書館の「閑古鳥」については「全く同感」であるものの、それは「良書」の「閑古鳥」だと述べる。

学校教育の管理・指導的立場にある者たちには、学習に直結する図書館観と、自由読書の環境としての図書館観が見られ、志波以外の識者たちは、子どもの興味関心を引く書物に肯定的であった。

3.4　現場教員の場合

成城学園の馬場正男は、飛田の意見には反対で、「閑古鳥」の原因は「本が少ないからではないか」と述べる。馬場は、低学年の子どもは「自分にあった本をみつけだすということはむずかしい」から、適書を与えた実践事例を紹介し、「エチケット」としての黙読指導が必要だと述べる。馬場は、読むという目的を「娯楽のために読む」と「しらべるために読む」の二つに分けて、後者が不足しているとする。例えば、秋の虫を飼ってみたいと草むらでつかまえたコオロギの種類や飼い方を図書館で調べるという、現在で言うところの探究学習を提起している。

「読書問題号」には、図書館学習の実践報告が2編掲載されており、これらには飛田への応答はないものの、当時の国語教員による活動の参考として紹介し

ておく。

　1つは、成蹊学園の堀内輝三によるもので、小学校3年生以上の学年に週1時間、図書館学習を課しているという報告である。児童が読書の感想を発表し、それに対する別の児童からの質疑に答える授業である。学校図書館では、全国学校図書館協議会の基本図書目録にある図書を揃えることに努め、子どもの読み物はできるだけ学校図書館に集めていると報告している。また、図書の分類や配置を知ることや利用のためのルール等、「読書生活とは無関係に見えることがら」のほか、黙読、読後の記録、本の整理等を行わせているという。したがって読書そのものは休憩時、放課後、家庭で行うよう指導し、図書館学習の時間に必ずしも読ませているわけではなかった。感想の評価は、あらましのみ書いている場合は赤丸一つ、動機や考えたことが書かれている場合は二重丸とし、この他「読書の姿勢」、「図書の愛護」、「図書への親しみ」、「図書利用記録のつけ方」、「図書館内のエチケットやきまりを守る態度」も評価の対象であった。

　もう1つは、船橋市海神小学校の平山瑞夫から、「童話や小説を主とする文学もの」を中心に、学校図書館と学級文庫の中間の「学年文庫」を作っているという報告である。学校図書館の「分館」としての学年文庫を1・2年、3・4年、5・6年の3グループに分け、踊り場や小部屋を利用し設置していた。平山によると、有名校への入学志望者にとって学校図書館は「無用の長物」だと嘆き、「雑誌や小説を読むこと」も、「参考書で調べたり実際に調査したりすること」も受験組との相性が悪いと指摘している。学校図書館法が制定されても「予算は一文もふえず、私の学校にはなんの影響もない」等、現場の隘路を吐露している。

　3人の教員からは、活動及び評価方法や、図書の少なさといった現実的な問題に呼応した報告がされた。

3.5　『実践国語』編集側の意見

　「俗悪書」論争の火付け役でもある、実践国語研究所側はどのように述べているだろうか。

東京成蹊学園の中学教師で『実践国語』編集長をしていた飛田多喜雄は、「俗悪書」の設置には同意しない。氾濫している書物のなかには知らなくてよいことを子どもに知らせ、彼らの成長にマイナスになる場合もあるのでは、と危惧するのである。「本に食傷している子ども」や「知らずに、俗悪書におぼれているもの」に対し、「健全な読書生活」を呼びかけるよう言い、「図書館教育や読書指導に深い関心を寄せ」ること、「とりわけ国語教育者はその中核となって、適書の正しい読ませかたに力をつくすべき」とした。読書指導及び「図書館教育」の中心となる担い手は、国語教師であるとしている。

　編集長と全く逆の意見を持つのが、実践国語委員長であり日本女子大学附属小学校主事の西原慶一であった。西原は、「既成読書指導論」を唱える者たちのことを、「かれらは、下からいかなければならないものを、上からいく」と批判し、これに対する飛田の「レジスタンス」を支持した。ただし「俗悪書」か「適書」かは、人・場所・時に応じて変化する、と苦言を呈することを忘れなかった。さらに、飛田が「俗悪書」の具体的な書名を挙げていないことについても指摘している。そのうえで西原は、「読後感を書くという形式的な作業」に「さっぱりと見きりをつけた」飛田のことを、「割切れていて愉快」と絶賛し、読後感想文の代わりに「話しあい」の方法を提案したことについても「卓見」と褒め讃えた。

　西原は、生活綴方が教育実践に採り入れられつつあることに比べて、学校図書館や読書指導が未だ「博覧」に終始していると指摘し、「俗悪書」の提案がその「研究の創意不足」を突いているとした。そして西原は、図書館のことに言及する。

　　　この「話しあい」の方法は、あるいは、予想外の収穫をもたらすだろう。（一）学校図書館と一般の図書館とは根本的にちがうことがわかる。（二）読書の指導者が、ここでも司書その他の特殊な人にかぎられて、もっとも子どもの生活を知る学級担任その他の生活指導者の手からはなれて、職業化、専門化する傾向をためる。（三）あたらしく評価の方法、形態を増す。すなわち第一は読後感の記録、第二は話しあい法、第三は設問法（選択法による〔ママ〕）をとりあげることは自然である[34]。

西原が述べているのは、「話しあい」のある学校図書館が一般の図書館と「根本的に」異なること、「特殊な人」や「専門化」する司書に読書指導が委ねられること、そして読書指導評価が多様にあるということである。西原の司書観を解釈するには、この文のみでは限界があるものの、学校図書館観については、同記事の冒頭で次のように述べている。

> 生活読書というのは、学校図書館が施設に富みながら、機能に貧しいというようなものでなく、どこまでも生活的にとりあつかわれることである。そこでは、自発的に、生活に要求されるものを読み、生活を実践的にみたし、改善し、あたらしい行動的な人間を形成するに役立つように位置させることである[35]。

生活と密着する学校図書館を所望し、「生活読書」と呼ぶ西原の着眼点に注目したい。生活綴方と共鳴する「生活読書」の可能性を、飛田の「俗悪書」提案に見出したのである。

ここまでの『実践国語』誌上の論議を概観すると、「俗悪書」設置に対しては、条件付きではあるものの、概ね賛意が得られているようにみえる。ただし、読書指導が教員の手を離れていくことに対しての警戒感がみられ、公共図書館と学校図書館とは異なる、という認識が少なくなかった。国語科教育関係者の多くは教員の手による文庫を望んでいたのではないかと想像される。

4 学校図書館側の見解

次に、学校図書館側の反応を確認していきたい。誌上で意見を求められているのは、全国学校図書館協議会初代会長の久米井束、東京学芸大学教授で全国学校図書館協議会の二代目会長の阪本一郎、そして滑川道夫である。滑川は、文部省の中で学校図書館の形成にかかわってきた人物でありながら実践国語教育研究所員という、学校図書館と国語教育の両方にかかわっている立場であるが、ここでは学校図書館側の一員として紹介していく。

4.1 久米井束の場合

久米井は、私立学校の飛田がいま教えている子どもたちは大衆ではないと指

摘したうえで、俗悪書の主張自体「飛躍がありすぎ」ると述べた。加えて、学校図書館に「やはり雑草は植えておかない方がよい」とし、許容される範囲は、選定図書と俗悪書の間にある「上品であかるく」「人間の成長にとって好ましい」ものと述べる。読みものに限らず関心のあるものから入っていけるよう、絵本や科学もの、漫画などを置いて良いとするものの、それらはたとえば漫画では清水崑の作品やディズニー漫画、岩波の子ども本等であり、飛田のいう怪奇・探偵・探検・冒険・痛快・熱血・悲傷・哀隣というようなものとは異なるとする。これらを集めた学校図書館では、「自由を拘束しない」ように「どれを読んでもいい」状態にすべきと述べた。

　久米井は、飛田の話し合いによる読書の「後始末」に一定の賛意を示しつつも、それは子どもたちによる話し合いが「有効」だとし、「共通の読書」をもっと学級の中に持ちこんでよいのでは、と集団的読書を勧める。飛田の感想文批判に対しては、「もっともっと書かせたい」と反論した。生活の中で読書を行おうとする飛田とは異なり、久米井は国語科学習の中で読書指導を行うべきとしている。

　久米井は、集団読書という案を加えつつ、読書材は一定の価値観に即して選択した図書群を用いて、国語科で読書指導を行うべきとした。

4.2　阪本一郎の場合

　学校図書館界の頂点にいた阪本一郎の意見は次の通りである。

　　　各学校の図書館では、自主的に、自校の児童生徒に対する読書指導に必要と思われる「適書」を、どしどし整備していかなければなりません。「俗悪書」が必要な学校では、それもふんだんに備えるべきです。けれども俗悪書の見本はこれでございますと、わざわざ目録に印刷して配布する必要はないではありませんか[36]。

　阪本は、俗悪書は置いてもよい、としながらも、目録に載せる必要はないとした。

　続けて「全国津々浦々に流布」している俗悪書の問題を挙げ、選定図書が「出版会の俗悪化を牽制している」ことを認めるよう述べた。つまり学校図書館の

基本図書が、出版の「俗悪」化を食い止めているということである。阪本は、「この提案者がどんな方かぜんぜん存じませんが」という前置きをし、「現場人」である飛田の理解を「いささかカビが来ている」としたうえで、「学校図書館の本質と実態とをもっとよくつかんでいただきたい」と述べた。良書のみでは「片手落」であるかもしれないものの、閑古鳥が鳴くのは有効適切な指導が行われていないからだとして、選定図書のせいではないと主張した。

　さらに阪本は、自身の専門の心理学の知識を披露し、「俗悪書」に手を出す子どもには「読書能力の発達のおくれ」があるとし、テストや診断を勧める。選定図書を読まないのは子ども自身の問題としたのであった[37]。

　阪本は、「身分」を越えた読書を許さなかった。1年前の『実践国語』10月号に寄稿した「読書と人格形成」では、小泉信三の読書論を伝統的読書論と名づけ、「ガラス・ケースにしまっておくことにしている」と述べている。「襟を正して聖賢の教えに心を澄ます」ような文化は庶民に馴染まないとして、「読書の庶民化」に反対するのである。人間は「環境に規定」され、「支配者と従属者、消費者と生産者との別」があり、それを「人格」と呼ぶ阪本は、啓蒙的読書を「人格形成の原理に立っていない」「空念仏」として切り捨てるのである。読書の「下層移植」、すなわち高尚な本を庶民が読むということは、庶民に不満が働いている証拠だとして、環境と「人格」にふさわしい読書を奨励する。同じ本を読んだ読者は「共通の広間」に集めることができ、「人格の社会化」を果たせられると言う[38]。

　阪本は、分相応の読書を求めた。その学校の児童生徒の「人格」に適応しているのであれば、「俗悪書」の設置自体に異論はないのである。ただし、権威ある目録に「俗悪書」を載せることに関しては反対であった。

4.3　滑川道夫の場合

　滑川は、飛田の「力み」は、「俗悪書」を「われらの学校図書館から駆逐したいという熱意の表現」だと理解を示しつつも、「現実をあまく見てはいけない」と論じた。「低俗商業出版」が子どもたちにマンガや冒険ものを好きになるように「しむけている」ため、「良質なものを作ってもらうことをおしすすめなけれ

ばならない」とし、「出版界に要望し、訴えかける」必要があると述べた。

　滑川の憂いは、戦後作家の堕落にあった。「金もうけのため」に執筆する「全く社会意識の低い教養も低格でなんともしまつの悪い人たち」がいる一方で、出版社側の要求を受け入れなければ生活することができない「良心的な作家」の存在を見ていた。良質な児童書の普及のために、作家を支える仕組みが必要だとした。

　戦後の解放感は、出版物の乱立を招いていた。滑川は、「マンガ・冒険・少女小説が児童の読書生活の中に不動の勢力を占めるという事態」は、「みじめな児童雑誌の転落」であり、良心の「敗北」だと創刊号で表明していた。滑川は、「時には一しょになってそのくだらないマンガも読んでみる」ことを薦めるものの、それは「偏向」の「訂正」を期待するためであり、「絶対に商業主義にまかせておくべきでない」という考えは譲らない。

　滑川の関心事は、出版社の「大衆化への同調編集」を諫め、児童の教養文化を守ることだった[39]。

5　「俗悪書」の提案が意味するもの

　飛田が「俗悪書」の配置や読書を申し立てたその意味を解読するヒントは、この3年後に刊行された飛田の著書『読み手がわに立つ読書指導：その実践的研究』[40] に見い出すことができる。彼は、指導の対象学年を小学校高学年から高校生という幅広い年代に設定するも、それを表現する言葉が見つからないために、「年少者」という「独特のことばづかい」を採用している。つまり飛田は、ヤングアダルト世代の読書指導を模索していたのである。

　10代の世代が欲しているのは「年少者向き大衆文芸」であり、当時大人が薦めていた『ノンちゃん雲に乗る』[41] などではない、としている。彼自身が、「ノンちゃん」を読んだ「年少者」を探し出すことに苦労した経験があった。飛田は、『銀河』『赤とんぼ』『子供の広場』『少年少女』などの良心的な児童文学雑誌が戦後復活しつつも消失したのは、たしかに商業主義優先の「俗悪」出版の影響はあるものの、それが原因のすべてではなかったのではないか、と述べる。

　　やはり、当の児童そのものに訴えるものに何か欠けるところがあった

からだと断ぜざるをえない。手っ取り早く言えば、年少者たちが読もう
としなかったということである[42]。

　飛田は、戦後の童心主義に異議を申し立てたのであった。郷愁に浸っている
のは作家だけではなく、教師や親たちも同様に、「抽象化され、理想化された
年少者の影」を相手に、書物を選定しているのだとする。本を選ぶ大人たちは、
「目の前にいる現実の子ども」ではなく、「心中に現れた『良い子』」を見ている、
と飛田は指摘したのである[43]。

　現実の「年少者」、すなわち目の前にいる10代のための読書教育を提言した
彼が、新しい文学に期待を寄せたのも当然の流れであった。飛田は「新児童文
学の一傾向」として新人作家の児童文学を薦めた。筑摩書房の『タカの子』[44]
に収録されている「橋」(牧ひでを著)、「風信器」(大石真著)、「ツグミ」(いぬ
い・とみこ著)、「べんとう」(本間とよ子著)、「原始林あらし」(前川康男)、そ
して「水道タンクは動かない」(高橋健著)である[45]。飛田は1冊の9作品中の
6作品を挙げているにもかかわらず、1冊を丸ごと推薦することはしていない。
個々の作品名を推薦する方法、すなわち具体的な推薦は、全集や作品集を掲載
する傾向にあった団体機関の目録と大きく異なっていた。

　この他、飛田が推薦した作品は、1954年暮れ刊行の季刊誌『青い鳥』[46]に所
収されている「一本の指が痛い時」(佐藤義美著)及び「匂うがごとく」(大蔵宏
之著)、そして同人雑誌『かしの木』に所収されている高木義雄の「すずめの
巣」[47]である。飛田がこれらの作品を評価したのは、現在の社会に対する問題
を「ぎりぎりと思考の歯車を回しながら追求」していることにあった[48]。

　1960年に飛田は、ある国語教育研究会で講師として出席していた阪本一郎
と遭遇したときのことを『学校図書館』に書いている[49]。飛田は、阪本が「こ
うした会に出るのは、これが初めてです」という言葉を聞いたことから、次の
ように漏らしている。

　　氏ほどの人にして、読書指導と国語教育とのつながりのある集まりに
　　出ることは、これまでなかったということである。これは、読書指導に
　　しても、国語教育にしても、それぞれの領域にたてこもって、それぞれ
　　の考え方をし、また活動をしていたことを表わす。たがいに手を伸ばし

合うことがなかったということである⁵⁰⁾。

　教育現場に足を踏み入れてこなかった読書指導者を一方的に責めることなく飛田は、相互に反省しなければならないと述べた。さらに、東京都の有三文庫で松尾弥太郎と出会ったとき、松尾が「読書指導」の側ではこれまで読解を別の事と考えてきたこと、そして今後は国語教育で行っている読解指導にも注意を払うことにする、と話しかけられたことについても、飛田は「よろこばしい」と好意的に受け止めた。

　学校図書館界が、自省を伴わずに方針を転換させた一方で、論争から6年経過していても飛田の「読書の後始末」に揺るぎはなかった。

> 　　いうまでもないことだが、読書指導は、教訓をたれたり、押しつけたりすることは、なによりも禁物である。読書そのことが、まず読み手の自由ということを尊重する作業だからである。（中略）話させて聞いてやる。それだけでいいことになる⁵¹⁾。

　「読み手の自由」を尊重する指導は健在であった。それどころか、「悪書指導」と呼称を進化させ、「ついおぼれてしまったその後始末」、いわば「しりぬぐいをしてやる仕事」を「ぜひもう一度思い返してほしい」と、読者に呼びかけるのである。

　文末に付された「教諭」という飛田自身の肩書に、「現場人」としての信念と誇りが込められているように、筆者には思われる。

おわりに

　学校図書館に子どもが寄りつかない現状を見取った私立中学校国語科教員の飛田文雄は、「俗悪書」を学校図書館に並べることを『実践国語』誌上で提案した。飛田の言う「俗悪書」とは、図書館の選定目録にあるような名作や全集等ではなく、子ども自身が飛びつく大衆的読み物や、新人作家の作品であった。それらを読んだ感想を、教師と生徒が自由に話し合うことで、現実の問題や、批判的読解力を持たせようとした。ヤングアダルトという概念がなかった当時において飛田は、10代のための本を学校図書館に備えることを考えた。教育関係者たちもまた、飛田の提案に応答し、誌上で討論した。読書について、そ

して学校図書館について真剣に議論されたことは、1950年代の初期において、学校図書館にたいする関心が存在していたことを意味している。

　「俗悪書」論争が示唆していることを、3点指摘しておきたい。第1は、1950年代の各界の識者たちが、学校図書館は公共図書館と異なることを、明確にイメージしていたことである。「俗悪書」に賛成する者も反対する者においても、学校図書館では踏み込んだ指導を行うところで、公共図書館とは違うという認識を持っていた。「俗悪書」支持派は、俗悪であっても、あるいは俗悪であるからこそ教材になり得ることを示していた。毎日顔を合わせる学校では、不特定多数に提供する公共図書館とは異なり、子どもたちのフォローが可能である。悪影響をもたらす懸念がある図書については、十分時間をかけて話し合うことができる[52]ということを、「俗悪書」支持派は熟知していた。

　第2は、選定図書目録の問題である。実践国語研究所では1949年から独自に読書を研究し、国語科教育にふさわしい図書を推薦していたにもかかわらず、その3年後に刊行された『学校図書館基本図書目録』等による選定が、研究所の選書活動に取って代わられることとなった。飛田の「俗悪書」の提起は、いわば基本図書目録と旧来の価値観に対する異議申し立ての意味が込められていたと思われる。一方、学校図書館側にとっての選定は、学校現場のためというよりも、児童出版社に向けられたものであり、良質な児童書が刊行されるための監視機能の役割が持たされた。学校現場にとって、基本図書目録が検定のような印象で受け取られたのは当然であった。

　第3は、学校図書館を舞台とした「生活読書」という教育運動、あるいは読書運動[53]が芽吹いていたことである。読書経験の入り口としてではあるものの、飛田は、生徒の「読書の自由」を担保しようと試みていた。それは、同じ図書を集団で読むことを勧めた久米井束や、階層的人格を読書でつくりあげようとした阪本一郎、そして学校図書館を出版対策の装置として企図した滑川道夫とは明らかに異なっていた。飛田は、学校図書館が現場の生徒と教員のためにあるということを、誰よりも認識していた。

　本稿で挙げた事例は、国語科教員による選書の一提案であったかもしれない。しかしながら、学校図書館の基本図書への疑義を発端とし、現実の子ども

たちに向き合いつつ、10代の「生活読書」を模索した戦後教員の小さな営みが存在していた。それは、いわば本と図書室を教員の手に取り戻す運動でもあった。現場で行われる日々の読書活動のなかに割り入ったのは、むしろ学校図書館界の方ではなかったのか。教科教育を指導するといった意識が、現場の反発を招いていなかっただろうか。学校図書館認識を問い直すことは真の図書館理解を進める第一歩であり、ここに学校図書館史研究の使命があるように思われる。

注

1) たとえば、「学校図書館を真に必要とする学校教育を育ててこなかったのではないか」という発言に象徴される。内部に自戒を求める声はあるものの、外部に原因を求める意見は少なくない。全国学校図書館協議会『学校図書館五〇年史』編集委員会編『学校図書館五〇年史』全国学校図書館協議会、2004, p. 41.

2) 川崎良孝・吉田右子『新たな図書館・図書館史研究 : 批判的図書館史研究を中心にして』京都図書館情報学研究会、2011.

3) 大内善一「『実践国語教育』誌における「表現」概念の位相」『茨城大学教育学部紀要 教育科学』(53), 2004, p. 1-19.

4) 『実践国語』1 (1), 1949, p. 1.

5) 巻号と刊行年は、国会図書館オンラインの書誌情報を参照した。変遷については菅原の研究を参考にした。菅原稔「昭和20年代における作文・綴り方教育実践の位相 : 「実践国語」誌所収論稿の分析を中心に」『全国大学国語教育学会発表要旨集』(107), 2004, p. 51-54; 菅原稔「昭和30年代における作文・綴り方教育実践の位相 : 「実践国語」誌所収論稿の分析を中心に」『全国大学国語教育学会発表要旨集』(104), 2003, p. 112-115.

6) 林利恵子「昭和20年代における国語科単元学習の展開 : 『実践国語』にみる単元学習実践の変容」『人文科教育研究』(8), 1981, p. 38-48.

7) 前掲3)

8) 幸田国広「「文学編」「言語編」分冊教科書を用いた学習指導の実相 : 『実践国語』(1952〜1955年) にみられる実践を中心に」『国語教育史研究』(4), 2005, p. 1-12.

9) 前掲5)

10) 「おしらせ」『実践国語』1 (1), 1949, p. 63.

11) 毎日新聞社編『読書世論調査30年 : 戦後日本人の心の軌跡』毎日新聞社、1977, p. 18-26.

12) 滑川道夫「児童出版の現況と読書指導」『実践国語』1 (1), 1949, p. 35.

13) 児童書出版界と学校図書館との利潤関係については、片山論文が詳しい。片山ふみ「児童書出版社の価値志向と利益志向：日本における児童書専門出版社の図書出版活動に着目して」筑波大学博士論文, 2014.

14) 飛田文雄「読書指導はこれでよいか―問題点三つ」『実践国語』15 (169), 1954, p. 7-8.

15) 同上, p. 8.

16) 全国学校図書館協議会編の『学校図書館基本図書目録』は、1952年から2014年まで刊行された。

17) 全国学校図書館協議会編『全国学校図書館協議会選定図書目録 第1集』日本教科図書販売, 1954.書目は100ページまで掲載され、それ以降は58ページにわたって広告が掲載されている。冒頭の「序に代えて」は、松尾彌太郎が執筆している。

18) 独立した刊行物としての存在を確認することはできないが、『books』31号［booksの会］（1952年11月）から35号（1953年3月）内の「推薦図書一覧」で、厚生省による推薦図書を見ることができる。なお、『books』には、日本放送協会読書委員会の推薦図書も掲載され、当時、様々な機関から選定図書が示されていたことが窺われる。

19) 日本図書館協会編の『選定図書総目録』は、日本図書館協会による発行で、1950年から2016年まで刊行された。

20) たとえば、「内容」が40点、「表現」が20点、「外観」が30点、「その他」が10点。「内容」項目では、教育課程にあっているかどうかの他、知識の正確性に関しては、8つのチェック項目があった。前掲17), p. 2-3.

21) 飛田文雄「学校図書館を場とする読書指導」『実践国語』14 (159), 1953, p. 65.

22) 阪本一郎「まえがき」『学校図書館基本図書目録 1952年版』全国学校図書館協議会, 1952.9, p. 3.

23) 佐藤宗子「〈文学〉と〈名作〉のあいだ：一九五〇年代河出書房刊行の少年少女向近代文学叢書を中心に」『千葉大学教育学部研究紀要』65, 2017, p. 504-496. 参照はp. 501.

24) 国木田の「作品集」に関しては収録されている。

25) 前掲22), p. 5. 高校の目録に関しては、東京都学校図書館協議会高等学校部会に委嘱されている。

26) 「アンケート これからの子ども達には何を読ませたらよいか」『実践国語』14 (157), 1953, p. 92-96.実践国語研究所では、たびたび推薦図書のアンケートを実施していた。たとえば、下記のアンケートは、1つの推薦作品に対し、どの学年の子どもが読むことが可能かを集計し、一覧にしている。「子どもと教師に読ませたい本」『実践国語』2 (6), 1950, p. 72-83.

27) 全国学校図書館協議会編『学校図書館基本図書の研究：別冊学校図書館』全国学校図書館協議会, 1952. 引用部分はp. 107. 全国から寄り集まった図書は、各選択者の主観で選ばれたものだから、それらを「基本」とするのには無理があるとしている。ただし、概論書、事典、年鑑といった主題を包括できる資料については合意され、カリキュラムに照らし合わせれば「動物図鑑が基本図書であり、原子力学事典が基本図書でない」(p. 27) といった内容に関する境界についても話し合われている。この他、学校図書館が「過去の読み物館」ではないこと、「日々の全学習にサービスすること」(p. 24) が確認されている。

28) 事務局研究部は、「雑音のなかにあって学校図書館の基本図書という一線は毅然として守り通した」と述べている。前掲22), p. 101.

29) 前掲14), p. 12.

30) 飛田文雄「読書の後始末」『実践国語』12 (134), 1951.7, p. 77-81.

31) 前掲8), p. 6.

32) 百田宗治「提案の御返事」『実践国語』15 (170), 1954, p. 7.

33) 平井昌夫「読書指導の問題点」『実践国語』15 (170), 1954, p. 24.

34) 西原慶一「生活読書のために」『実践国語』15 (170), 1954, p. 9.

35) 同上, p. 7.

36) 阪本一郎「提案に対する私見」『実践国語』15 (170), 1954, p. 10.

37) 阪本は、「子どもには、次つぎに解決していかなければならない課題があり」、彼らが「どの方向に現にむかっているかを確かめ」、「生活上の必要と、読書の興味中心とのズレを見さだめ」てから読書指導へと「出発」するべきだと述べる（傍点は筆者による）。自覚的か無自覚かは定かではないが、日常に疑問を投ずる課題解決学習の考え方とは真逆である。本来の意味は子ども自身が課題を認識し自らが解決していくプロセスを踏むというものであるものの、阪本の場合は、子どもの自由な発想や関心には否定的であった。同上, p. 11.

38) 阪本の思想については拙稿を参照してほしい。杉山悦子「戦中・戦後の読書指導：阪本一郎の場合」『日本図書館情報学会誌』65 (1), 2019, p. 1-17.

39) 滑川道夫「読書指導」『児童文化』（児童心理叢書6）金子書房, 1949, p. 79-138.

40) 飛田文雄『読み手がわに立つ読書指導：その実践的研究』牧書店, 1957.

41) 石井桃子著『ノンちゃん雲に乗る』光文社, 1951.

42) 前掲40), p. 52.

43) 前掲40), p. 76-77.

44) 坪田譲治編『タカの子』（小学生全集55）筑摩書房, 1954.

45) 貧困や、10代の葛藤等、リアルなテーマが描かれている。

46) 『青い鳥』(1), 福音館書店, 1954.

47) 石森延男編『かしの木』3号, 1954.9, p. 2-3. 作品の収録と書誌情報については、神

奈川近代文学館に確認していただいた。

48) 前掲40), p. 83.

49) 飛田文雄「読書指導への反省二つ」『学校図書館』(120), 1960.10, p. 42-45.

50) 同上, p. 42.

51) 同上, p. 45.

52) 近年における「俗悪書」の提供に関しては、次の優れた実践がある。土居陽子「『完全自殺マニュアル』の予約をめぐって」『学校図書館メディアと読書教育』塩見昇・北村幸子編著, 教育史料出版会, 2007, p. 83-89.

53) たとえば、戸塚簾の運動もその類型である。塩見昇『学校図書館と児童図書館』雄山閣, 1976, p. 39-53; 塩見昇『日本学校図書館史』全国学校図書館協議会, 1986, p. 113-122.

図書館法制をめぐる展開の考察

塩見　昇

はじめに

　敗戦を機とする戦後教育改革の一環として図書館制度の民主化が企図され、公共図書館の基本的な在り方を規定するものとして、1950年に図書館法が官民の連携協力、とりわけ図書館人たちの非常な熱意によって制定をみた。爾来約70年、その間に30回近い改定を重ねている。しかしその多くは地方自治関連の法や教育関係法など他の法律の改正に連動した条文の整合性等によるもので、図書館法の基本理念や根幹にかかわり、図書館の在り方に大きな変容を迫るような改正は法制定からの半世紀にはあまりみられなかった。

　図書館法の70年を概観すると、法制定から初期の10年余は、法の制定に願いを賭けて尽力した戦前からの指導層による、成立した法に満たされなかった部分の改正を求める復古的な改正運動がまず始動し、それとの対抗関係を含めて若い世代による改正反対、もしくは法の理念の具現化という動きを生み出した。それが1970～80年代を通じての図書館活動の進展をもたらし、1970年前後の文部省による図書館法改廃をも想定した「改正」を阻止することにもなった。結果として、改正運動は盛んだったがそれが法の大きな改正にはつながらなかった。この間、図書館づくりの担い手の世代交代が特徴的である。

　ところが1990年代末になると、政治や経済面の政策動向に関連し、図書館法の根幹にわたるような「改正」が幾度か外部から持ち込まれる。

　本稿ではこうした展開を視野に置き、図書館法成立過程の素描を含めて、図

書館法制をめぐる動きをその担い手、背景との関連で考察し、日本の公共図書館の法的基盤をなす図書館法の現在と包含する課題を確めることを企図する。

0　図書館法制定までの概説

　戦火による多くの施設や蔵書の消失、人手不足、貧困やひもじさ（これは図書館だけのことではないが）に直面した敗戦直後の図書館界は、再建・復興への道を図書館法の制定に賭けた。その期待感を膨らませたのは、占領軍総司令部（GHQ）が日本改革の重要な施策の一つと捉えた教育改革のための指針とした1946年3月の第一次米国教育使節団の報告において、成人教育に関する項の多くを図書館にあてた図書館重視の動きであり、それを具体化するための図書館担当官の配置、図書館制度改革案の提示等であった。

　文部省もまたそれに呼応して図書館改革に向け早期に始動する。当面する公共図書館の問題を検討する在京図書館関係者の会議を招集して、1946年6月に「図書館法規に規定さるべき事項」をまとめ、12月には文部省として最初の改革案「公共図書館制度刷新要綱案」がつくられ、翌年3月、「公共図書館法案」が公表された。この時期、並行して社会教育法を制定しようとする動きも文部省内で進められた。

　こうした動きを好機至れりと捉えた図書館界は、再建した日本図書館協会（以下、日図協）を軸にGHQ/CIE（民間情報教育局）や文部省関係者等との協議を重ね、独自の法案づくりにも取り組んだ。1947〜49年に数多くの図書館法案、法案要綱が文部省、あるいは図書館関係者の手で作成され、地方図書館組織、戦後に生まれた図書館員労働組合などからもそれらに向けた意見書、要望が寄せられるなど、図書館法への期待感は非常な高まりを呈する。その詳細は、裏田武夫・小川剛の労作『図書館法成立史資料』[1]に収録され、制定過程についての解説論文と併せて図書館法制定を考察する基礎資料として活用されてきた。

　同資料が伝えるように、この間に作成された法案等に込められた関係者の願いは、ほぼ共通しており、次の諸点にあった。

　　①図書館の目的、役割を狭く教育（社会教育）に限定せず、文化の側面を

重視した位置づけとすること

②市町村までの義務設置を明記

③中央図書館制度を軸とした図書館網の整備

④強力な国庫補助の制度化

⑤専門職員の配置と養成制度の確立

　図書館法はあくまで単独法として制定することを前提にし、上記のほかに図書館行政に関与する仕組みとしての図書館委員会（協議会）の制度化、図書館利用の無料化（無料公開）、国立中央図書館の整備などに言及するものもあった。

　敗戦からわずかな期間にこうした図書館法制の構想が打ち出されたのは、既に戦前の図書館令体制の下で、国民教育機関の一環として図書館を整備・充実させる要件を探り、国に対して提起してきた図書館人たちの実績があり、しかもそれらが活かされなかったという苦渋の経験があったことが大きい。

　戦後直後の法案策定を主導した図書館関係者は、戦前・戦中からの図書館人が中心であり、国策への協力の代償として図書館の整備・振興を願ったものの、空しく終わった事項（特に上記の②〜⑤）を今こそ実現したいと期待しての取り組みだった。当初はCIEの初代担当官キーニーによる「日本に対する統一ある図書館組織』（キーニープラン）等にその展望を得ようとしたものの、戦後の国際状況の変化を受けて占領軍の対日政策が変化する下で、日本経済の自立化のためドッジ・ラインによる緊縮財政を強いられ、カネのかかる法案は認められない、というCIEの意向、さらには一足先に社会教育法が1949年6月に成立し、その下での立法にならざるを得ないといった制約が強くなっていった。

　1949年秋以降、国会に提案する法案をまとめる文部省の作業が大詰めを迎え、12月の「図書館法案要綱」でほぼ現行図書館法の内容がかたまった。この時期の作業について、先の『図書館法成立史資料』の解説は、「法案成立のためには、図書館関係者にドッジ・ラインによる厳しい現実の諸条件を知らしめ、その意向をそのまま実現化することの不可能性を説くとともに、『現実』的な法案作成に取り組んだのである」[2] と総括している。翌年4月に制定をみた図書館法は、図書館奉仕の理念を高くうたいあげる一方、先述の「懸案」課題の

ほとんどが容れられることなく、図書館界は「実を捨てて花を採った」と評される結果となった。図書館法は制定当初から、その後の改正論議の種を多分に内在させての出発だった。

1 図書館法の制定

　図書館界の強い要請を承知していた文部省が、法案を固める上で大蔵省との折衝において最後まで苦労したのが、第20条の公立図書館の設置及び運営に要する経費について「補助金を交付し、その他必要な援助を行うことができる」ではなく「する」と言い切れるかどうか、であった。占領下のことであり、法案は字句に至るまで総司令部の民生局（GS）、CIEの了承を得る必要があり、may かshall かのやり取りが大詰めの焦点になった。最終的には国会への上程を優先するため「できる」という表現で妥協し、総司令部の了承を経て1950年1月27日に法案を閣議決定、3月4日国会に上程される運びとなった。

　第7国会に上程された図書館法案は、1946年以降の様々な構想や要綱、図書館界の戦前からの「懸案」課題等に照らすと、次のような特徴を持っていた。

　　①「図書館法」という名称に落ち着く。
　　②前年に社会教育法が制定され、その中で図書館は社会教育施設とする、図書館に関する事項は別に法律をもって定める、と規定されたことで、社会教育機関としての性格が確定。
　　③第3条に「図書館奉仕」を明記し、奉仕機関としての理念を規定。
　　④図書館に置かれる専門職員を「司書、司書補」と規定し、その資格要件、講習による資格取得を定める（第4〜6条）。
　　⑤「公の出版物の収集」を第9条に規定。
　　⑥公立図書館の設置を地方公共団体の条例事項と法定（第10条）。
　　⑦館長の諮問機関として図書館協議会を制度化した（第14〜16条）。
　　⑧第17条で「入館料その他図書館資料の利用」に対価不徴収を明記。
　　⑨公立図書館の設置・運営に要する経費の国からの補助、その他の援助を「予算の定めるところに従い、……できる」と規定（第20条）し、その補助を受けるための要件を最低基準として定める（第19条）。

⑩望ましい基準の制定を文部省に求めた。

⑪公立図書館の義務設置、中央図書館制は採らなかった。

⑫私立図書館をこの法に位置付け、国及び地方公共団体が私立図書館の事業に干渉したり、補助金を交付することを禁止した（第26条）。

⑬図書館同種施設を誰もが設置できるとした（第29条）。

　こうした内容の図書館法案が国会に上程され、まず3月7日の参議院文部委員会で提案説明があり、委員会審議の中で3点の修正を加えて29日に可決、30日の本会議で承認し衆議院に送付された。

　参議院における修正は、

①補助金の「することができる」を「する」に改める。

②附則第1項に「但し17条の規定は昭和26年4月1日より施行する」を加える。

③第4条「図書館に置かれる専門職員は、司書及び司書補とする」を「……と称する」に改める。

であり、最後まで懸案であった①項については後述する。

　衆議院では、参議院から回送された際の速やかな審議に備えて既に3月10日に文部委員会で提案説明を行い、審議も行われており、参議院本会議の承認を受けて4月1日に正式の議題として取り上げ、1日、7日の委員会で審議、討論が行われ、賛成多数で参議院修正通り可決し、8日の本会議で可決、30日に制定・公布された。

　衆議院会議録によると、法案についての審議は国庫補助のmayとshallをめぐる論議、それに関連してこの法案に予算の裏付けがないことの問題にほぼ集中している。

　与党の委員からは、地元民からも補助金条項の修正を強く求められたが我慢してもらってきた、ところが文部省は修正してもらってもいいんだという返答で、不信感を持たざるを得ないという疑義、不満が出された。野党（社会党）委員からは義務設置、中央図書館制度による図書館振興にもふれつつ、初年度の補助金の計上など図書館整備への国としての踏み込んだ施策が必要だという意見が出され、共産党委員は図書館法の趣旨は賛成だが、裏付け予算を伴わな

い法案には賛同できないという意向を示した。

　国庫による補助の条項については大蔵省との折衝が非常に難航し、shallに固執すると法案の確定が成らない恐れもあるなかで、苦渋の決断を迫られた様子が日図協が各地の会員に流した「図書館法情報」にも垣間見える。「この法案が文部省原案のままなら通過することは確実であるが、図書館界としては是非国会に於てshallにまで引くりかえしたい」ので、委員の努力を要請していきたい、という檄も打ち出されていた[3]。それが参議院における修正に結果し、衆議院に持ち込まれたのである。修正について問われた文部省の政府委員（西崎恵）は、もともと文部省もそう考えていたことであり、「援助を行う」と訂正されても、「予算の定める所に従い」とある限り、たとえ該年度、あるいは二年や三年の間予算の計上がなくても法令上問題はなく、支障はない、と答えている。要は国会上程を最優先したので、後の扱いは国会の論議に委ねる、ということだったのであろう。

　成立した図書館法について、参議院の文部委員長であった山本勇造（作家の山本有三）が、お礼に伺った日図協の有山事務局長に、「君、この法案はヒドイね。之で図書館界は満足してゐるのかね。通せとおっしゃるから通したが、全く寄木細工みたいではないですか」と語ったと伝えられている[4]。「実を捨てて花を採った」と評されることへの関係者の率直な感想であり、この「実」をどう実らせるかが、この後の図書館界の試練であり、課題となった。当時の中井理事長がその課題を次のように提示している。

　　　かかるかたちに於て、一つの橋頭保を、われらの永い文化の闘いに於て、かちえたことは、現段階の酷薄な情勢のなかにあっては、一つの前進であり、記念すべき、勝利への第一歩であると云うべきである。……
　　　しかし、法が示すように、財政的措置としては、私達の力をもって、運動を貫いて立ち上るほかない。この法は、その運動を全面的に展開せよとの最初の狼火の役割をもっているのである[5]。

　この檄文を巻頭に据えた『図書館雑誌』の「図書館法成立記念号」（第44年第1号、1950年4月）は、表紙を含む全文36頁の簡素な冊子であるが、法案づくりに尽力した文部省の山室民子社会教育施設課長、井内慶次郎、武田虎之助事

務官がそれぞれの立場から、新しく誕生した図書館法についての思いと解説を寄せ、日図協の有山事務局長が「中タイトル」というコラム欄で「図書館法あれこれ」について取り上げ、そのなかで前記の山本委員長の弁も紹介している。ほかに継続して誌面にも報告されてきた「図書館法情報」の大詰め版も収録され、法成立への臨場感とこの法への期待と苦渋のほどが窺える興味深い特集となっている。文部省の3人が異口同音に語るように、図書館法が図書館界の要望も容れ、「皆の総意に基づく、協力の結晶」（山室）であったことは確かであろうが、「現実の制約に変形を余儀なくされたこの法案」を「よりよい法律を一歩一歩現実の生きた活動を通して獲得するための礎石」としなければ、という有山の言葉[6]のもつ意味は重い。

　制定された図書館法についての立法者意思に立った解説としては、当時の社会教育局長であった西崎恵の『図書館法』[7]が貴重である。

2　法制定早々に始まる改正運動：1950年代から60年代初めの動き

　1950年4月に公布された図書館法の最も早い手直しは1952年6月で、第6条第1項の「司書及び司書補の講習は、教育学部又は学芸学部を有する大学が、文部大臣の委嘱を受けて行う」を「大学が」と改めた。これについては既に1951年1月に、有山が「図書館法第六条改正の提唱」[8]において、協会の開いたワークショップの論議や公共部会の要請、全国私立大学図書館協会総会決議、日本図書館研究会の提唱など各所からの声を基に提起しており、図書館学の開講状況からしてももっともな内容で、まさに「図書館界の総意」を容れた、早期に是正されてしかるべき改正だったといえる。

　しかし、そうしたいわば手違いの是正ともいうべき改正や他の法律の改正による字句の整合性レベルのことはさておき、図書館界が図書館再生の悲願として求め、しかもその期待がほとんど容れられなかったことへの不満として噴出した法改正を求める動きも法制定の早々に胎動する。それは中井の檄とは明らかに基調を異にする、しかし速やかな反応であった。その中心になった担い手は、法の制定に奔走した戦前・戦中の継承者を主とする館界の指導層であった。

先鞭をつけたのは1951年10月の日図協創立60周年式典と併催の全国図書館大会における志智嘉九郎の法改正についての協議題提案説明である。図書館法は社会教育法の附属法のようで、図書館が公民館より軽くみられる要因になっている、司書（補）の教育などに教育委員会の関与を、などにつき「地方或は中小図書館の意見を有力に参酌して協会内に図書館法改正委員会を設け」、国会にあげていくべきだ、という提案である[9]。それを承けて公共部会が12月に委員会を設け、全国の主要図書館にアンケートを送付し、その回答を基にさしあたっての法の不備を是正する要望を文部省に提出した。その一つが先述の司書講習開催大学の拡大であり、もう一件は館長をすべて司書有資格者とすることであった。文部省がどこからも異論のない前者のみを容れて1952年に最初の改正をしたことは先述の通りである。

　懸案課題に取り組む法改正の動きとしては、『図書館雑誌』編集委員会が1953年3月号で「図書館法改正のために」の特集を組み、会員の討論を提起し、想定される事項について論点整理を行なうとともに、椎名六郎、廿日出逸暁に寄稿を求め、5月号でも志智嘉九郎、土井六郎、佐藤和夫、吉岡三平の論稿を掲載した。

　論点整理では、①職員、②義務設置制、③中央図書館制度、④入館料、⑤基準、⑥その他、について検討すべき事項や方向性を提示しており、それらについて6人が意見を開陳している。意見は改正に積極的な椎名、廿日出から戦前に根をもち、法の制定期に強く求めた内容がくり返される一方、義務設置や国庫からの補助が中央集権的で、図書館の中立性に影を差すのでは、中央図書館制は憲法・地方自治法の精神に反する，という土井、佐藤の反対もしくは消極論もあり、論点の所在が幾つか浮かび上がっている。

　この時期、図書館界では1952〜54年の図書館の中立性論議から図書館の自由に関する宣言の採択に至る論議が並行して行われており、文部省の図書選定への対応、地方財政の厳しさが深刻化するという状況もあり、慎重論にはそれらとの関連も窺え、単に法に盛り込まれなかった課題への復古というだけではない法をめぐる関心も顕在化している。

　日図協は根強い法改正への声を受けて、1953年度事業計画のトップに「図書

館法の改正」を掲げ、6月に図書館法委員会を設置する。各ブロックからの推薦委員と理事長指名の委員が出そろったところで委員会の活動が始まり、7月に法改正についての委員向けアンケートを実施し（意見は9月号に掲載）、それを基に9月に第1回の全体会議を開き、30余名が参加、寄せられた意見について検討し、各地区、各会合で法改正について話題にすること、出された意見を集約することを申し合わせた。検討の過程で、課題が単に改正案の文案づくりにとどまらず、図書館の在り方についてのナショナルプランにわたることが確認され、委員会にナショナルプラン小委員会と成文化小委員会を設けることにした。(但し、ナショナルプランの検討は委員長が決まらないといった事情もありほとんど活動のないままに推移する)。

1955年3月の委員会ではこれまでの意見を18項目に整理し、委員会としてそれをどう受けとめるかについて逐一検討し、方向性を示した。このあたりで法改正に取り組む日図協としての方向がほぼまとまり、図書館界として法改正に取り組む方針が定まったといえそうである。しかし、1954年全国大会における「図書館の自由に関する宣言」採択の取扱い等をめぐって土岐理事長の辞意表明があり、関連して組織強化が協会の最重要課題だということになり、法改正の検討は盛り上がりを欠いたままにしばらくときを推移する。

志智嘉九郎がのちに「中だるみ」[10]と手厳しく批判する期間を挟んで1957年春に法改正委員会が息を吹き返した。「中だるみ状態であったが、機いよいよ熟柿たり」(志智)ということで法改正をめざす動きが再燃する。これは社会教育法を改正しようという文部省の動きがあることを察知し、この機を活かして年来の悲願をということだったようだ。

この時期の社会教育法改正は1959年4月、制定から10年を経ての大きな改正に至ったものである。第13条(社会教育関係団体への公費支給禁止)の削除、社会教育主事の市町村必置と大学以外の教育機関に主事講習委嘱を広げること、などを主要な内容とし、同法の根幹にも係わる問題として激しい論議が交わされ、後に「パンを求めて石を与えられた」と評される改正となった[11]。

文部省のこうした動きを察知した図書館関係者は、この機にと休止状態だった成文化の小委員会(廿日出、武田、佐藤、雨宮で構成)を再開し、これま

での改正に向けたまとめを整理し、1957年5月に素案の報告を受け、委員会で検討して中間案を作成し、富山における全国大会に報告、そこでの意見等を容れた案文作成を再度小委員会に託し、11月の図書館法改正委員会（図書館法委員会から改称）において「図書館法改正草案」[12]をまとめ、理事長に提出した。草案は理事長から参考資料として文部省に提出された。現行法の改正案という形で作成された草案の骨子は次の通りである。

　①第1～3条は現行通り。

　②図書館に置かれる専門的職員を司書と称する。

　③第4条第2項に司書の職務を明示し、その資格を4年制大学卒を原則にする。

　④第5条の2に司書資格検定を規定。

　⑤都道府県及び市（特別区を含む）について義務設置（第10条第1項）。

　⑥都道府県内に設置する図書館の一を都道府県の中央図書館とする。

　⑦館長を司書有資格者とし、館種別に経験年数を定める。

　⑧文部大臣の諮問機関として図書館審議会を置く（第16条の2）。

　⑨義務設置制の地方公共団体に対し、設置運営に関する経費の補助を規定。

　草案が明らかになると、突然にという受け止めもあったのであろうが、草案が十分な論議や合意がないままに参考案として文部省に提出されたことへの反発もあり、大きな反響を呼んだ。

　雑誌編集委員会が2月4日に成文化にあたった4人の小委員に聞くという形の一問一答を行い、草案をまとめた経緯、草案の性格や今後のとり運び、論議のありそうな事項についての見解等を軸に2月号で「特集・図書館法改正草案について」を組み、併せてこれに対応する論考「われわれは図書館法改正草案をこう読んだ」として渋谷国忠、渡辺進、野村藤作、平塚禅定、金村繁の寄稿を掲載した。

　この中で、高知市民図書館長の渡辺は、「大図書館中心主義の考え方が露骨」で、「立法の基本方針に混乱がありはしないか」と厳しく批判する[13]。前橋市立図書館長の渋谷も大図書館からの発想を批判し、持論の市区以上の義務設置とその裏付けとなるべき国庫補助の確立を強調し、中央図書館制には反対、司

書補の廃止は中小図書館には問題が大きいという。興味深い提起は、第3条の図書館奉仕に館種別最低基準を規定し、それと関連付けて第17条の無料公開の範囲を明確にせよという主張である。法が明示する範囲の図書館奉仕に対して無料公開を規定し、それを保障するにたる国庫補助を、という構造を法の基本に求めているところに主張の一貫性をみることができる[14]。

「図書館法改正」を特集した1960年1月号には、9月の委員会の決定により委員全員から草案への意見を聴取し、寄せられた34人の意見を事項ごとに整理し全文を掲載、加えて「図書館法改正は他人事ではない」という小林岩彦、志智嘉九郎の論稿も収めている。全体として賛成という2人、反対もしくは白紙撤回6人のほか、各事項ごとに多くの意見が10頁にわたって寄せられ、草案についての意見はほぼ網羅されているといえそうだ。

意見は補強的なものもあるが基本的な疑問や異論も多く、草案がこの時期における図書館界の合意とはとてもなりそうにないことがうかがえる。さらに新たに顕在化した動きとして、これまでの法改正を求める動きにはみられなかった側面として、公然とした反対運動が図書館問題研究会（図問研）、メモの会など従来からの推進層とは世代を異にする「若手」から起こり、結局はこの時期の改正運動もまた実を結ぶことなく雲散する。

1961年7月、常務理事会からの要請を受け、日図協の法改正委員会がこれまでの検討の結果を整理し、「図書館法改正に関する意見書」[15]を提出した。中央図書館制度、司書職制度、館長の資格、義務設置、図書館審議会、その他、の6項目につき、合意がどの程度までなったかなど簡潔にまとめられており、それを承けた常務理事会では10月に、法改正についていま直ちに推進せず、必要な時に改めて委員会を作り検討する、改正委員会、ナショナルプラン小委員会は解消することを確認し、この内容を翌月の全国大会で岡部理事長が報告することで法改正運動は終息した。

この間の動きについては、当事者の一人でもある清水正三による顛末報告[16]があり、山口源治郎が争点となった改正事項を子細に考察している[17]。日図協の正史である『近代日本図書館の歩み』第二部「日本図書館協会の歴史」では、この時期の「図書館法改正運動」を第1次から第4次運動に細分して経緯を簡単

にまとめており、その最後を「10年近くにわたって検討してきた法改正運動は、具体的な改正の成果をみることなく幕となった」[18] と結んでいる。

【1950～60年代に施行された図書館法改正の主なもの】
　　○1952年6月　第6条第1項
　　　　「教育学部又は学芸学部を有する大学」⇒「大学」
　　○1956年6月　地方教育行政の組織及び運営に関する法律の施行に伴い
　　　　第7条　削除
　　　　第25条に次の一項を加える
　　　　　　　2　都道府県の教育委員会は、私立図書館に対し、その求め
　　　　　　　　に応じて、私立図書館の設置及び運営に関して、専門
　　　　　　　　的、技術的の指導又は助言を与えることができる
　　　　第29条第2項中「第7条」を「第25条第2項」に改める。
　　○1959年4月　社会教育法改正を承けて
　　　　第20条を次のように改める
　　　　　（図書館の補助）
　　　　　第20条　国は、図書館を設置する地方公共団体に対し、予算の
　　　　　　　範囲内において、図書館の施設、設備に要する経費その他必要
　　　　　　　な経費の一部を補助することができる。
　　　　第22条　削除
　　○1967年8月　第11条、24条削除（図書館設置等の報告、届出に関する
　　　規定）

3　図書館運動の転換：法に依拠する図書館振興との決別

　図書館法が成立すれば、という期待と幻想に燃えた1950年代の図書館界の空気を伝える文章としてよく引かれるのが志智嘉九郎の「消え去った虹」である。『図書館界』の50号記念特集「戦後日本における図書館学の発展」に寄せられた論稿である。さわりを少し引いてみよう。

　　　昭和25年に待望の図書館法ができた。……

三億ぐらい出るかも知れんといわれた国庫補助金、これが最初に出たのは昭和26年であるが、三億どころか、わずかに千数百万円、それも年々じり貧になっていって、600万円前後まで落ちていってしまった。絵に画いた餅ではなかったが、泰山の鼠であった。……

　昭和25年を頂点とする図書館ブームというものは、何の実体もないものであったが、野に山にかけられた虹がはかなく消え去ってから、日本の図書館は緩慢な前進を開始したのではないかとわたしは考える[19]。

　志智が想定した前進がどのようなものであったかは必ずしも定かではないが、「中だるみ」を挟んだ1950年代から60年代初めにかけての図書館法改正運動は、その前半と後半でよほど異なる様相を呈し、そこから次の時代への新たな転換の芽を胚胎したことが特徴的である。清水や山口も指摘することであるが、前半は図書館の整備をもっぱら法の規制力と公権力の指導に依存するものであったが、後半には力に乏しいとされた法の「花」の部分を基点とし、それを活かした図書館づくりに進展する土壌が育まれるようになったことが重要である。そうした考え方と担い手の面での転換が生まれる時期にあたり、それがやがて70年代を通じての公共図書館が顕著な進展を遂げる流れの導火となったといえる。そのことを本章でみておきたい。

　1959年の全国図書館大会（愛知大会）はこれまでにない異様な雰囲気の大会だったと伝えられている。清水正三の報告からそれをみよう。

　この大会は、従来の慣例を破り、開会式冒頭に君が代の斉唱があった。演壇に掲げられた大日章旗の前で、全員起立しての君が代斉唱は、戦後の図書館大会としてはまことに異常な雰囲気であった。安保改訂を一年後に控え、勤評問題、警職法改正、社会教育法改正などの反動的情況がたかまるなかで、しかも図書館法改悪、文部省図書選定問題が討議されようとするこの大会の冒頭だけに会場は極度の緊張に包まれ、ある者は起立せず君が代斉唱を拒否した[20]。

　厳しい緊張感で迎えた大会であり、論議は活発であったが、自由宣言を生んだ数年前の「若々しい館界の情熱と気力は消え失せ、館界指導層の保守的態度が濃厚」だったと清水は言う。法改正草案への反対のビラがまかれ、「都道府

県立図書館と市区立図書館、戦前の図書館員と戦後世代の図書館員との対立」が顕在化してきたという。そこから図書館づくり運動の世代交代が進行する。

　先述のように、1950年代から60年代初めにかけての図書館法改正は「改正」の実をみないままに雲散し、1961年の全国大会において法改正運動の終結が確認された。有山の1961年6月の「何から始めるべきか：遵法の提唱」がこの転機を締めくくった形になる。

　　　図書館法は改正すべき点があるであろう。けれども改正に熱中する前に、それが守られているかどうかを反省してみる必要がある。図書館界の当面する緊急にして重要な問題を解決する具体的第一歩は案外ここらにあるのではなかろうか。

　　　局面打開のため「何から始めるべきか」を自問自答するとき、何よりも先ず「遵法」ということを提唱したい[21]。

　有山がこの提唱と前後して、中小都市の図書館の現状把握から出発し、『中小レポート』と略称される政策提言を先導し、その有効性を立証した日野市立図書館の実践、さらに『市民の図書館』で公立図書館の進展への流れがつくられたことにはここでは詳述を省く。だがこの流れの中で重要なのは、図書館法の最も重要な「花」の部分の第3条「図書館奉仕」がいまどうなっているか、そこにどのような活動が描き得るかを実践的、実証的に探ろうとする図書館運動の始動であり、それに多くの賛同と共感を集めたことである。その実践が着実に成果を重ねる中で、貧しい日本の図書館が変化を見せ、図書館の利用者である市民がそのことに気づき、「私たちの求める図書館像」を共有するようになったことが特筆される。

　ここに至ってそれまでの法規や公権力の指導に期待をかける図書館整備とは明らかに異なる図書館振興の道が見えるようになった。「中小公共図書館こそ公共図書館のすべてである」という中小レポートのテーゼ、「戦後世代」と呼んでよい図問研による1967年の「当面の重点を貸し出しの伸びにおこう」という大会の申し合わせとそれに基づく各地での実践、『市民の図書館』を踏まえた全国各地の公立図書館の資料提供、貸出しを大事にするサービス活動の進展が、学生の勉強場所と目され、「沈滞」と評された図書館像を塗り替えていく

ようになる。その日常の中で図書館法が普段に意識されることはさほど強くはなかっただろうが、市民の求めるものを確実に保障する資料提供、予約の制度化に不可欠な図書館協力、ネットワークの形成などは、図書館法第3条の具体化であり、図書館法が描く図書館像の実証に違いない。有山の言う「遵法」の具体化が形を見せ始めたといえよう。

　そうした図書館の変化を目にすることで、市民が「私たちの求めるもの」を実感し、運動として目指すようになる。1970年前後から各地で輩出した子ども文庫の実践者などを主体とする図書館づくり市民活動が高揚し、自治体の図書館整備に大きなインパクトをもたらすようになるのが1970年代である[22]。住民自治の図書館づくりを支え、励ましたものに浪江虔『この権利を活かすために―自治体と住民』[23]があったことも重要である。市民がこの本を通して、身近に充実した図書館を求めることは私たちの権利であり、主権者として生きることだと学んだ。図書館づくり計画の策定に参加した市民が、図書館を利用する立場から、図書館には利用者のプライバシーを守ってもらわないと困る、と条例にその趣旨を書き込むことを求めた東村山の事例は、市民による憲法、図書館法の具体化であり、市民文化の創造と言ってよい[24]。

　日図協が図書館法制定時に刊行された西崎恵の『図書館法』を1970年に復刊したのもこの流れを進める大事な企画であり、その進展が支えた出版であったとも言えよう。第3条を中心にして図書館法の基調を形にして見せたものとして『市民の図書館』があった。この時代にはそういう形で図書館法が市民の図書館づくりを支えており、図書館法が根付いていった。

4　1970年代初頭の図書館法改廃の動きの中で：守るに値する図書館法

　1961年の「終結宣言」により、図書館法を変えようという図書館界における論議は沈静化し、有山の「遵法」提唱にそうように、図書館法の理念の具体化を図書館運動によって果たそうという公共図書館活動のたしかな進展の時代を迎えることになる。そうした1970年前後の図書館界に突然、衝撃をもたらす報道が流れた。1971年1月14日の日本教育新聞による社会教育法改正を検討している文部省の動きを伝えるスクープであり、同22日付の東京新聞が一面

トップで「社会教育、国が積極リード／文部省、抜本的改正へ」と後を追った。

　そこで伝えられた内容は、前年9月に中間報告が出された社会教育審議会による「急激な社会構造の変化に対処する社会教育のあり方について（案）」のまとめを受けて、文部省内において、社会教育法の全面的な改正を行うべく、①社会教育法等の改正にあたって検討すべき問題点、②社会教育法改正に関する15の問題点、という文書をまとめて、都道府県教育長協議会に提示し、検討を求めていること、同協議会の下部機構である社会教育部課長協議会が本年6月までに作業を終え、文部省は8月の教育長協議会で正式の見解を取りまとめ、早ければ次の通常国会に改正案を提出する、ということであり、検討すべき問題点の中に、社会教育施設として公民館、図書館、博物館のほかに、文化施設、スポーツ施設、青少年教育施設などが含まれることを明らかにし、それらを包む通則を設けること、それに関連して図書館法、博物館法を社会教育法に一本化することはどうか、と提起し、15の問題点でその際の総合社会教育法の試案まで用意されていることが明らかにされた。「問題点」には、社会教育団体の登録制、社会教育振興財団構想、施設の専門職員のことなどにも及んでいるが、ここではそれらへの言及はさておき、図書館法に直接関連する事項だけに絞ってみていくことにする。

　ここで報じられた内容は、図書館法の一部改正というレベルの問題ではなく、単独法の図書館法、博物館法を廃止し、社会教育法に統合するという提起であり、そういう構想が審議会の中間報告で示唆されたということで、現場を抜きにして文部省内において一方的に検討され、国会に上程する日程まで想定されている、ということが明らかにされたのである。「15の問題点」の第1には、社会教育法の全体を改正する法律案（試案）を掲げ、「次のような構成をとることの可否」を問うとして、全文9章117条の構成案を示し、その中で図書館については第4章「社会教育施設」の第4節を充て、74～81条の8ケ条に制定当初29条の図書館法を圧縮する、というたたき台まで盛り込まれている。第1章の総則の案では、図書館法が「社会教育法の理念に基き」としている現行法第3条の「すべての国民があらゆる機会、あらゆる場所を利用して、自ら実際生活に即する文化的教養を高め得るよう」支援するという国や自治体の責務につい

ての規定が除かれており、図書館事業の拠って立つ基本がまったく曖昧模糊と
なる恐れが顕著なものとなっている。

　しかもその後に分かったことであるが、このことが既に前年11月の図書館
大会前日に開かれた都道府県立図書館長会において、文部省の今村武俊社会教
育局長から紹介されていながら、特段の問題として話題が広がらなかったとい
うことである。図書館法に関心の強い図書館人の県立図書館長が退任してしま
った当時の図書館界上層部の劣化のほどがうかがえる。

　新聞報道に衝撃を受けて図書館界が「図書館法改廃の危機」に動き出した。
まず図問研常任委員会では栗原委員長が、全国公共図書館協議会（全公図）筋
から入手した情報等を基に、1月発行の『会報』116号に「法改正をめぐる暗い
動き」として第1報を伝え、情報の伝播・共有に努めた。117号で森崎震二「図
書館法は風前の灯か！」が最初のまとまった問題提起を行い、参考資料として2
月25日の参議院文教委員会における社教法改正問題を取りあげた小笠原貞子
議員の質疑を会議録から転載し、118号では常任委員会による討議を踏まえて
「社会教育法改悪にどう対処するか」と呼びかけた。図問研は以後この一年間、
この問題に集中的に取り組み、8月に大阪府の箕面で開いた全国大会でも全体
会議で集中的に論議し、「社会教育法の改悪に反対し、現行図書館法の理念を
守る決議」を採択、これを以後の『会報』表紙のスローガンに継続搭載し、注
意を喚起し続けている。

　社教審答申の中間報告において図書館の位置づけが弱いことを問題視し、文
部省への要請を検討してきた日図協も2月の常務理事会で急遽、公共部会を中
心に社会教育法改正問題対策委員会を設置し、文部省の幹部を招いて二つの文
書の真意や法改正への意向を質すなど、危惧の意思を強めた。その取り組みは
機関誌『図書館雑誌』の誌面にも色濃く反映されている。

　具体的には、5月号で「社会教育法改正の動きに注目しよう」と広く注意を
喚起し、図書館法施行の記念日にあたる4月30日に、図書館法制定に深く関与
した雨宮裕政、加藤宗厚、武田虎之助、廿日出逸暁の長老4氏に清水正三、浪
江慶が聞くという形の座談会を企画し、制定当時の苦心や図書館法への思い
を語ってもらい、その内容を7月号に掲載した[25]。法の制定当時にそれぞれ文

部省の関係職務、あるいはそれに協力する立場にあり、先に述べた「法に依拠する図書館振興」の追求に中心的にかかわってきた人たちに、立場を異にする「若手」が聞くという構図の企画であるが、その立場の違いを越えて「守るに値するもの」として図書館法を大事にする視点が強調されているのが印象的である。

　それに先立つ6月号には、当時図問研の事務局長であった塩見昇に「図書館法が支える図書館運動」の執筆を求め、7月号では座談会に続けて、法制定時に文部省で重要なかかわりを持った井内慶次郎に「図書館法制定当時の回想」を、今回の法改正の仕掛人と目される文部省の今村局長に「社会教育法改正の動きについて」を寄せてもらうという目配りの届いた誌面をつくっている。

　図書館長が主要に参加する全公図の会合では文部省も少しニュアンスの異なる対応や情報提示をしていたように思われる。3月の理事会に出席した今村局長、5月の社教法改正問題小委員会に出席した岩田審議官から、今年は公民館の予算に力を注いだが、次は図書館や博物館に力を入れたいので協力してほしい、図書館の振興策については図書館界として集約された意見を聞かせてほしい、省内で進めている検討は正式に決めたものではないので、文部省の案が出てから図書館側が云々するのではなく積極的に検討してほしい、何よりも信頼が必要だ、とエールも送っているようだ[26]。

　『図書館雑誌』7月号への寄稿で今村局長は次のように述べている。「社会教育法の改正案について検討をすすめる必要があると判断したわたくしは、昨年7月にその検討を岩田審議官に指示しました」。社会教育法の改正が必要なのに文部省が消極的だという批判があり、社会教育審議会の中間報告にも「現行法令の改正を含むより具体的方策の検討が必要」とあるので、その検討に着手するのは行政事務に従事する者の不断の責務だと考えているのに、それが図書館存亡の危機だ、といわれると「驚きを絶する」、「世の中に誤解と偏見はつきものですが、図書館の関係者と文部省社会教育局の間にこれほど大きなへだたりがあってはやりきれません」と心情を吐露している。これはこれで今村の率直な思いではあったろうが、肝心のところには何も触れておらず、図書館界の抱いた疑念、危機感を氷解できるものでないのは明らかである。

図書館法の改廃に反対し、図書館法を守るという図書館界の意思は、11月の全国図書館大会で決議として集約され、図書館法の公布日である4月30日を「図書館記念日」に、5月を「図書館振興月」とすることを決定した。一年に及ぶ図書館法改廃問題に対する明確な結論であり、この問題は図書館界あげての強い反対の意思表明で立ち消えとなった。翌年2月の全公図理事会に出席した今村局長が、「社会教育法に図書館法を統合する案については、図書館側の反対意見が強いので、慎重に検討する必要があると考えている」と述べたことで沙汰やみとなることがはっきりした[27]。

　この一連の過程では、図書館法と向き合う視点の違いを越えて、図書館界が一致して図書館法を守ろうという取り組みになったことが大きな特徴であり、これ以降、図書館法を改正しようという図書館界の内部からの目立った動きは、後述する教育基本法改正に連動しての法改正論議まで表面化することはなかった。

　1975年3月26日に議員立法により図書館法一部改正案が参議院に上程されたが審議未了で廃案となった。市区までの義務設置を内容とする改正案であった。

5　図書館法30周年シンポと図書館事業基本法問題

　図書館界の内側からの改正運動、文部省の構想に巻き込まれた改廃の動きを経て、結果的には大きな変化を受けることなく、「守るに値するもの」「その理念を具体化するもの」として図書館法は30周年を迎えた。図書館法に支えられて進展した1970年代の公共図書館の発展が住民からも支持され、ともにつくる事業として意識される状況が一定程度定着をみせる1980年の30周年を記念して、日図協は1979年12月8日に記念シンポジウムを企画し、その記録を1980年7月に『図書館法研究』として刊行した。社会教育学の小林文人、教育法学の神田修、憲法学の堀部政男、図書館学の裏田武夫、図書館行政の武田英治による図書館法の法学的検討であり、図書館法についての『図書館法成立史資料』以来の研究書となった。

　同年秋には『季刊教育法』が＜今日の焦点＞として「図書館法30年」を取り

上げ、裏田武夫、永井憲一、森崎震二の論稿を収めている。図書館法30周年を意識した企画であり、教育法体系の一環として図書館法を捉える関心の広がりが窺える。

　理論的、実践的に深めるべき課題が浮彫りにされた30周年の年に、図書館法自体が正面から問われたわけではないが、結果として図書館法が骨抜きにもなりかねない可能性を持った動きが登場する。1978年に超党派の衆・参議員で結成された図書議員連盟の動きに呼応した図書館事業基本法の策定をめざす活動である。

　1980年10月に鹿児島で開かれた全国図書館大会の開会挨拶で、図書議員連盟の有馬元治事務局長が議員立法による図書館の振興法制定を提起し、図書館界に期待感をひろげた。翌年3月、議連は図書館関係10団体を招いて図書館振興法の制定につき意見交換し、図書館側の出席者に法の要綱策定を要請した。

　これを承けて5月に日図協、全国学校図書館協議会（SLA）、国公私立大学・短大図書館の各協議会、専門図書館協議会など11団体により図書館事業振興法（仮称）検討委員会が発足する。座長に金田一全国SLA会長が選ばれ、日図協の栗原事務局長が総合連絡・広報を担当することになった。爾来検討を重ねた委員会は9月に「図書館事業の振興方策について（第一次案報告）」[28] をまとめて有馬事務局長に提出し、その内容を公表した。

　文書は、「図書館事業振興方策の提案について（趣旨説明）」と「図書館事業基本法要綱（案）」からなり、要綱案は法に盛り込む内容が5章24項目、付則3項で構成されている。要綱をまとめる検討の過程でも、国立大学図書館協議会が別に意見書を事務局長に提出するなど、参加するすべての団体、委員の間で合意には至っていなかったと伝えられているが、文書が公表されるとさまざまな意見や疑問が噴出した。

　図書館運営の改善を図り、「国民生活に不可欠な機関として、すべての図書館が一体となって活発な活動を展開することを目的とする」という法の目的（第1章1項）についても、「すべての図書館が一体となって」の理解にギャップがあったようだが、定義（2項）でこの法が対象とする図書館を法人企業体が設置する図書館までをも含むすべての館種にわたるとし、公立図書館の義務設

置（5項）、国の任務（7項）、第2章に掲げる図書館政策について国が策定責任を負い（9項）、そのため内閣に図書館政策委員会を置き、その任務を規定（10項）、第3章に図書館の相互協力を掲げ、4章で専門職員を取り上げ、その必置、資格、研修の義務等を規定、第5章で法人格をもつ図書館振興財団の設立、民間を含む出資の制度化などが論議の対象となった。

　なかでも多くの議論が集まったのは、この法が振興法だと説明しながらなぜ「基本法」なのか、それと既存の図書館法との関係はどうなるのか、すべての館種を網羅する図書館振興策が考えられるのか、公立図書館の義務設置の是非、国家行政組織法に基づく行政委員会としての権限と責務をもつ委員会に図書館政策の策定、予算の配分、図書館行政の調整、専門職員の養成・研修等を委ねるという中央集権的な発想と地方自治原理の乖離、民間の出資を前提とする図書館振興財団の関与など、基本法の骨格、全般に及ぶ議論が続出し、委員会の広報を担当した栗原事務局長が幾つもの公開質問状による疑問に答える、というやり取りも多くなされ、さながら日図協が推進役と目される状況を呈した。

　議論が高まる中で、委員会への参加、要綱への疑問を寄せる団体も現れ、日図協の役員会等からも疑義が出され、図問研が公開質問で問いかけ、さらに図書館労働者を主に「図書館事業基本法に反対する会」[29]が生まれる。マスコミも関心を払う状況の中で、この構想への図書館界の合意形成はとても得られそうになく、推進サイドからの積極的に疑問を解消する働きかけも乏しいままに、立ち消えのように鎮静化していった。

　図書館への社会的関心が高まるという状況の中で、国の生涯学習や情報管理に関する構想、思惑などが交錯し、1970年代に逼塞したとみられる公権力、法の規制力に依存する図書館振興の発想が息を吹き返した迷走としてこの動きがあったといえよう。

　日図協としては翌年5月の総会でこの一次案を機関決定していないことを正式に確認し、それ以上にこの問題への関与について明確な決着をつけたとは言えないが、一つの転換として、この動きの中で全く機能していなかった図書館政策特別委員会を全面的に改組し、1983年に森耕一常務理事を中心に、首都

圏ではなく関西の会員を構成メンバーとして、新たな図書館政策特別委員会を発足させ、日図協としての図書館政策づくりを進めることにした。委員会は、法に定めがありながら国が放置している「望ましい基準」に代わるものを日図協が創ることをめざし、数次の案文の提起、各地における公開の検討会を重ね、1987年に「公立図書館の任務と目標」として成文化し、89年に解説を付して刊行した。図書館界がまとめた図書館づくりの目標（基準）であり、『中小レポート』『市民の図書館』を継ぐ日図協の政策文書という位置づけで、各地の図書館計画策定等において基調として活用されることになる。

　図書館法の基盤にもかかわる論議が続いたところで、図書館法40年を前にして『図書館雑誌』編集委員会が「コンメンタール図書館法」を企画し、「任務と目標」をまとめた森耕一に執筆者の選定などを依頼した。政策委員会のメンバーを主に執筆を分担し、1989年7月号から90年6月号まで12回の連載を終えたところで、出版委員会からそれを単行本にする提案があり、森耕一編『図書館法を読む』の刊行となった。西崎恵の『図書館法』を継承する40年ぶりの図書館法の解説書であり、1970年代以降の公立図書館の進展を支えた基盤としての図書館法への再評価の集約となっている。

【1970〜80年代に施行された主な図書館法改正】
　　○ 1985年7月 都道府県教育委員会の文部大臣への域内公立図書館の設置、廃止等につき報告義務を規定した第12条を廃止。

6　行革・規制緩和の合唱の下で：地方行革推進一括法による 1999年改正

　さまざまな改正論議はありつつも、法の骨格、基本原理に大きな変更が加わることなく半世紀を推移した図書館法であるが、その後の20年には図書館外からのインパクトを受けての大きな変化が具体化する。

　国の施策の中で図書館の整備に目が向けられるのは1977年の第三次全国総合開発計画の一環として定住圏構想に図書館が取り上げられたあたりからである。1979年の新経済社会7か年計画が日本型福祉社会を展望し、都市行財政研究委員会が「新しい都市経営の方向」を提起、1981年3月に第二次臨時行政調

査会が発足して財界主導の行財政改革が政治の中心課題に据えられる。その中で公共部門の減量化、「小さい政府」の考え方が強調され、「公・民の役割分担」を明らかにすることで、公共施設の民営化や民間委託を推進することが市場原理、効率性重視の観点から強く唱導されることになる。こうした流れの下で、世論調査等を通じて住民の要望が強い図書館整備がそれなりに政策課題として注目され、「図書館が票になる」と目される状況も生まれる中で、時代の波の影響を受けることになる。それを典型的に示したのが1999年の改正である。

6.1 地方分権・規制緩和推進の国家戦略から

規制力の乏しいことが弱さとして指摘され続けてきた図書館法に「規制緩和」の側面から批判が集まる動きが1980～90年代に強くなる。高度成長から低成長時代の行財政へと転ずる下で、図書館を含めて社会教育施設や福祉施設など公共施設の運営に市場原理にそった減量経営、民営化の推進という行財政改革が国家戦略として登場する。

1995年に地方分権推進法が成立し、それに基づいて設置された地方分権推進委員会が96年3月の中間報告「分権型社会の創造」において、図書館長の司書資格の見直し、資格・職名を有する職員配置の弾力化、さらには社会教育法・図書館法・博物館法の「存廃」についての検討を提起し、97年7月の第二次勧告では法律そのものの存廃には触れなかったものの、国庫補助を受ける条件である公立図書館長の専任・司書有資格規定、司書及び司書補の配置基準の廃止が勧告された。この内容が政府の「地方分権推進計画」（1998年5月）に盛り込まれた。

この流れの中で文部省も生涯学習審議会に「社会の変化に対応した今後の社会教育行政の在り方について」を諮問し、98年9月に答申を受ける。そこでは推進計画が取り上げた事項の範囲を越えて、無料原則の見直し、施設の民間委託を自治体の自主的判断と責任に委ねること、図書館協議会の委員構成の緩和、市町村の広域連携、などにも言及している。

規制緩和の施策提起には全国市長会など地方六団体等からの要請を受けて、ということが根拠として強調されてきた。法規による国の規制が地方による行

革の努力を妨げているという主張であり、図書館整備に関しては館長資格、司書配置の要件が図書館をつくろうという地方の施策を困難にしていると折にふれ言われてきた。

こうした要請に応える手法として導入されたのが、475本もの法律を一括して一つの法案で処理するという方式であり、1999年に「地方分権の推進を図るための関係法律の整備等に関する法律」(地方分権一括法) が上程された。ここでは個々の法についての審議がほとんど行われないのが特徴で、地方分権を真に推進するための方策、たとえば地方への権限移譲、国と地方の財源分担などについて実のある議論はなされず、社会教育法の場合、その根幹にかかわる公民館運営審議会の必置性の廃止、公民館長任命にあたって審議会に意見を聴取する義務の廃止等が一切審議なしに可決されている。図書館法については僅かに質疑があり、共産党からの修正提案を否決するということはあったが、原案通り可決された。

この改正で改変された図書館法の関係は次の内容である。
　　○国庫補助金交付に関する館長の司書有資格要件を定めた第13条第3項の削除
　　○第15条の図書館協議会委員の選考枠を大綱化
　　○最低基準を定めた第19条を削除
　　○国庫補助を交付する要件の充足審査に関する第21条及び22条の削除
改正法施行の直前 (2000年3月29日) に開催された日本図書館研究会 (日図研) 第41回研究大会シンポジウム「図書館法50年」において社会教育研究者の長澤成次が、法改正を受けての自治体の条例整備における対照的な動きを紹介し、自治体独自に有資格館長の配置や司書の専門性担保を条例で定めた自治体がある一方、もう館長に司書資格はいらなくなったからとせっかくの条例や規則の規定を除去する例が少なくないことを挙げ、その「光と影」を指摘しているのは、「個性的自治体創造」の実践課題として重要な提起である[30]。

図書館法の改正ではないが、公立図書館の管理運営に大きな変化をもたらしたのが、2003年の地方自治法改正による指定管理者制度の導入である。公の施設の管理運営を外部に委託する手法はそれ以前から設定されてはいたが、そ

の対象を営利事業を営む民間業者にまで広げたことで、公設民営の図書館が全国的に漸増する状況を生み出した。

6.2　情報化の流れから：第17条をめぐる論議

　前項の1999年改正で、検討課題に挙がっていたが改正にはならなかった事項に第17条の無料公開がある。条文が変わることはなかったが、設置自治体の判断によって徴収もあり得るという「解釈改正」を残したということで留意さるべき展開であり、ここではその点を取り上げる。

　1998年9月の生涯学習審議会答申が、電子化情報サービスが広がる状況を前提に、「図書館サービスの多様化・高度化と負担の在り方」の項において、「地方公共団体の自主的な判断の下、対価不徴収の原則を維持しつつ、一定の場合に受益者の負担を求めることについて、その適否を検討する必要がある」と17条の無料原則の見直しを提起したことにより、第17条の意味とそれが及ぶ範囲が論議の対象になった。この提起に応えて協議会の図書館専門委員会が「図書館の情報化の必要性とその推進方策について」（報告）において、図書館資料を「図書館によって主体的に選択、収集、整理、保存され、地域住民の利用に供される資料」ととらえ、「したがって、図書館においてインターネットや商用オンラインデータベースといった外部の情報源へアクセスしてその情報を利用すること」は第17条の「図書館資料の利用」にあたらないため、それらの対価徴収は「それぞれのサービスの様態に即して、図書館の設置者である地方公共団体の自主的な裁量に委ねられるべき問題」だと第17条の解釈と運用の方向を示した。

　そのことがあって第17条は明文の改正にはならなかった。しかしこの論理は、他方で自治体の判断によりサービスを有料とすることも可能であるという受け止めに道を開くことになった。提供する内容が「図書館資料」であるか否かによって図書館サービスに有料－無料の線引きをすることは、時代の変化や科学技術の進歩を積極的に受け入れ、それを活かしてサービスの拡張を図ることを抑制することにもなろう。ここはむしろ第3条が規定する権利としての図書館利用の総体をすべての住民に保障する原則として無料公開を捉えることこ

そが重要であり、第3条の「図書館資料」に「電磁的記録」を加える改正をしたこととも整合する（文部省の通知ではこれをパッケージ系資料に限定しているが）。「公立図書館の任務と目標」の改訂増補版でもそうした包括的な見解を採っている（p. 16-17）。

　この専門委員会報告及び第17条解釈をめぐっては、直後の全国図書館大会の第1分科会で専門委員会のメンバーであった糸賀雅児と筆者の間で応酬[31]があったし、政策委員会のメンバーである岸本岳文[32]、前田章夫[33]の同様の視点に立つ見解に対し鑓水三千男[34]が疑問を呈するなど、なお論議の余地を残す課題であろう。

　法の根幹に及ぶ1999年改正を承けて、日図協は『図書館法を読む』をその基本的な枠組みは継承しつつ、全面的に改めた新著として『図書館法と現代の図書館』（塩見昇・山口源治郎編著）を2001年2月に刊行した。図書館法50周年の記念出版である。

7　教育基本法、社会教育法の改正に連動する 2008 年改正

　2008年6月11日に図書館法、博物館法を含む社会教育法等の一部改正が公布・施行された。この改正は、図書館法の根幹にあたる教育基本法が2006年12月に改正されたことに伴い、それとの整合性をはかる必要に端を発するものではあるが、改正に至るプロセスには、これまでとはよほど異なる展開もあり、今後の法の活用に活かすべき成果も多く残したことが特徴的である。すなわち、中教審の生涯学習分科会で法の全体を見直しの対象として検討し、国会においても実質的な審議が重要な課題について一定程度なされたこと、文科省の所管と日図協の間で数次にわたる改正内容についての意見交換が持たれたことなどが特筆される。その結果、多岐にわたった改正内容は法の根幹にかかわる重要なものだというほどではないが、図書館運動が法と向き合うスタンスについて共有すべき課題を明らかにしたということができる。日図協としてはその一連の経緯や記録、関係資料を『図書館年鑑』2009年版の特集にまとめ、共有化している[35]。

　戦後教育法体系の基幹を定めた教育基本法は、政争の中でくりかえし論議の

焦点になりながらも、一度も手を加えることなく60年間、「（憲法の掲げる）理想の実現は、根本において教育の力にまつべきもの」という日本国憲法との一体性を保持してきた。その基本法に初めてメスを入れたのが2006年の改正である。それは憲法の改正を党是とする自民党、「戦後体制からの脱却」を標榜する保守政権の悲願として、「新しい時代にふさわしい教育基本法」を教育改革国民会議、中教審に求め、国会上程に持ち込み、強行採決という教育の基本に関する法の改正には全くなじまない手法で実現された。

　教育基本法の変更内容についてここでは詳述しないが、生涯学習を法定化し、教育目標、教育行政の捉え方をめぐってまったく別のものになったとも評される全面的な「改正」がなされたことで、その精神を受けて策定されている社会教育法、その精神に基づく図書館法が整合性を欠くことは明らかで、その是正が社会教育法、図書館法、博物館法をあわせた「社会教育法等の一部改正案」となった。2007年前半には同様の文脈により、主として学校教育に関連する教育三法の改正が先行している。

　2007年6月に生涯学習・社会教育関係の見直しを行うため、中教審生涯学習分科会に制度問題小委員会を設置し、検討に着手、11月末に検討の方向性が公表され、改正対象事項についての議論が活発になる。2008年1月末に中教審が「新しい時代を切り拓く生涯学習の振興方策について」の答申素案を公表した。この間、文科省社会教育課は日図協に意見を求めたり、協議の機会をもつことも幾度か重ねた。

　2月19日に答申が提出され、29日に改正案を閣議決定、即日国会に上程された。文科省から改正案の説明を受けた日図協では、国会で図書館整備の現状や課題が実質的に論議されることが重要だと考え、「図書館法改正法案について、国会で審議していただきたいこと」[36]をまとめ、議員連盟の幹部や各党の文教関係議員への説明、要請を働きかけた。その成果は5月16日からの国会審議に反映され、衆参両院で延べ10時間以上の質疑が行われ、しかもその多くが図書館問題に充てられた。これはこれまでの図書館法の改正に照らすと極めて異例のことであり、審議の過程で参考人招致（長澤成次、糸賀雅児）も行われ、委員会採決においては衆参両院で附帯決議もなされた。

改正された図書館法関係の要点は、

①第3条関係

　　図書館奉仕の留意事項に「家庭教育の向上に資すること」、図書館資料に「電磁的記録」を加え、第8項に「社会教育における学習の機会を利用して行った学習の成果を活用して行う教育活動その他の活動の機会を提供し、及びその提供を奨励すること」を新設し、旧8項を9項に繰り下げる。

②第5条関係

　　司書となる資格の要件に「司書講習の受講」と「大学における図書館に関する科目の履修」があったのを順序を逆にし、大学における履修を主に改めた。大学における履修科目を省令化した。司書講習受講要件を広げた。

④第7条関係

　　これまでの空き番号に次の4条を新設

　　第7条（司書及び司書補の研修）

　　第7条の2（設置及び運営上望ましい基準）

　　第7条の3（運営の状況に関する評価等）

　　第7条の4（運営の状況に関する情報の提供）

⑤第15条関係

　　図書館協議会委員の選出枠に「家庭教育の向上に資する活動を行う者」を追加

この間の文科省と日図協の協議内容については、松岡事務局長により詳細に記録され、前記の年鑑特集に収録されているが、その一部に参加した筆者の印象で整理すると、文科省の法改正に向けての基本的なスタンスとしては、

①生涯学習の関係など、教育基本法の改定に対応することは必ず反映させる。

②図書館の理念やあり方など基本にかかわる事項には踏み込まない（踏みこめない）。

③図書館界の求めで異論のない事項はなるべく取り入れる。

④しかし規制緩和に逆行することはできない。

⑤三法をまとめて扱うので、三つの法の間の整合性を図る。

というところにあった。

日図協として強く実施を迫り、代案まで示したのは第13条の司書（専門的職員）の配置を明確にすることだったが、日図協の要請としてはよくわかるが、規制を強めることになり無理だ、と受け入れられなかった。

2008年改正は、図書館界（日図協）として進んで改正を主張し、働きかけたわけではなく、施策の動きに対応せざるを得なかったというスタンスではあるが、図書館整備の現況と図書館活動の実態を踏まえた課題提起を通して、図書館法の意義と是正すべき点、法の精神を具体化する上での国の責務を訴え、法案に照らしたやりとりをかなり重ねた。それがどの程度に「改正」に実現したかは、先述した文科省側の壁が厚く、心もとないが、国会の審議等を通じて今後の図書館整備に活かすべき課題を確認できたことは、貴重な経験であった。日図協は、法改正に向けて日図協としてこれまで主張してきたこと、改正法への評価、批判を総合して、これから取り組むべき課題を整理したものとして「改正図書館法を踏まえ、取組むべき図書館振興の課題」37)を2008年9月の全国図書館大会参加者に配布し、基調報告でその活用を訴えた。当面の図書館法に対する日図協としての基本スタンスの提示といってよい（これについては当時の松岡事務局長の尽力が大きく、筆者も協会理事長として積極的に関与した）。

この改正を受けて、日図協は2009年12月に『新図書館法と現代の図書館』を刊行した。2000年刊行の版に大幅な手直しを行い、日図協としての図書館法についてのこの時点における公式見解と言ってよい位置づけの出版物である。

8　第九次地方行革推進一括法による 2019 年法改正

2006年の教育基本法改正に連動した2007年の教育三法改正、その一環である地方教育行政の組織及び運営に関する法律（地教行政法）の改正において、文化およびスポーツに関する事務について首長が管理、執行することを許容することが組み込まれた。それまで教育機関を首長部局に委ねる場合には、地方

自治法第180条の7の補助執行に拠ってなされていたが、教育行政の一部を生涯学習支援の観点から首長部局に移す根拠を法的に与えたもので、これが図書館行政を教育委員会から切り離す動きを促すことへの波及が危惧されてきた。事実、そうした事例もその後幾つか散見されており、その延長線上に登場したのが、1999年と同じ手法による2019年の第九次地方行革推進一括法による図書館法改正である。

　2019年改正に至る背景として、社会教育および社会教育施設の所管に係る二つの動きがあった。一つは国の省庁の一部を東京以外に移す構想の一環として、文化庁を京都へ移すことに連動した文科省の組織再編であり、いま一つは地教行政法の改正で可能となった事務委任・補助執行による社会教育施設の首長所管が行政の一体性において有効だが権限と責任の所在に曖昧さ、執行上の手続きの複雑さがあると地方から指摘されてきたことがある。前者からは博物館の所管と地域活性化、特に観光事業に果たす役割への期待が課題とされ、後者の要請に応えることとして中教審の生涯学習分科会が2018年2月に「公立社会教育施設の所管の在り方等に関するワーキンググループ」を設置し、検討を始め、その意見を受けて7月に審議のまとめを公表、さらに12月に「人口減時代の新しい地域づくりに向けた社会教育の振興方策について」を答申する。

　これらを通して、「社会教育に関する事務については今後とも教育委員会が所管することを基本とすべきであるが、公立社会教育施設の所管については、当該地方の実情等を踏まえ、当該地方にとってより効果的と判断される場合には、地方公共団体の判断により地方公共団体の長が公立社会教育施設を所管することができることとする特例を設けること」を一定の担保措置を条件に「可とすべき」だと結論付けた。なんとも主体性の乏しい、主務官庁の意向忖度の極みのような答申であるが、ここでいう担保要件とは、教育機関の政治的中立性等の確保のため教育委員会との協議や意見聴取などの履行である。

　公立社会教育施設がこれまでの「地域の学習と活動の拠点としてのみならず、住民主体の地域づくり、持続可能な共生社会の構築に向けた幅広い取り組みの拠点となる施設としても位置付けられるべきだ」という審議会は、公民館には地域課題解決、コミュニティセンター、防災拠点、地域学校協働活動の拠点と

しての役割、図書館には地域住民のニーズに対応できる情報拠点の役割強化、博物館には観光事業など経済活性化に資する資源としての期待を強調する。こうした期待感を具体化するものとして、あくまで「特例」だとしつつ、条例で定めることにより、公然と社会教育施設の所管を教育委員会から首長部局に移すことにお墨付きを与える法改正を、「分権推進一括法」という手法で、その内容についての審議をほとんど欠いたままに強行したのが2019年改正である。

「地域の自主性及び自立性を高めるための改革の推進を図るための関係法律の整備に関する法律」という名の一括法により13の法律を改める手法に含まれる図書館関連の改正は、地教行政法の改正が主で、図書館法に係る改正点は、第8条、13条第1項、15条において、首長に所管を移した「特定地方公共団体」、「特定図書館」にあっては「教育委員会」とあるところに「公共団体の長」を並記するというだけの内容である。

図書館行政を教育委員会（教育行政）から切り離すことになる重大な改正であるが、図書館法の上では印象の薄い「改正」である。しかしこの改正と並行して進められた文科省の再編では，「分野別の縦割り型から、政策課題への柔軟かつ機動的な取組を可能とする政策目的に対応した組織」への再編をうたい文句に、これまで図書館行政を所管してきた生涯学習政策局を総合教育政策局に再編し、従来の社会教育課と青少年教育課を合わせて新設する地域学習推進課に社会教育施設に関する事務をまとめ、ここに「図書館・学校図書館振興室」を設け、これまで初中局で扱ってきた学校図書館に関する事務を公立図書館と同じ所管に変更、さらに同じく新設の教育人材政策課において初中局と高等教育局で分かれて担当していた教員養成業務を一元化し、ここに社会教育関係の司書や司書教諭などの人材養成・研修も一緒に扱うこととなった。

このことは図書館法の文言には一切現れないが、文科省の図書館行政としては非常に大きな変更であり、これ自体の評価については検討すべき課題も少なくないが、ここでは取り上げない。

9 図書館と法、図書館法制：結びとして

70年にわたる図書館法をめぐる動き、変化の跡を考察してきた。

敗戦直後の図書館界を主導した図書館人たちは、図書館事業の拠りどころとしての制度的保障とそれを推進する強い行政の指導力を希求し、それを強い法律に求めた。そこで手を結べる限り、占領軍当局や文部省の所管と連携・協力し、まさに総力を結集して図書館法の制定に力を注いだ。法の備える規制力と、それをバックに推進する国の行政指導に図書館の整備・発展を賭けたのである。しかしそれが果たされないことが明らかになるや、直ちにそれを達成すべく法の改正運動を推進した。敗戦から10年、図書館法の制定から5年余の時期は、図書館法という「虹」を追うことに図書館界の大方の夢が集中していた。強い規制力によって図書館を社会的に根付かせようと願った、といえよう。

　それが1957年の図書館法改正草案をめぐる論議を通して、法規や公権力の指導力に依拠した図書館整備だけでよいのか、図書館事業の拠って立つ基盤としては、地方自治と地域住民の暮らしに根ざした学びや文化への期待、求めに応える営みとして実を持ったものを図書館自身がめざすべきでは、というところに視点を転ずるようになり、その中で図書館法の捉え直しに関心が向かう。規制力としては心もとないものだった「図書館奉仕」という「花」がどこまで大輪に育つものか、それを具現化し、その展開に住民意思との響きあいを見出し、そこに図書館事業進展の基盤を求めようという新たな動きが胎動した。そこまでの展望をただちに持てたかどうかはともかく、少なくともそういう展開の芽が育ち始めたのが1950年代末の図書館法改正をめぐる論議の新たな側面であり、法制の規制力や権威に依拠するだけではない、もう一つの図書館づくりの道が見えだした、という転機が図書館法改正の流れの初期における大きな成果であったといえよう。

　それは図書館人の法に対する捉え方の問題であるだけでなく、市民が自分たちの暮らしの中で法を考える新たな視点でもあった。先にもふれたことだが、かつては「施し、設けられる」存在だった公共「施設」を、私たちのものとして市民が自ら探索し、その中身を構想していく中で、「こんな図書館がほしい」「こんな図書館にしたい」とイメージを膨らませるようになる。その中から「子どものことをよく分かっている司書のいる図書館」、「館長には経験豊かな有資格者を」「利用者の秘密を守ってくれる図書館」、といった具体的な図書館像が

描かれるということこそが、法の備える力の活性化であり、具体化ではないだろうか。

　図書館法は制定の当初から、その規制力の弱さが批判され、改正のターゲットとされてきた。法規は無政府状態に何らかの規範を設け、秩序を確立することで社会的安定を人為的につくりだす営みである。その意味で法規は人間社会に最低限必要な文化であり、相応の規制力を備えることは必須であろう。しかしその際、前提としておさえておかねばならないことは、国民主権や地方自治の原理に立った民主主義の政治のあり方として、法の規制力が最も強く求められるのは、憲法が保障する基本的人権が国民の日常の暮らしにおいて制限されたり、損なわれたりすることのないよう、公権力を規制することが規制の一番の目的であるべきであり、国民の中に基本的な合意のない判断を力ずくで立法化し、その規制力で社会の価値観を恣意的に一つの方向に誘導するようなことはおよそ民主主義の基本に添わないという考え方の成熟である。法がめざす社会のありようを示し、だれもが安心して暮らせる社会的な秩序を保障するためにつくられることは理にかなうことであるが、そこには少なくともめざすべき社会のありよう、自分たちが求め得ることをさまざまに思い描くことのできる豊かな可能性が込められていることが重要である。それをどう形にするかは、まずは図書館の専門職員の責務であるし、市民の参画がそれを膨らませる関係によるところが大きい。そのような「花」が法には欠かせない、と考えるべきであろう。

　その「花」をどう活かすかは国民の民主主義についての成熟度、法に対する民主的統制力（＝基本的人権の保障として法を駆使し、活用し得る国民の力とその成熟度）にかかっている、といえよう。図書館法の規制力の「弱さ」はそういう視点から捉えるとき、いみじくも制定当時の西崎が解説書で述べたように、「本来図書館活動は国民の自由な創意によって、時代の推移を敏感に受け入れながら行われるもの」であり、第3条には「図書館が図書館奉仕を行う以上は是非とも必要な事項を例示的に」掲げたもので、その上に時代が求める「多様な具体的な活動が展開される」べきもの[38]、と捉えるべきであろうし、一見すると単なる業務の羅列に過ぎないと酷評されもしてきた第3条に、限り

ないサービスの展開を描くことも可能となる。

　1999年、2019年の法改正が真に「地方分権の推進」をめざしたものであるならば、その改正を市民にとってより好ましい図書館サービスの実現へと結びつける手だてが各自治体において多様に、豊かに展開されねばならないだろう。先に紹介した長澤成次の「個性的自治体創造」にはそうした自治体の創造力が問われている、とみることができよう。

　そういう可能性の温床として図書館法を活かし、その理念を具象化するものとして捉える視点から図書館法と向き合ってきた流れというようにこの70年間の考察を集約しておきたい。しかし現行の図書館法に欠けたもの、より良いものへと改めるべき課題がないわけではない。そうした幾つかを掲げることで、本稿の結びとしたい。

　法にはこんなこともできるのだという期待感を膨らませるようなものがあるべきだ、と先に述べた。法がつくられた当時と比べると、図書館サービスが飛躍的、質的に大きく変化してきたことはいうまでもない。単館で考えてきたサービスが組織、ネットワークで対応することに常態化したし、図書館の提供するサービスは伝統的な図書・印刷資料を越えて多様化し、図書館という場の持つ力を大事にした図書館経営に関心が払われている。そうした活動を、だれに対しても、あまねく行き渡るよう広げ充実させていこうとすると、二つの大きな壁が立ちはだかる。一つはそうしたサービスの拡張を不可欠な市民の権利として描くサービス思想であり、それをまかなう費用の負担である。設置者の域を越えてなお追求する、広域にわたる資料提供や資料保存を支える費用についての公共サービスとしての視点を図書館法にどう書き込むか、それこそ総力が結集されねばならない課題である。

　図書館の自由と宣言の成長過程に関する論議を通じて、法学者から提起された問題として、図書館が国民の基本的人権に奉仕するものであり、知る自由（権利）の保障が絶対的なものであるとともに、もし何らかの制約があり得るとすればそれはどんな場合か、図書館が利用者の秘密と向き合う立ち位置についての基本的な事柄は、最小限一定の内容が法定されているべきだという示唆が出されてきた。

2008年の改正論議に際し、文科省の担当者に示した日図協の第13条に関する提案、「公立図書館に館長、<u>専門的職員</u>並びに当該図書館を設置する地方公共団体の教育委員会が必要と認める事務職員及び技術職員を置く」(下線筆者)は是非とも必要な、当然そうあってしかるべき改正である。文科省は「規制緩和に逆行する」と反対したが、これを「規制」として斥けることは基本的な誤りである。公立図書館が図書館らしいサービスを遂行する上でどうしても必要な要件として館長とともに専門的職員(司書)をこの位置にあげることは、どの自治体もがまともな図書館事業を行う上での必要要件の示唆であり、自治体のまともな判断のためのサポートであって、自主的選択への規制だという受け止めは、元々がこの事業にとり組む基本姿勢の欠如だと言わねばなるまい。

　図書館法は自治体が公立図書館を設置し、図書館サービスを住民に提供する根拠を示すものであるが、そこにはどのような図書館サービスが展開可能であるかの期待感を感じ取れる内容と、それを達成するために必要な行財政上のサポートのしくみが示され、設置自治体を励まし、住民を鼓舞するようなものであることが重要である。それをそのように使い切る力が地域や住民には求められる。図書館サービスの日常がそのための基礎づくりであり、そういう法制をもつこと自体が、図書館づくりの実践であり成果であると考えたい。

注

 1) 裏田武夫・小川剛著『図書館法成立史資料』日本図書館協会, 1968.
 2) 同上, p. 82.
 3) 「図書館法情報」第7号(1950.2.10).
 4) 有山崧「図書館法あれこれ」『図書館雑誌』44(4), 1950.4, p. 71.
 5) 中井正一「図書館法ついに通過せり」『図書館雑誌』44(4), 1950.4, p. 64.
 6) 前掲論文4).
 7) 西崎恵『図書館法』羽田書店, 1950.
 8) 有山崧「図書館法第六条改正の提唱」『図書館雑誌』45(1), 1951.1, p. 3.
 9) 全国図書館大会記録『図書館雑誌』45(11/12), 1951.12, p. 255.
10) 志智嘉九郎「図書館法改正は他人事ではない」『図書館雑誌』54(1), 1960.1, p. 6-7.
11) 高波芳夫「34年社教法改『正』反対運動―パンを求めて石を与えられた」『戦後社会教育実践史』第2巻, 民衆社, 1974, p. 129-146.

　　小川利夫・新海英行編『新社会教育講義』大空社, 1991, p. 87-93 など。

12) 図書館法改正草案は『図書館雑誌』51 巻 12 号（1957 年 12 月号）に公表された。

13) 渡辺進「立法の基本方針に混乱がありはしないか」『図書館雑誌』52（2）, 1958.2, p. 37-39.

14) 渋谷国忠「法改正の急所はどこにあるか」『図書館雑誌』52（2）, 1958.2, p. 35-37.

15) 1961 年 6 月 16 日付意見書。『図書館雑誌』55（9）, 1961.9 に掲載されている。

16) 清水正三「図書館法の制定・改正・廃止をめぐる運動史のメモ」『図書館評論』17, 1977.3, p. 41-50; 清水正三「図書館法の基本原則と法改廃阻止運動の歩み」『図書館雑誌』80（9）, 1986.9, p. 556-559.

17) 山口源治郎「1950 年代における図書館法『改正』論争について」『図書館界』42 （4）, 1990.11, p 234-245.

18) 『近代日本図書館の歩み』本篇, 日本図書館協会, 1993, p. 141-146.

19) 志智嘉九郎「消え去った虹―戦後公共図書館の歩み」『図書館界』11（2）, 1959.8, p. 77-83.

20) 清水正三「図書館法の制定・改正・廃止をめぐる運動史のメモ」『図書館評論』17, 1977.3, p. 46.

21) 有山崧「何から始めるべきか―遵法の提唱」『図書館雑誌』55（6）, 1961.6, p. 182.

22) 塩見昇「図書館づくり住民運動と地方自治」　図書館問題研究会編『図書館づくり運動入門』草土文化, 1976, p. 199-240.

23) 浪江虔著『この権利を活かすために―自治体と住民』評論社, 1970. 11 章「図書館の実情と住民運動」、第 2 部「住民運動の戦術と法的武器」など。

24) 塩見昇「市民文化の創造―二つの市立図書館設置条例制定をめぐって」『法律時報』50（1）, 1978.1, p. 75-79.

25) ＜座談会＞「守りぬくに値するもの、図書館法―制定当時の苦心を語る」『図書館雑誌』65（7）, 1971.7, p. 326-337.

26) 全公図第 3 回理事会、全公図第 1 回社教法改正問題小委員会記録『図問研会報』119, 1971.7, p. 7-12. ＊全公図『会報』3 号からの転載。

27) 『図問研会報』128, 1972.4, p. 10.

28) 第一次案報告の全文は『図書館雑誌』75 巻 10 号（1981 年 10 月）, p. 660-662 に掲載されている。

29) 「反対する会」が基本法問題についての詳細な関係資料と活動経過等を『季刊としょかん批評』創刊号（せきた書房、1982.12）に掲載しており、この問題についての重要な記録、資料集となっている。

30) 長澤成次「地方分権と図書館法」『図書館界』52（2）, 2000.7, p. 56-58.

31) 平成 11 年度（第 85 回）全国図書館大会ハイライト・第 1 分科会『図書館雑誌』94 （1）, 2000.1, p. 20;『平成 11 年度全国図書館大会記録』第 1 分科会, 2000.

32）岸本岳文「公立図書館における『無料の原則』」塩見昇・山口源治郎編著『新図書館法と現代の図書館』日本図書館協会, 2009.12, p. 187-200.

33）前田章夫「無料原則を考える―図書館法第17条と公立図書館」『図書館界』52（2），2000.7, p. 63-65.

34）鑓水三千男著『図書館と法』改訂版, 日本図書館協会, 2018, p. 199-206.

35）「特集・図書館法改正をめぐって」『図書館年鑑』日本図書館協会, 2009, p. 265-310. 別に「図書館法改正関係資料」p. 344-392.

36）以下に収録。『図書館年鑑』2009, p. 382-384.

37）全国大会配布資料『図書館年鑑』2009, p. 390-392.

38）前掲書7），p. 70.

読書の推進と上海図書館講座

拱　佳蔚

はじめに

　全国国民読書報告調査は1999年から、中国新聞出版研究院によって継続的に行われてきた読書調査で、全年齢層を対象に訪問調査を実施している。年齢は、0-8歳、9-13歳、14-17歳、18歳以上という4つのグループに分けられている。2016年（第14回）の調査は、29の省・自治区・直轄市にある52の都市を対象に行われた。有効回答数は22,415、そのうち18歳以上の成人が16,967人（75.7％）であった。2017年（第15回）は、29の省・自治区・直轄市にある50の都市を対象に調査が行われ、有効回答数は18,666、そのうち18歳以上の成人が14,245人（76.3％）である。また2018年（第16回）も29の省・自治区・直轄市にある50の都市を対象に調査が行われ、有効回答数は19,683、そのうち18歳以上の成人が15,043人（76.4％）となっている。その結果をまとめたのが、表1「国民読書に関する報告：2016、2017、2018年」である[1]。

　表1「国民読書に関する報告」によると、「成人の総合読書率」は80パーセントになっている。この3年間をみると図書の利用は4.6冊で一定しているが、新聞は2016年の44部から2018年の26部、雑誌は3.4冊から2.6冊と大きく減退している。一方、電子図書の利用は3.2冊から3.3冊に微増し、携帯電話（スマートフォン）の利用は74分から84分、インターネットの利用は57分から65分と大幅に伸びている。さらに成人のオーディオ・ブックの利用も上昇している。携帯電話やインターネットの利用そのものが「読書」といえないものの、

表1　国民読書に関する報告：2016、2017、2018年

	2016	2017	2018
成人の総合読書率	79.9%	80.3	80.8
成人1人当たり図書	4.65 冊	4.66	4.67
1人当たり電子図書	3.21 冊	3.12	3.32
1人当たり新聞読書	44.66 部	33.62	26.38
1人当たり雑誌	3.44 冊	3.81	2.61
成人1人1日当たり携帯電話の利用時間	74.40 分間	80.43	84.87
成人1人1日当たりインターネットの利用時間	57.22 分間	60.70	65.12
成人のオーディオ・ブックの利用率		22.8%	26.2

注：「総合読書率」とは「図書、新聞、電子出版物」の読書をいう。

読書に用いるメディアの全体的傾向は表1で確認できる。全般的には印刷体メディアから電子メディアへの移行がみられるということであるが、同時に印刷体図書の利用が持続していることは注目に値する。もっともより長いスパンを取れば、印刷体図書の利用冊数が低減してきていると推察できる。表1によると、読書自体への国民の関わりに変化がないとしても、読書のためのメディアと読書の方式が変化しつつあり、そうした変化に応じた読書の推進が必要となる。

　2006年に中国図書館学会は「科学普及と読書指導委員会」を設け、2009年にいっそう広範な読書推進委員会へと改名した。また中国図書館学会は2008年に「図書館サービス宣言」[2] を発表し、そこでは「図書館は包括的な読書の促進に努めています。図書館は市民の生涯学習を保障し、学習型社会の建設を促進します」と記し、読書推進における公共図書館の役割を明示した。そうした流れを受けて、2014年には政府活動報告に初めて「全国民読書キャンペーンを行う」[3] という文言が記入され、そののち一貫して国民の読書を推奨している。現在、全国400以上の都市で読書日、読書祭り、読書月間などの活動が行われている。

　こうした状況を受けて、本稿では読書メディアの広がり、読書推進への関心

の高揚を背景に、過去40年間にわたって行われてきた上海図書館講座を振り返り、さらに現状と今後について簡単に言及することにする。まず1章では現在の上海図書館が実施している読書推進のためのいくつかの試みを紹介する。続く2章では上海図書館講座について詳述する。

1　上海図書館の読書促進活動

　上海図書館の近年の読書推進活動に関して、『上海公共図書館読書報告』、読書記録提供サービス、読書マラソン、「図書館の夜」について述べる。

1.1　上海公共図書館読書報告

　2013年初頭、上海図書館は上海中心図書館の全体的な運営データを分析した『上海公共図書館読書報告』[4] を発表した。上海中心図書館とは、上海図書館を核とする上海市内の区、街道などの公共図書館の協力組織である。読書報告は図表を中心に構成され、有効な図書館カードの保有者数、読者の性別や年齢別の構成、読者の国籍の構成、1人当たりの年間貸出数、各年齢層の読書嗜好、ベストセラーの出版社、人気図書のキーワードなどの情報が把握できる。以下に2つの例を掲げておいた。

　まず最初の例は、2018年に上海の読者に人気があった作者を示し、上位3名は東野圭吾、金庸、古龍であった。金庸の本名は査良鏞で香港の小説家である。武侠小説を代表する作家として、中国のみならず世界の中国語圏においても絶大な人気を博している。古龍の本名は熊耀華で台湾の武侠小説家である。

金庸、梁羽生と並んで新派武侠小説の三大家と称されている。

　第2の例は、2018年に成人貸出の中で、人気があったジャンルを示している。それによると長編小説が圧倒的人気を誇り、児童文学、短編小説、散文集（エッセイ集）などが続いている。

　なおこの読書報告によると、2018年に上海中心図書館から資料を借りた利用者数は728,600人であり、1人当たりの貸出数は23冊であった。

1.2　読書記録提供サービス

　『上海公共図書館読書報告』が上海の公共図書館のサービスを総合的にまとめた報告書であるのにたいし、「読書記録」は1人1人の読者に向けた個人的な記録である。2013年春節、上海図書館は登録された読者に新年の挨拶の代わりに読書記録を発信した。68,369通の読書記録が読者のメールボックスに発信され、また203,231人の読者が「マイライブラリー」にログインし、自分の読書記録を確認できた。

　読書記録は読者にカスタマイズされた個性的な明細で、前年の利用をもとに各読者の読書の好みと読書の結果を分析している。さらに、1人当たりの平均借り出し冊数、最も多く借りた読者、最も頻繁に借りられた本、上海市中心図書館の規模などを含む興味深い統計になっている。読書記録を通して、読者は過去の1年でどのくらいの本を借り出し、それらがどのようなジャンルと内

容なのか、読書量がどのくらいであり、読者層の中でどのような位置にあるのか、そしていくつの図書館を利用したのかというような情報が調べられる。また、個々人の読書状況に対応して、読者は「文芸青年」、「ギーク」（卓越した知識の持ち主）、「本の虫」といった面白い称号が与えられる。さらに、専用のリーダーを借りると、自分の読書時間についての統計、省エネにたいする貢献などを知ることができる。これらの統計は読者が自分の読書状況を把握するのに役立つだけでなく、図書館の状況をより良く理解させることもできる。一方、上海図書館にとって、読書量、読書嗜好、読書行為などに関する豊富な統計データとその分析が、読者に周到なサービスを提供するための武器になっており、上海図書館の読書推進における専門性の向上につながっている。

1.3　読書マラソン

　1980年代、オーストラリア多発性硬化症協会（MSAustralia）は、「患者を助けるための読書」プログラムとして、読書マラソン（MSReadathon）を開始した。慈善目的で行われたこのプログラムは、のちに読書推進の取り組みの一環になった。読書マラソンは試合の形で市民の読書を促進する活動である。基本的なルールとして、参加者は一定時間内（4-6時間）に1冊の本（未発売の新書の場合もある）を読み終え、質問紙に答える。その後、審査システムによって質問の正解率と読書時間数の両方で最終得点が計算される。読書時間数が少なく、かつ正解率の高い参加者が優勝する。

　上海図書館は国内で読書マラソンを最初に開催した公共図書館で、試合は2016年から春と秋に行われ現在も続いている。2019年5月25日、長江デルタ地域の読書マラソン試合（春季）が実施された。浙江省、江蘇省、安徽省、上海市にある115の公共図書館などに7,000名の参加者が集まり、世界でも最大規模の読書マラソンであった。10月19日には上海図書館の名を冠した読書マラソンの秋季試合が開催された。試合は上海市、山西省、南通市、大連市にある21の場所で行われ、計1,700人が参加した。

　このように上海図書館は読書マラソンの提唱者および企画者として、図書館間の調整、参加者の募集、日程の設定、宣伝広報において主導的な役割を果た

している。

1.4 図書館の夜：4.23特別イベント

　上海図書館は2018年に「上海図書館の夜」というプログラムを4月23日（「世界・本と著作権の日」）に実施し、2019年も継続した。2018年の「上海図書館の夜」のテーマは「英・至宝の作家たち」であった。この時期、上海図書館では「英国図書館の宝物」をテーマに展示会を行っており、展示会ではパーシー・B.シェリー、T.S.エリオット、シャーロット・ブロンテ、チャールズ・ディケンズ、D.H.ローレンスといった5名の作家の手稿がはじめて上海で展示された。これに合わせた企画が「英・至宝の作家たち」で、そこではダンス、ドラマ、オペラなど多様な視点から、これらの5名の作家の作品を解読した。音楽、朗読、インタビューなども導入され、参加者はこれまでにない読書体験をしたのである。

　2019年のテーマは「音読み陽春」で、上海図書館が収集した古典詩とオペラ古籍を中心に置いていた。古籍に書かれた文字を蘇らすために、この読書活動では京劇の役者が古典の名文を朗唱した。

2　上海図書館講座の活動

2.1　上海図書館講座の概要

　講座は図書館サービスとして広く行われている。1984年に発足した英国図書館のアンソニー・パニッツィ講座は有名で、毎年11月または12月に開催され、その内容も刊行されている。またアメリカ議会図書館は、年間を通じてクーリッジ講堂やメアリー・ビックフォード劇場などで、詩の朗読、映画鑑賞、講演、セミナーを開催し、ときには活字にして出版されることもある。

　2005年、上海図書館講座センターの主催で「全国図書館講座工作検討会」が上海図書館で行われた。これを契機に、省、自治区、直轄市の25の図書館が共同で「公共図書館講座資源の共建共有に関する協定書」が締結され、講座への関心が高まった[5]。ほぼ全部の省クラスの図書館は定期的に講座を設け、知名度のある常設講座は約30に達している。講座が公共図書館の重要なサービ

スであるという認識は広まっている。さらに上海を例にとると、上海博物館、東方芸術センター、上海大劇院などで、講演やサロンなどの活動が常に開催されてきた。その中でも、上海図書館講座は毎年150以上の講座を開いており、上海の多くの文化施設および全国の公共図書館講座の中で最も回数が多い。

　だれもが気軽に参加できる公開講座として1978年に発足したのが上海図書館講座で、そののち40年にわたって国民の読書を原点に、後述するように6つの主要なセクションを設けて、18のシリーズを主体としたシステムを構成している。これまでに3,400回以上の講演とさまざまな文化活動が開催され、154万人の参加者があった。この5年間の講座の開催と参加者数は表2「講座の開催数と参加者数：2015-2019年」のようになっている。

表2　講座の開催数と参加者数：2015-2019年

	2015	2016	2017	2018	2019
講座数	202	195	191	191	218
参加者数	64,000	68,600	61,600	59,000	54,000
平均参加者数	316	351	322	308	248

　表2をみると、毎年の講座開催数は約200、1回当たりの参加者は約300名となっている。ただし2019年をみると1回当たりの平均参加者は248名で、過去4年間と比較してかなり減じている。しかし講座への関心の低下とは必ずしもいえない。というのはメディアの発達によって、会場へ足を運ばなくても、インターネットで中継・放送が視聴できるようになったからである。上海図書館は「喜馬拉雅（シマラヤ）FM」などのネットメディアと提携し、講座の音声コンテンツを公開している。人びとはチケットの売り切れや時間と距離の制限で悩むことなく、好きな場所と好きな時間に興味のある講座を視聴することができる。

　上海図書館講座は毎週土曜に開かれるが、参加者は特定の年齢や層に偏らず、非常に多様である。また講座に参加できなかった人を対象に、講座の内容をCD-ROMとして記録した上、町市民センター、学校、部隊、視覚障害者協

会などの公共サービス機関に無料で配布している。

　2003年9月、上海東方ラジオ放送局は総合チャンネルで「講座とファッション」という特集番組を放送した。当時、筆者はゲストとして招かれ、市民と交流を行なった。番組において、上海図書館講座を例にとり、「現在の社会における本当のファッションとは何か。多様な価値観が錯綜する時代において、学習の魅力はどこにあるのか」という問いかけを行い、討論の結果、図書館講座の奥深い文化遺産、活気のある取り組み、効率的な学習効果が、読書や学習にたいするファッショナブルな方法と認められていった。

　講座の本質は、さまざまな分野のエリートによって参加者に伝えられる質の高い効果的な情報にある。これらのエリートが論題を整理、洗練させ、凝縮して参加者に伝える。気軽に参加できること、人びとの求めている論題を設定することによって、すぐれた短時間の学習方式になっている。

2.2　上海図書館講座

　現在、上海図書館講座は、(1) 文化・芸術、(2) 社会・法律、(3) 教育・科学技術、(4) 言語・文字、(5) 読書・人生、(6) 知識・健康という6つの主要セクションで構成され、18の一連の講座を開催している。18のシリーズは年毎に微調整されるが、基本的にはマクロ情報(時勢報道)、都市文化、大家による名著解読、書香上海——図書展講談、カリスマ教師が講義する、詩歌朗読、上海文化、大家の講談、100の大学で上海図書館講座を開こう、東方書院、知識と健康、国際科学者講談、芸術鑑賞、名家新作、人文・知恵、仕事人生、東方弁護士、家風・家訓がある。東方書院は最近になって青少年向けの中国伝統書院教育という新たな方向に展開したものである。以下では「大家による名著解読」と書香上海を紹介し、最後に東方書院を取り上げる。

2.2.1　講座シリーズ「大家による名著解読」：クラシック読書の多次元解釈

　2003年6月、上海図書館講座は、古典的な文学作品をテーマに作家や学者を講師とする講座シリーズ「大家による名著解読」を発足した。毎月に1回、2007年6月までの4年間で計48回の講座が開催され、延べ15,000人の参加者があっ

た。そしてこのシリーズ講座で撮ったビデオをすべて無料で視聴できるようにした。このシリーズは非常に人気があったが、その理由を要約すると次のようになるだろう。

まず名著に絞って取り上げ、また東洋と西洋の融和を重視したことである。取り上げたのは、古典的な西洋の作品として『赤と黒』、『アンナ・カレーニナ』、『失われた時を求めて』（プルースト）、『レ・ミゼラブル』、『ボヴァリー夫人』など、東洋の作品として『紅楼夢』、『西遊記』、『囲城』（銭鐘書）、『世説新語』（劉義慶編纂）、『ノルウェイの森』などであった。

次に名家で、著名な作家や学者を講師に招いたことは、参加者をひきつける最良の方法であった。上海の著名な作家はすべて上海図書館に登壇した。また復旦大学の羅玉明（中国文学史研究）、銭文忠（歴史学者、中国有数の梵文研究者）などの著名な大学教授、さらに易中天と鮑鵬山（いずれも中国古代文学研究）といった全国的な人気を得ている著名人も演者になった。易中天と鮑鵬山は人気番組「百家講壇」でアイドルとさえいえる学術的なスターになった。

さらに名著を解読する際、1つの作品にだけ焦点を当てるのではなく、作者本人についても研究結果を報じており、幅広い内容になっている。例えば、「長老と学者としての季羨林先生」、「老舎の再読」、「われわれに永遠に知られない魯迅」といった論題である。季羨林（1911-2009）は博学だが、特にインド古代言語（サンスクリット、パーリ語など）、トカラ語などの権威であった。また作品と現代文化などとの結びつきを論じたものもある。例えば、「私は張愛玲筆下の上海スタイル文化を見る」、「唐詩中国の文化精神」、「第三の目で言語‐咬文嚼字の文化追求」である。張愛玲（1920-1995）は上海を背景とした数多くの小説を出版した人気女性作家であった。文学を越えた他の芸術形態を含む発表もあった。例えば、『映画の改編：骨折り損のくたびれ儲けに終わる仕事』、『「姑・お嫁・小姑」から「錯愛の一生」：私たちのドラマと生活』、「文学と舞台劇の創造」などである。

当然のことだが、毎回の講座ではテーマに関係する館内所蔵資料を用意し、そのリストを参加者に提供する。そこには講演者が推薦する資料のリストも掲げられている。

2.2.2　書香上海：上海の読書の流行を主導する

　2007年以来、上海図書館講座は出版社と協力し、書香上海をテーマに新刊書に注目して、毎年行われる図書展で講座を設けている。その結果、多くの若者が注目し、講座への参加が目立っている。毎年の8月に行われる上海図書展とともに、「書香上海講座シリーズ」も半月以上にわたって開催されている。市民にとって書香上海は図書展のサブ会場に当たる存在である。

　書香上海は開催頻度が高く、テーマが図書展と対応している。上海図書館は図書展が開催される数か月前に図書展の組織委員会から委任状を得て、上海市出版協会との協力の下、展示店舗に講座についての企画を募集している。登壇者、テーマ、講座の時間、会場の配置など、書香上海の開催に至るまで、すべての側面において緻密な計画と作業が必要である。これは上海市民への読書に関する大切な取り組みである。書香上海の特徴は以下である。

　図書展は新刊書の壮大な展示会で、図書館のプログラムは影響力のある新刊書に目をつけて作者を招き、作者は作文、アイデア、感情について話す。この数年間、王蒙、易中天、周国平、余華、馬瑞芳、趙長天、曹可凡などの有名人が招待され、論題は「中国人と中国文化」、「善良、豊富、高貴」、「思想を楽しませる」、「海派文化趣談」、「黎東方：現代講史第1人」などであった。

　王蒙は元中国文化部部長、中国作家協会名誉主席で、長編小説『青春万歳』、『活動變人形』をはじめ約100冊の作品を発表した。周国平は作家でニーチェ研究者としても知られている。代表作には『ニーチェ：世紀の転換点に』（尼采：在世紀的転折点上）、『見守りの距離』（守望的距离）などがある。余華は『生きる』（活着）、『血を売る男』（許三观卖血记）を代表作とする作家である。馬瑞芳は元山東大学教授で『紅楼夢』や作家蒲松齢に関する研究者として著名である。趙長天は作家で、文学雑誌『萌芽』の編集長も務めていた。代表作には長編小説の『天命』、『心みだれて』（不是忏悔）などがある。曹可凡はトーク番組『可凡傾聴』の司会者として知られ、文化領域の著名人との対談が人気を博している。黎東方（1907-1998）は大学時代に国学の大家である梁啓超に師事し、その後パリ大学で歴史学の博士号を取得した。中国古典と西洋学問の両方に精通し、中国史学会の創設者の1人である。「講史」とは歴史物語を口語で語って

聞かせるという民間における話芸のことで、黎はこの手法を用いてノンフィクションの歴史を広く民衆に伝えた。「第1人」とは最も優れた人をいうよりも、初めて何かに成功した人のことをいう。

　次に、多くの学界や文学界の登壇者は、上海図書館講座の舞台で初めて人びとに知られた。2009年には張曼娟、張大春など台湾の著名学者が上海で初デビューし、2011年には島田雅彦が最初の外国人作家として登壇した。そののち世界中の作家が新作を持参して上海図書館を訪れ、創作アイデアを交流した。

　張曼娟は台湾の小説家で、2005年には短編小説集『芬芳』を発表し、これが認められて東呉大学中文系教授に就任した。張大春は台湾輔仁大学講師で、代表作には『雞翎圖』、『公寓導遊』などがある。

　外国人の講演について最初は通訳を配置していたが、そののち通訳を使わず英語、日本語をそのまま使用した。しかし参加者が減少するということはなかった。また講座会場を舞台会場にすることもあった。すなわち演者は1人ではなく、司会者を配置し、複数の演者が話し合い、交流を行うという方式である。

　参考までに表3「書香上海の開催回数：2015-2019年」を掲げておいた。表3によれば開催回数は漸増の傾向にある。

表3　書香上海の開催回数：2015-2019年

	2015	2016	2017	2018	2019
講座数	17	16	15	17	21
参加者数	3,932	3,827	3,725	4,829	6,358
平均参加者数	231	239	248	284	334

2.2.3　青少年に向けて伝統国学の促進

　中国は伝統文化の普及と継承を重視しており、とくに青少年への教育を重視している。小中学校の教科書には小学校1年生から「論語」が扱われている。2005年の夏から上海図書館は市内の小学生100人を募集し、毎週末に無料で

「夏休み子どものための古典読書教室」を開催し、「論語」、「百家姓」、「千字文」、「三字経」、「増広賢文」、「詩文鑑賞」の少人数クラスを開いている。「百家姓」、「千字文」、「三字経」はいずれも伝統的な中国の教育課程において子どもに漢字を教えるための学習書である。韻文形式で書かれている。「増広賢文」は中国古代の児童向け啓蒙書である。人生や社会を洞察した諺や名句などが数多く収録されている。「夏休み子どものための古典読書教室」の生徒数は着実に増加し、メディアでも評価された。2014年には東方書院に改名され、いっそう組織的、体系的な方式で教育するようになった。

　東方書院のすべてのコースは無料で、教材は伝統文化の典籍『論語』、『孟子』、『大学』、『中庸』（中国国学聖典「四書」）である。書院は定期的に授業を行い、毎回60名から100名の参加者がある。ただし応募した生徒は3年間無断中退のないことを承諾しなくてはならない。

　クラスの開始前に、すべての生徒と親は講師と主催者の面接を受ける必要があり、合格者だけが入学資格を得る。クラス開始時には中国伝統の拝師の礼を行い、卒業式に優秀な生徒は孔子の誕生地である山東省の曲阜孔庙を訪れ、遊学活動を行う。このような形態の教育を通じて、中国の古代国学典籍の中に含まれる思想や観点、人文主義精神、および道徳基準が掘り出され、古代から継承されてきた伝統の師道を可能な限り復活させようと試みている。東方書院は未成年を対象に古典の読書を促進させる。

　東方書院は上海図書館講座と切り離せない関係にある。書院は講座をベースに企画された。伝統文化や古典に関するシリーズ講座が反響を呼ぶと、青少年向けの特集講座も開けるのではないかというリクエストが殺到した。上海図書館講座のなかで青少年を対象とした内容は確かに不足していた。そこで、上海図書館講座は当時の講演者と参加者の状況を見直し、東方書院の企画に取り組んだ。教員についてはエリート講師を集め、特別招聘学者に著名人の鮑鵬山を招いた。鮑はかつて上海図書館講座で30以上の講義を行い、『先秦諸子八大家』[6] を刊行していた。一方、上海図書館は講座の参加者に生徒募集の案内を配り、また講座の長期参加者などの「特別視聴者」（年間10回以上の講座に参加した人やボランティアとして講座で働いた人）の子どもには優先入学の「特

権」を与えている。なお、その子どもも同じく筆記試験と面接を受けなければ
ならない。また、東方書院の会場管理や人員配置は上海図書館講座のチームが
すべてを担当している。東方書院は3年制で、募集対象を小学校1年生と2年
生に限定している。毎週土曜日が通学日で、特別な事情がなければ途中退学は
許されない。生徒の募集は年に1回、1つのクラスの定員は35人から40人で、
2つのクラスに分けられて講義が行われている。

東方書院は上海図書館講座の下にある特徴的なサブブランドと位置づけるこ
とができる。青少年に向けて古典の読書を呼びかけている東方書院は、すでに
上海図書館の代表的な活動になっている。

おわりに

上海図書館講座の今後について思いつくことを述べておきたい。現在、上海
図書館講座は、旧来の講演会方式の講座から、テレビ講座、ウェブ講座、ラジ
オ講座、モバイルマイクロ講座、講座シリーズの刊行など、講座の発信形態が
多様化しつつある。単に講座自体への参加者だけでなく、世界中の人が講座に
参加できるために「壁のない教室」を作りつつあるが、この方向をさらに強化
する必要があり、時間や空間、それに言語を越えた講座空間の構築が求められ
る。

参加者、とりわけ若い人びとの考え、関心などを講座の企画や運営段階で導
入する必要がある。これまでは著名人の話を聞くという旧来の講演会方式が主
流であったが、演者と参加者との融合、話し合い、交流という双方向の流れを
高める必要がある。それはまた現在の情報環境に適応した講座のあり方のよう
に思われる。

これまでの講座は、いわば「おもしろい説教方式」とでも言えるものであっ
たが、社会の主流になりつつある80後（1980年から1989年生まれた人）や90
後（1990年から1999年生まれた人）にたいし、伝統的な講座は内容から形式ま
で変化を遂げる必要がある。形式に触れれば、講座はパフォーマンス、朗読、
評弾、音楽、舞台劇、ダンス、映画などを上手に融合、活用すべきと思われ
る。

既述のように上海図書館講座の発展として生徒を対象とする東方書院を紹介した。講座の発展の仕方として、選抜した対象者に古典への理解を植え付けるという方向があるのは否定すべきではない。と同時に、有名人や名著ではなく、ごく一般的な人びとの社会生活や実生活、およびそうした人びとの関心や考え方の歴史および現在を取り上げ、参加者と対等な立場で交流を行うといった講座も視野に入れる必要がある。

電子環境、社会環境の急速な変動期にあって、おうおうにして歴史的に実績のあるプログラムほど変革に乗り遅れがちであり、そのようになってはならない。

注

1）中国新闻出版研究院, 全国国民阅读调查课题组, 全国国民阅读调查报告, 2017专著, 北京：中国书籍出版社, 2018; 2016专著, 2017; 2015专著, 2016.
2）吴晞主编, 图书馆阅读推广基础理论, 北京：朝华出版社, 2015: 19.
3）人民網日本語版の2014年政府活動報告を参照。http://j.people.com.cn/94474/204188/8568388.html.
4）上海市公共图书馆阅读报告, 上海图书馆, 2013. https://library.sh.cn/zt/ydbg/doc/%E9%98%85%E8%AF%BB%E6%8A%A5%E5%91%8A2012.pdf.
5）邱冠华主编. 图书馆讲坛工作, 北京：朝华出版社, 2017: 13.
6）鲍鹏山, 先秦诸子八大家, 上海：上海科学技术文献出版社, 2012.

参考文献

阅读推广：理念 方法 案例 / 赵俊玲, 郭腊梅, 杨绍志主编。北京：国家图书馆出版社, 2013.6.
国民阅读推广与图书馆 /《图书情报工作》杂志社编。北京：海洋出版社, 2011.1.
天下万世共读之：公共图书馆与阅读推广 / 吴晞著。上海：上海科学技术文献出版社, 2014.8.
全民阅读推广手册 / 徐雁主编。深圳：海天出版社, 2011.11.
图书馆阅读推广基础理论 / 王余光, 霍瑞娟主编。北京：朝华出版社, 2015.12.
图书馆讲坛工作 / 邱冠华主编。北京：朝华出版社, 2017.6.
王莉. 拓展图书馆讲座思路 用策划打造服务品牌［J］图书馆学刊, 2011（12）.
许白婷. 公共图书馆讲座选题策略探究［J］图书馆论坛, 2014（7）.

刘炜红, 钟剑. 关于公共图书馆讲座若干问题的认识［J］图书馆界, 2010（2）.

王文正, 寇尚伟. 用视觉创造和管理品牌［J］销售与市场, 2013（4）.

李伟. 高校阅读推广活动策划流程研究［J］新世纪图书馆, 2013（11）.

杨白璇. 浅谈公共图书馆讲座［J］中国西部科技, 2011（9）.

上海図書館国際交流処の歴史と展望

金　晶
呉　桐（日本語訳）

はじめに

　上海図書館国際交流処は上海図書館の重要な部署として、国際交流の責務を担っている。設立当初から現在まで、国際交流処は上海図書館の発展に貢献してきた。本報告は上海図書館国際交流処の組織上の位置づけ、歴史、現状を概観する。特に現状については「上海の窓」（Window of Shanghai）、「上海で結びつく」（Shanghai Get-together）、上海国際図書館フォーラム（SILF, Shanghai International Library Forum）という3つのプログラム、それに国際交流処を通しての受け入れ人数や派遣人数も示し、現在の活動の理解を深める。最後にそれらを踏まえて現状を批判的に検討し、今後に向けて提言を行う。

1　国際交流処：上海図書館の有機的組織

　上海図書館の国際交流処/香港・マカオ事務弁公室は上海図書館の重要な部署であり、その発展史は上海図書館の発展と変遷を反映している。上海図書館は1952年に開設され、1995年に上海科学技術情報研究所との合併を経て、総合的な研究型公共図書館および図書館界の情報センターになった。1996年の上海図書館の新館開館を契機に国際交流処が設立され、さらに2005年に国際交流処/香港・マカオ事務弁公室（以下、国際交流処）に名称が変更された。上海図書館は文化機構で、中国の文化を推進し、発信する責任を担っている。国際交流処の設立は、一方では上海図書館の組織体制が整いつつあることを示

し、他方では図書館の国際交流活動の展開に寄与している。

1.1　国際交流処の行政的な位置づけ

　上海図書館の組織図から国際交流処の位置づけをみると、行政上、上海図書館の職能処室に属していることがわかる（図1「上海図書館の組織図」参照）。職能処室とは、館内において組織や調整などを担当する管理部署の総称である。現在の上海図書館の組織構成からみると、国際交流処と同レベルの職能処室として、党政弁公室、組織人事処、業務室（監査室）、調達指導室、財務処、行政処、研究室、事業発展処、東館整備弁公室がある。一方、職能処室にたいして、上海図書館業務センターが存在している。これは図書館の業務を実行・展開するための部署の総称である。具体的には、読者サービスセンター、歴史文献センター、専門サービスセンター、会議展覧センター、取材編集センター、情報処理センター、システム・インターネットセンター、レファレンスと研究センター、安全保障センター、典籍保存センター、上海科学技術文献出版社がある。図1は上海図書館全体の組織構造、および国際交流処の位置付けを示している。

　行政学の観点からみると、こうした区分は国際交流処が図書館の管理部署であることを示している。国際交流処は組織と調整の職能を持っており、独自の責務を担っている職能処室である。しかし当然ながら、その他の職能処室や業務センターの諸部署から孤立しているのではなく、いずれも上海図書館に属し、互いに連携・依存・協力の関係にある。例えば、国際交流において、国際交流処は主にマクロな管理的側面を重視しているが、読者サービスセンターは個々の外国人利用者を対象にサービスを提供している。同じ職能にも関わらず、異なるレベルで異なる部署に割り当てられている。これは、上海図書館の各部署が歯車の噛み合うように、緊密に協力していることを反映している。そして、国際交流処はこうした組織構造の中の欠かせない一部として、図書館の国際交流の使命を担っている。

図1　上海図書館の組織図

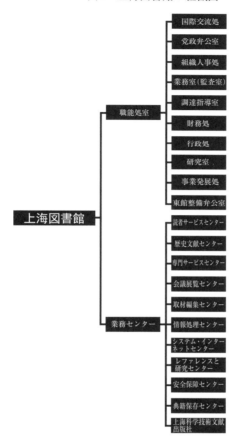

	職能処室	国際交流処
		党政弁公室
		組織人事処
		業務室(監査室)
		調達指導室
上海図書館		財務処
		行政処
		研究室
		事業発展処
		東館整備弁公室
	業務センター	読者サービスセンター
		歴史文献センター
		専門サービスセンター
		会議展覧センター
		取材編集センター
		情報処理センター
		システム・インターネットセンター
		レファレンスと研究センター
		安全保障センター
		典籍保存センター
		上海科学技術文献出版社

1.2　上海図書館における国際交流処の行政的な意義

　行政学の観点からみれば、職能部署としての、上海図書館国際交流処の存在意義はその具体的な職能と不可分な関係にある。現在、国際交流処の行政的職能は主として以下の側面に表されている。第1は、対外連絡・交流の職能である。世界各国・地域の図書情報機構や関連組織・個人との交流を担当している。中国の外交事業の発展に伴い、上海図書館の交流対象も従来の中国大陸か

ら香港・マカオ、さらに海外諸国へと拡大していった。その対象には、図書館、情報機構、蔵書機構、文化組織などがある。つながりこそ情報交流の前提である。海外とのつながりを通じて、上海図書館は各国・地域にある図書館の組織体制、サービス経験、そして発展の歴史を理解し、参考にすることができる。また同時に、国際交流処は上海図書館が海外の図書情報機構と連携する際の架け橋になっている。国際的な協力関係の確立は、上海図書館の海外プロジェクトの展開をいっそう円滑にするだけでなく、中国の図書館事業にたいする海外での理解を深めさせることにもつながっている。

　第2は、訪問者の受け入れと派遣を管理する職能である。具体的には、受け入れと派遣のスケジュールの策定・実施であるが、特に派遣の場合は、上級機関への許可申請やビザの取得に関する手続きを担当している。対外事務において、海外からの訪問者を招待することはしばしば「中へ迎え入れる（請進來）」と表現されている。国際交流処はまさに訪問者を上海図書館の「中へ迎え入れる」という事業の大黒柱である。国際交流処は世界各国・地域の図書館や情報機構、またはその他の団体・個人の来訪を受け入れ、訪問期間中のスケジュールを作成している。来訪者のために上海図書館を紹介したり、会見を行ったり、見学ルートを考慮したりする。一方、海外訪問は「外へ踏み出す（走出去）」ことである。国際交流処は図書館員の定期的な海外訪問の手配もしている。図書館員が海外の図書館、情報機構、文化機構を訪問することで、世界各地の図書館事業・情報事業の動向をより深く理解することが可能になる。

　第3は、多元的な文化に適応したサービスを提供する職能である。都市には異なる民族、異なる文化背景の人たちが集まっている。多元的な文化を尊重し、その長所を吸収し再編することはすでに上海の都市精神の一部になっており、上海が発展を遂げるための欠かせない要素である[1]。そのため、多元的な文化に適応したサービスの展開は上海図書館の国際化事業の要であり、図書館変革の鍵とされている。国際交流処は、国際フォーラムやシンポジウム、国際的な読者イベントを開催し、「上海の窓」[2]という図書贈与のプロジェクトを展開しているほか、図書館員の相互訪問や展覧会の共催、さらには多言語によるレファレンス・サービスを進めることで、館内に多元的な文化交流の舞台を築

いてきた。また、国際交流処は上海図書館における国際的人材戦略の策定と実施を担当し、積極的に国際的視野とコミュニケーション能力を持つ人材の育成に取り組んできた。現在、上海図書館にはすでに世界を舞台に活躍できる人材グループが形成されており、その人たちは越境的な文化交流に大いに役立っている。

2 上海図書館国際交流処の発展史

2.1 国際交流処の成立と歴史

　上海図書館国際交流処は、中国における図書館対外事業の発足を契機に誕生した。それだけでなく、その発展は中国の外交事業の発展とも関連している。1950年代から1970年代、上海図書館における初期の国際交流業務は図書館弁公室によって行われ、専門の担当者は2名であった。当時の上海図書館は南京西路325号（現在、上海市歴史博物館のある場所）にあり、俗称は上海図書館旧館である。初期の国際交流業務は主として外国からの訪問者を接待し、資料調査を手助けすることであった。例えば、1973年にイギリスの図書館が7人の代表訪問団を派遣し、上海図書館を訪れている。また、外国を訪問することもあった。例えば、1973年に上海図書館の代表たちは中国図書館代表団に同行し、アメリカを訪問している。この時期の図書館の国際交流は中国の外交事業の発足と国際交流の模索を反映している。

　1980年代から1990年代は改革開放の時代で、それに伴って上海図書館の国際交流事業も集中化と専門化の方向に向かった。特に1990年代初期に上海図書館業務処が設立され、国際交流に関わる仕事の担当はこの部署に切り替わった。当時の主な業務内容は、訪問団の受け入れと派遣のほか、国際的な連携や交換交流も含まれ、業務量が急増した。訪問団の受け入れはそれまで1年に10回から15回だったが約60回に増え、訪問団の派遣先もイギリス、フランス、オランダ、香港などに拡大された。また、国際連携の象徴的な出来事として、1980年の国際図書館連盟（IFLA）への加盟、1984年の国連の寄託図書館への指定、1986年のサンフランシスコ公共図書館との提携による「上海－サンフランシスコ友好図書館」の設立などが挙げられる。1979年になると、上海図書館は

相前後してアメリカ、日本、香港など16の国・地域と図書の交換を行うようになった。1980年には正式に海外と刊行物の交換を開始した。なお、当時の上海図書館には専門的人材が限られていたため、国際交流に従事していた図書館員は相変わらず2名のままであった。

　1996年、上海図書館の新館が完成し、図書館は現在の淮海中路1555号に移された。この時、国際交流処が正式に組織された。業務内容は従来のもの以外に、国際フォーラムや館内所蔵品の展覧会の開催、図書館員の交換交流などが加えられた。この頃、職員が3名に増員となった。さらに2005年には、中国大陸と香港、マカオ、台湾との交流が盛んになりつつあることに対応して、上海図書館では組織を簡素化するために、名称を国際交流処から国際交流処/香港マカオ事務弁公室に変更した。この名称は現在でも受け継がれている。この頃になると、職員は4名に増えている。

　このように、国際交流処の歴史は3つの時期にまとめられる。まず設立・模索の時期である。この時期、国際交流処は設立されたばかりの新しい部署で、運営方式は「石橋を叩いて渡る」段階にあった。この時期、国際交流処の責務は主に上位の部署の命令に従い、実行することにあった。次に職能の細分化の時期である。改革開放の推進により、国際交流処は上海図書館における独立した部署として、職能が細分化されはじめた。設立期の受動的な立場とは異なり、この時期には自ら進んで対外交流の責務を担当するようになった。最後に発展・伸長の時期である。この時期、国際交流処は従来の蓄積を踏まえ、国際交流事業の拡大に努めた。時空間の隔たりを打破し、国際的なプロジェクトを立ち上げることで対外交流を推し進めた。「上海の窓」贈書プロジェクトや、上海図書館国際図書館フォーラムは、こうした流れの中で生まれたものである。それ以前の2つの時期に比べると、この時期に国際交流処は次第に成熟期を迎えるようになったと言えよう。

2.2　国際交流処の現状
　現在の国際交流処は職場環境も人員配置も創立期に比べて大いに改善されている。国際交流処の事務室は上海図書館本部（上海市淮海中路1555号）の行政

区画の3階と4階にあり、3つの部屋を持っている。実際の使用面積は約100平方メートルで、設備としてはコンピュータ6台、事務用プリンター2台、ファクシミリ1台、スキャナー2台、それに内線・外線電話がある。現在の職員数は5名で、定期的に1名から2名の大学生が実習を行っている。勤務時間は中国の労働法に則し、午前8時半から午後5時まで（1時間の昼休みを含む）となっている。なお、近年になって国際交流業務の拡大に伴い職員の残業時間が増加しており、特に国際会議といった対外イベントが開催される期間中は残業が顕著である。

　以上の情報からわかるように、国際交流処はすでに一般的な職能部門の基本形態を備えており、設備の改善を通して業務の質と効率を高めようとしている。ここで特に注目すべきは、特に国際的な会議やイベントが行われる期間のボランティアの仕事である。これらの企画は多くの大学生を惹きつけている。採用枠が限られているにも関わらず、毎年の応募者数は決して少なくはない。このことからも、国際交流の仕事の人気が窺われる。人員の配置と効率を勘案し、現在、国際交流処の職員は一般的な採用選考ではなく、主に館内から招聘した人員によって構成されている。これは対外事務を重視する上海図書館の姿勢を示している。「外交において些細なことはない」（外事無大小）と指摘されているように、国際交流処の職員には高学歴、高い外国語能力のみならず、図書館の勤務経験が求められる。概して国際交流処の仕事は新人では難しいと言えよう。

2.3　上海図書館国際交流処と他市の図書館の国際交流処との比較

　中国では国際交流事業の重要性を認識している図書館が増加しており、専門の部門と人員を配置している館も少なくない。それらの図書館はしばしば独自のプロジェクトを持っている。例えば、中国国家図書館国際交流処の「中国の窓」、杭州図書館の「映像西湖」、首都図書館の「読書北京」、重慶図書館の「重慶の窓」である。以下では杭州図書館の国際交流事業を取り上げ、上海図書館の国際交流と比べてみたい。

　杭州図書館で国際交流を担当している部門の正式名称は「杭州図書館研究・

交流部」で、2011年に設置された。現在7名の職員が所属し、その内3名が主として国際交流の事務に携わっている。上海図書館の「上海の窓」と同じように、杭州図書館の交流・研究部も「映像西湖」(Image of the West Lake) という独自のプロジェクトを持っている。このプロジェクトは映像を用いて、外国人の心に中国と杭州の記憶を留めることを目指している。また、図書交換などの文化活動を通して交流と提携を推進し、各国の読者との間で理解を深めることに努めている。具体的には、領事館や海外図書館との連携、外国の専門家による研修、図書館員の人事交流などが展開されている。また、研究・交流部の2つ目の職能は読者に向けてオンラインやオフラインで多元的な文化活動を展開することである。例えば、外国人がゲストのトーク・イベント「朋有り遠方より来る」(有朋自遠方來)、オンラインでシンポジウムをライブ中継する「トランスカルチャー・オンライン読者クラブ」、大規模な講演会や少人数のサロンで行われる共有目的の「多文化大使」などが挙げられる。2019年には多文化イベントが26回開催された。さらに、この部門の3つ目の職能として、中国・中東欧国立図書館連盟[3] の秘書処としての職能がある。

　このような杭州図書館の国際交流業務には明確な特徴がある。第1は、国際交流とローカル文化の結びつきである。西湖という杭州特有の名勝地を切り口に、それを国際交流の象徴として打ち出している。「映像西湖」を通して、外国人は杭州のローカル文化から出発し、さらに中国文明へと理解を深めることができる。第2は、国際交流と新しい技術の結びつきである。インターネットなど新しい通信技術の発達を契機に、杭州図書館はオンラインとオフラインの両輪で交流の範囲を拡大し、交流の形式を豊かにしている。第3は、多元的文化を焦点に、一般読者を視野に入れた国際交流の推進である。「朋有り遠方より来る」も「トランスカルチャー・オンライン読者クラブ」も中国内外の読者に喜ばれ、参加しやすい活動形式である。以上のような、杭州図書館における国際交流の展開は上海図書館にとって参考になる。杭州図書館と比べ、上海図書館の国際交流は機構との提携が多く、具体的な文化活動の対象者が特定の団体や階層に偏っている傾向がある。また、個々の外国人や一般向けの活動は決して多いとは言えず、活動の形態も豊かではない。これらは、今後、上海図書館

が国際交流事業を展開する際に留意すべきことである。

3　現代における上海図書館国際交流処の職能と発展

　既述のように現在の上海図書館国際交流処の主な職能は、対外連絡と交流、訪問と派遣、多元的文化サービスの提供である。中でも、多元的文化サービスの提供が中心で、図書館を革新するための鍵と言える。対外連絡と交流、訪問と派遣という職能は、多元的文化サービスを展開させるための支援機能と把握できよう。多元的文化サービスの中では、海外向けの図書贈与プロジェクト「上海の窓」、読書感想文の募集活動「上海で結びつく」、上海国際図書館フォーラムなどが重要な企画として挙げられる。これらの企画を通して、国際交流処は上海図書館の多元的文化サービスの提供を促進し、図書館における外国との文化交流を果たしている。

3.1　国際交流処の多文化サービスとその現状

　上海図書館国際交流処が展開してきた多元的文化サービスの中で、「上海の窓」は重要な位置を占めており、国際交流処の業務の中でも完成度が高いプロジェクトであると同時に、上海図書館の代表的な活動にもなっている。「上海の窓」は2002年に開始され、海外にある図書館や蔵書機構に中国で出版された書籍を贈与する形で、中国文化を宣伝する活動である。2015年から2019年までの年報統計によれば、「上海の窓」は近年、海外との提携を強化し、図書贈与、特に電子化フォームの構築を推し進めている。2019年の時点、「上海の窓」のパートナー機関は6つの大陸にある75か国・地域の175機関に及んでいる。そして寄贈した図書の数も12万冊余りに達している（表1「「上海の窓」のパートナー機関と寄贈状況：2015-2019年」参照）。

　ネット化とデジタル化の時代において、人びとの読書習慣が急速に変わりつつあり、図書館は改革を迫られている。こうした状況にあって、2011年以降、国際交流処は外国人読者の需要とマーケットの特徴について検討を重ね、中国文化の宣伝と外国人読者の嗜好という二重のニーズに応えるために、「デジタル贈書」という企画の検討を開始した。2013年、「上海の窓」のホームページ

表1　「上海の窓」のパートナー機関と寄贈状況：2015-2019年

	パートナー機関 所在地の大陸数	パートナー機関 所在地の国数	パートナー 機関数	紙書籍の 寄贈冊数
2015	6	64	129	86,719
2016	6	66	138	93,274
2017	6	69	152	108,098
2018	6	72	168	120,784
2019	6	75	175	127,895

[出典] 上海图书馆（上海科学技术情报研究所）国际交流处／港澳台事务办公室年报
(2015-2019). 以下の表や図のデータの出典も同じである。

に初めて「電子資源」へのアクセスを付け加え、「上海の窓」が電子贈書を開始
したと通知した[4]。それ以降、「上海の窓」は紙媒体と電子媒体を並行させて図
書贈与の活動を進めている。

　2013年に初めて提供されたのは942種の図書で、使用言語は中、英、独、日、
露、仏のほか、スペイン語、イタリア語、インドネシア語、アラビア語など
であった。また、中仏、中韓、中日、中国－タイ、中国－インドネシアとい
った2言語のバージョンもあり、各言語地域の読者に対応するように努めた。
2014年には10,059種の電子書籍、227種の参考図書、30種の新聞に拡大され
た。2015年の統計によると、「上海の窓」は前年度のサービス内容を継承しな
がら、さらに7,000種の中国語のデジタル・ジャーナルを追加している。2016
年には1,200種の電子書籍を追加し、さらに「易閲通」という電子書籍を読める
新たな読書フォームを構築した。2017年、「上海の窓」のサイトで閲覧できる
電子書籍は21,793種に上り、参考図書227種、新聞30種、中国で刊行されてい
るジャーナルが7,563種、さらに「中華族譜」と「上海図書館オープンデータ一
覧」といった上海図書館が作成したデータベースも含まれている。2019年にな
ると、電子書籍は約30,000に増大した（図2「「上海の窓」の電子書籍の寄贈冊
数：2013-2019年」参照）。

　このように、「上海の窓」の電子書籍贈与サービスは開始当初から現在まで、

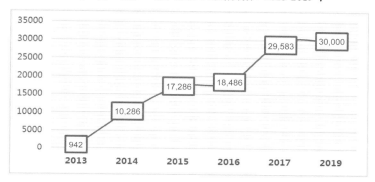

図2 「上海の窓」の電子書籍の寄贈冊数：2013-2019年

利用できるデジタル資源が着実に増えている。また、国際交流処は随時、デジタル資源の構築と更新を計画し、時宜に応じた活動を進めている。最新の計画によれば、将来的に電子書籍の贈与は種類と数量を増やすとともに、電子書籍の仕入れ先も増やす予定であるという。正当な競争によってサービスの質の向上を目指しているのである。そのほか、世界中の読者にたいする読書調査も継続している。調査結果に基づき、紙媒体と電子媒体の図書の仕入れや利用者のフィードバックを踏まえたサイトの改善なども欠かせない。

　国際交流処で2番目に象徴的な多元的文化サービスが、世界に向けた読書感想文の募集である。国際交流処は2010年から2年ごとに「上海で結びつく」という読書感想文の募集を行い、現在まで5回開催している。このプログラムは世界各地にいる「上海の窓」の読者や中国文化に興味を持つ外国人を対象に、中国語または英語の読書感想文を募集する。すぐれた感想文はまとめて出版し、さらに一部の受賞者を上海に招いて交流の場を設けている。応募作品の募集、審査、討論を通して、国際交流処は外国人の中国文化への認識を把握できるだけでなく、応募者と話し合う機会を設けることで中国と外国の市民との距離を縮めることもできる。このプログラムは、国際交流を促進し、多元的文化の融合と共存のためにサービスを提供するという図書館の趣旨を体現している。参考までに図3「「上海で結びつく」の参加国・地域と応募作品数：2010-

図3 「上海で結びつく」の参加国・地域の数と応募作品数：2010-2018年

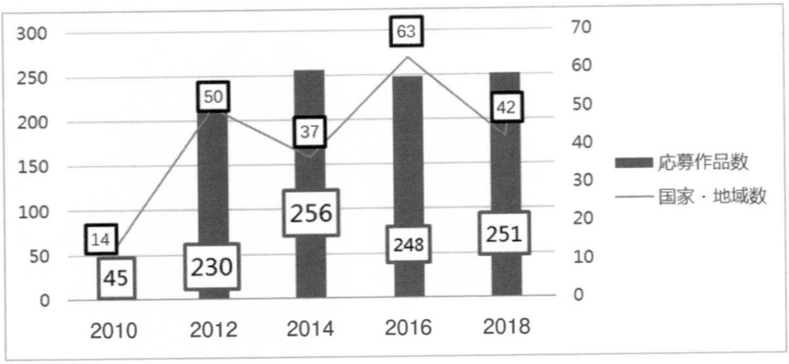

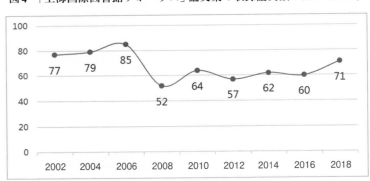

2018年」を掲げておいた。

　3番目に象徴的な多元的文化サービスは上海国際図書館フォーラムである。2002年の発足以来、2年毎に開催され、現在までに9回行われている。いずれも図書館が直面する課題をテーマに国際的な議論が交わされている。国内外の専門家をフォーラムに招き、発表を求めたり、論文集を作成したりして、当該時期に対応する図書館の方針と対策が練られている。現在、2020年10月に開催予定の第10回上海国際図書館フォーラムの準備が始まっている。「図書館の

図4 「上海国際図書館フォーラム」論文集の収録論文数：2002-2018年

新時代：忍耐・転換・混乱」をテーマとする今回のフォーラムは、これまでと同じように国内外の図書館員や研究者に学術交流の機会を提供する。フォーラムで受け付けた論文数を図4「「上海国際図書館フォーラム」論文集の収録論文数：2002-2018年」に示しておいた。

　上海国際図書館フォーラムは中国内外の図書館情報学の専門家に研鑽のための空間を提供している。同時に、このフォーラムの開催は上海図書館と国際図書館界との交流と協力を深めることにもつながっており、図書館における多元的文化サービスの向上と図書館全体の発展に貢献している。参考までに毎回のフォーラムの参加者総数、海外からの参加者数と国・地域数を示しておいた（図5「「上海国際図書館フォーラム」の参加者数と国・地域数：2002-2018年」参照）。

3.2　国際交流処と図書館の文化外交

　上海図書館の国際交流事業は、「広報」（publicity）中心から「協力」（partnership）中心に転換してきた。前者が一方通行で一時的であるのにたいし、後者は双方向で持続的なプロセスである。また前者はプロパガンダ型、後者は交流型である。さらに北京大学教授の王子丹は、図書館は公共空間であり、公共性、開放性、自由性を持っていると主張している。こうした図書館の特性は国際交流事

図5　「上海国際図書館フォーラム」の参加者数と国・地域数：2002-2018年

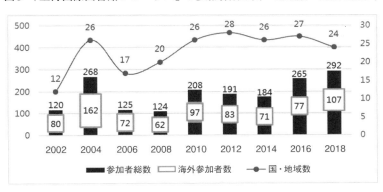

図6　国際交流処の受け入れ人数：2015-2019年

業に利点となる[5]。国際交流処は国際交流事業を推進する中心的部門として、「中へ迎え入れる」（国際訪問の受け入れ）ことと「外へ踏み出す」（国際訪問の派遣）ことによって、国際交流に貢献している。

　2015-2019年の統計をみると、海外から受け入れた人数は2016年と2018年の増加が目立ち、それにたいし来訪した団体数は比較的に安定している（図6「国際交流処の受け入れ人数：2015-2019年」参照）。また、海外への訪問は人数も団体数も2019年がピークとなっている（図7「国際交流処の派遣状況：2015-2019年」参照）。これらのデータから、近年の相互訪問が安定の域に達しつつあることが窺われる。数字には表れないが、長年にわたって国際交流処は来訪と往訪の質と量を重視しながら、制度を模索し、見直しと改善を重ねている。

4　将来の課題と展望

4.1　国際交流処の発展と図書館の発展

　国際交流処は図書館の有機的組織として、図書館自体の発展と密接に関係し連動している。例えば、国際交流処の第13次5か年計画はこれまでのサービスを土台にブランドの立ち上げを目標に掲げているが、これは上海図書館の長期計画と一致している。また、国際交流処が計画しているインターネットによる広報や図書館の情報管理の強化も、上海図書館のデジタル読書の推奨やビッ

図7　国際交流処の派遣状況：2015-2019年

グ・データの活用という動きに呼応している。

　同時に、国際交流処は図書館の職能処室の独立した部署として、独自の発展計画を進めている。例えば、第13次5か年計画では、国際交流処が「上海の窓」を通して世界を対象にパートナー機関を探し、グローバルなネットワークを構築しようとしている。これはこの部署の特質を反映している。また、国際交流処は国際的な協力と交流の推進だけでなく、職員の語学力を生かし他の部門の対外的な業務の補佐も行っている。さらに、外国語版のホームページの作成やニューメディアの模索においても、図書館全体の多言語サービスの提供に貢献している。このように、国際交流処の発展と図書館の発展は相互補完関係にある。

4.2　国際交流処への展望

　2005年の国際交流処/香港マカオ事務弁公室の設置を起点とすると、国際交流処の歴史は15年にすぎないが相応の業務を行ってきた。それらを踏まえて、国際交流処の今後についていくつかの指摘をしておく。まず、国際交流処には独自のサイトが必要である。上海図書館のホームページを開くと、多くの部署がすでに自らのサイトを持っている。しかし、国際交流処の場合、「上海の窓」や上海国際図書館フォーラムという主要プログラムのサイトは作成してい

るが、部署自体のサイトは存在しない。そのため、読者はプログラムを知って
も、運営部署がわからないという問題が生じかねない。特に、外国の利用者が
上海図書館のホームページを利用する際、最も重要なのは国際交流処とコンタ
クトを取ることである。国際交流処が利用者の求める情報と資源を持ってい
るからである。現在、主として国際交流処の海外との連絡は、交流処の職員が
関連組織に特定のプロジェクトについてのリンクを送るという方式を取ってい
る。海外にある関連組織はリンクにアクセスしてプロジェクトの内容を確認で
きるが、国際交流処という組織の情報について把握することが困難である。こ
うした状況は国際交流処の存在の評価につながる。今後の国際交流プロジェク
トの増加に伴い、国際交流処独自のサイトがあれば業務がいっそう円滑に遂行
できるだろう。

　次に、国際交流処に関わる資源配分の問題がある。上海図書館は公立の図書
館、非営利の図書館であるが、資源配分について検討する必要がある。国際交
流処は上海図書館の一部署として、上海図書館の予算による制限を受ける。毎
年、国際交流処は過去1年間の諸事業の状況をまとめた報告書に基づき、新年
度の計画を策定している。しかし、2015年から2019年までの年度報告をみる
と、統計の項目や数値には不明確な箇所があり、そこには当該年度に行われた
プロジェクトの概要と実行報告しか記載されておらず、部署全体の予算と決算
がまとめられていない。また、国際交流処の有している資源、それにソフト面
とハード面の設備なども独立した項目として年報に反映されていない。将来の
計画について、交流処の報告書では長期目標だけが示されており、具体的な資
源配分と実行可能性についての分析がされていない。大きな目標を細分化せ
ず、資源配分についての詳細がはっきりしていなければ、プロジェクトの実行
に問題が生じかねない。この点は国際交流処が今後、改善すべき事項である。

　最後に、市場への意識を強め、国際交流処の運営効率を高める必要がある。
国際交流処は図書館内部の職能部署として位置づけられているが、社会主義市
場経済という環境の下で、市場の状況に影響されている。図書館事業は市場化
されていないが、その運営システムを完全に市場から分離することは不可能で
ある。国際交流処の職務の1つは文化の伝播であるが、それを実現する際、世

界的な文化市場からの影響は避けられない。現在の国際交流処の通常業務やプロジェクトはすべて行政のレベルで考えられており、基本的に行政のコスト、運営のコスト、市場の反応というような経済指標は考慮されていない。しかし、これらの経済指標は実際の対外交流においてプロジェクトの展開に影響するだけでなく、図書館の国際交流事業にたいする理念にも影響を与える。市場への意識を強化し、経済レベルの指標を取り入れることで、行政的な目標と市場における実行可能性の両方を重視することも、国際交流処の今後の課題になるだろう。

おわりに

　図書館という歴史的な機構は人類の文明と文化の蓄積を土台とする。図書館の文化交流を担う中心的な部署として、国際交流処は図書館とともに新しい時代に足を踏み出している。上海図書館国際交流処は、現代における図書館の寛容性を示し、図書を超えた図書館の機能を果たしている。筆者は、上海図書館国際交流処が図書館事業の最先端を歩み、現代における図書館の発展に新しい局面を切り開くことを期待している。

注

1）呉建中「多元文化与城市発展──以上海图书馆为例」『江西图书馆学刊』34（4）: 3-7.

2）「上海の窓」は2002年に発足した。海外にある図書館の中国語蔵書をサポートするのが目的で、海外の読者に中国で出版された最新の書籍を提供するように努めている。このプロジェクトは「中国の海外向け図書宣伝計画」（CBI）の一環として、多くの外国図書館と蔵書機構に書籍を寄贈し、中国の歴史と文化、改革開放以来の成果を積極的に発信している。2019年10月31日の時点、上海図書館は既に世界中の6つの大陸にある75の国家・地域の175の機構と協力関係を結んでいる。

3）中国・中東欧国立図書館連盟のホームページを参照。http://en.hzlib.net/cceeclu. htm.［Accessed: 2020-01-01］.

4）「上海の窓」のサイトを参照。http://windowofshanghai.library.sh.cn/.［Accessed: 2020-01-01］.

5）潘拥军「试论图书馆与公共外交」『图书馆论坛』2012（7）: 62-66.

参考文献

上海图书馆（上海科学技术情报研究所）国际交流处/港澳台事务办公室年报（2015-2019）.

上海图书馆（上海科学技术情报研究所）年报（2005）.

吴建中『21世纪图书馆新论』上海科学技术文献出版社, 2016.

上海图书馆・上海科学技术情报研究所『海纳百川 知识导航——上海图书馆成立60周年纪念文集』上海科学技术文献出版社, 2012.

上海图书馆『岁月留痕：上海图书馆历史记忆』上海科学技术文献出版社, 2015.

上海图书馆『我与上海图书馆』上海科学技术文献出版社, 2002.

吴建中「"上海之窗"：公共外交的成功案例」『上海文化』2013, 14-15.

蔡莉・沈虹・沈丽云・吴建中「上海图书馆的公共外交实践与探索」『图书馆杂志』2013（9）: 28-34.

庄蕾波「上海图书馆"上海之窗"的建设与发展」『图书馆学刊』2006（6）: 106-107.

「上海之窗」<http://windowofshanghai.library.sh.cn>. 〔Accessed: 2020-01-01〕.

「上海国际图书馆论坛」<http://www.libnet.sh.cn/silf2018/ljhg.htm>. 〔Accessed: 2020-01-01〕.

金晶「「上海の窓」電子書籍寄贈サービスに関する研究」相関図書館学方法論研究会（川崎良孝・吉田右子）編著『トポスとしての図書館・読書空間を考える』（シリーズ「図書館・文化・社会」1）松籟社, 2018, p. 143-166.

金晶「上海国際図書館フォーラムを手掛かりに図書館を考える」相関図書館学方法論研究会（川崎良孝・吉田右子）編著『図書館と読書をめぐる理念と現実』（シリーズ「図書館・文化・社会」2）松籟社, 2019, p. 175-191.

アメリカ南部における児童サービスとその空間
アトランタ・カーネギー図書館とニューオーリンズ公立図書館を中心にして

中山　愛理

はじめに

　アメリカの公立図書館は、制度的要件であるすべての人びとにたいする図書館サービスの提供を目指して、これまでさまざまな取り組みを行ってきたが、その前提として公立図書館の整備は不可欠であった。1890年代から1920年代にかけて、アンドリュー・カーネギーの寄付による公立図書館の整備は、図書館サービスを提供する上での基盤となった。新たに整備された公立図書館内に成人向け閲覧室とは別に児童室が設けられたことで、図書館員は子どもを利用対象者として意識するようになり、この空間で独自の児童サービスを展開しはじめた。筆者は「ピッツバーグ・カーネギー図書館における児童サービス空間」[1]として、成人向けサービスとは異なる独自の児童サービスの展開状況を明らかにした。具体的には、建物としての物理的な空間で提供される図書やサービスだけではなく、人種を限定しないホームライブラリー、読書クラブ、夏季の遊び場、学校との連携など、子ども向けの取り組みを行う空間を通して、市の全体が公立図書館の児童サービス空間として、体系づけられ機能していた点である。それは、建物としての図書館だけが子どものための図書館空間ではなかったことを意味している。

　本稿では、ピッツバーグ・カーネギー図書館における児童サービスを踏まえつつ、アトランタ・カーネギー図書館とニューオーリンズ公立図書館を対象に公立図書館における児童サービス空間とそのサービスの展開との関係を取り上

げる。アトランタとニューオーリンズを取り上げる理由は2点ある。1点目は、ピッツバーグと同じように、カーネギーの寄付によって図書館が整備された点である。2点目は、ジム・クロウ法による人種隔離政策の影響下にあった深南部のアトランタとニューオーリンズに的を絞ることで、人種隔離政策が児童室と児童サービスにどのような影響を与えたかを検討するためである。この検討に向けて、成人のための空間としての閲覧室にたいし、子どものための空間としての児童室を検討軸とし、白人対黒人という分析軸を加えた。公立図書館の児童室とそこで展開されるサービスを子どもという大きな括りではなく、白人と黒人の子どもとで分けて捉えることで、児童室という空間にアクセスできた子どもを把握しやすくできるはずである。

　以上のことを踏まえ本稿では、アトランタとニューオーリンズでの児童サービスに焦点をあて、子どもへの図書館サービス空間という視点から捉えようとした。具体的には、アトランタとニューオーリンズの公立図書館において、児童サービスが開始されて以来、黒人の子どもがサービスを享受できるまでの時期を対象に、図書館内外における児童サービス空間の位置づけ、図書館の児童サービス空間の拡張の状況を踏まえつつ、児童サービス空間でどのようなことが行われていたのかを探る。また、公立図書館の児童サービスが提供された空間において、白人の子どもと黒人の子どもが、それぞれどのように図書館へ受け入れられていったのかを検討する。これにより、新たな利用対象者（子ども）に向け、公立図書館がどのように対応していったのかを確認することができる。

1　アトランタ・カーネギー図書館の概要

　アトランタ・カーネギー図書館の開館までの詳細な経緯については、川崎が「南部での公立図書館の萌芽：19世紀末の南部の図書館状況とアトランタ公立図書館」のなかでまとめている[2]。ここでは、児童サービス空間の整備に関わることを中心に述べる。アトランタはジョージア州の北西部にある交通の要衝で、経済都市として発展してきた。一般にアトランタ・カーネギー図書館の端緒は、1867年に開設された青年図書館協会の活動とされる。当初、青年図

書館協会は蔵書を白人男性に公開していたものの、会員制図書館として貸出は会員に限っていた。1873年以降、白人女性会員を受け入れて利用対象者を拡大させた。しかし、青年図書館協会の図書館は一般公開の図書館とされながらも、白人の子どもや黒人はサービスを享受できず、事実上締め出されていた。

　その後、1898年にカーネギーからの図書館建設のための寄付をアトランタ市が受け入れることになった。そこで、青年図書館協会はアトランタ市と協議して、それまで築きあげた財産を市の図書館に譲渡すると決定した。譲渡には人材も含まれ、1899年5月13日に青年図書館協会の図書館長を務めていたアン・ウォーレスが、アトランタ・カーネギー図書館長として就任した。ウォーレスは、館長に就任すると新たに建設される図書館の準備に着手し、新たな図書館の児童サービスの空間について、次のような構想を記している[3]。

　　　　図書館は、入口から入って右手が目録室、左手が評議会室とつながっている事務室が設けられる予定である。地面より12フィートの高さのある［半地下構造の］地階の西側には、明るい照明があり、図書館で最も居心地の良いコーナーである理想的な児童室がある。この部屋のための家具は、小さな子どものために特別にデザインされており、さまざまな大きさの閲覧机と椅子が用意されている。児童書は開架書架に置かれ、この部屋は最も芸術的な方法で装飾される。

　ウォーレスの構想に示された児童室を有する図書館は、1902年3月4日に児童室のある地階を先行して開館させ、全面開館は同年5月28日であった。この図書館は児童室を設けることで、青年図書館協会の図書館時代に締め出されていた白人の子どもをサービス対象にした。しかし、ジム・クロウ法体制下のアトランタにおいて、黒人は白人と一緒に図書館を利用できず、黒人の子どもはこの児童室を利用できなかった。

　公立図書館が整備されていく1890年代以降、ジム・クロウ法体制下のアトランタでは、白人人口の比率が相対的に増加し、黒人人口の割合は低下していく（表1「アトランタの人口：1890-1920年」参照）。

　少数派の黒人にたいする脅迫行為も見られ、1906年9月には、黒人による白人女性強姦が急増しているとの選挙扇動が引き金となり、約100人の死傷者を

表1　アトランタの人口：1890-1920年

年	全人口	白人人口（%）	黒人人口（%）
1890	65,533	37,416（57.1）	28,098（42.9）
1900	89,872	54,090（60.2）	35,727（39.8）
1910	154,839	102,861（66.4）	51,902（33.5）
1920	200,616	137,785（68.7）	62,796（31.3）

［出典］"Table 11. Georgia - Race and Hispanic Origin for Selected Large Cities and Other Places: Earliest Census to 1990," *Historical Census Statistics On Population Totals By Race, 1790 to 1990, and By Hispanic Origin, 1970 to 1990.* <https://www.census.gov/population/www/documentation/twps0076/GAtab.pdf>.［Accessed: 2020-01-12］.

出したアトランタ人種暴動が発生した。白人と黒人の間の対立が激化していく中で、白人用の図書館が計画されていった。1909年10月30日にアン・ウォーレス分館、1912年3月15日にオークランド・シティ分館、1913年10月18日にアンクル・リーマス分館、1916年3月3日にサウス分館が開館していく。他方、政治的主導権を持つ白人は黒人のための図書館整備を無視し、停滞していくことになった。

　それでも、後に述べる黒人分館が開館する前に「黒人教師、説教者、または他の黒人市民が、図書の閲覧をアトランタ・カーネギー図書館の中央館へ要請した際、……その要請は拒否されなかったものの、南部の［白人］利用者が図書を利用している間は倉庫、クローク、または他の人がいかないような場所に座るよう求められていた」[4]という記述があり、部分的とはいえ施設内隔離の上で黒人成人は利用することができたという実態もみられた。

　しかし、黒人の子どもの状況は違っていた。1903年頃ウィリアム・E.B.デュボイスが「カーネギー図書館の利用に向けた黒人請願」で、黒人の子どもが置かれた状況を次のように記している[5]。

　　黒人の子どもの半数が座ることができるような学校はこの市にはない。だが、この市の刑務所にたくさんの部屋がある。アトランタでは、黒人の子どもが法律を遵守し、自己尊重できる成人へと成長することを願って、黒人の子どもを取り巻く悪い影響を、良い影響でもって妨げる必要

がある。

ここでいう良い影響とは公教育や図書館利用のことを指している。アトランタの黒人の子どもは、公教育だけではなく、図書館からも締め出された状態にあった。アトランタで黒人の子どもが図書館という空間にアクセスできるようになったのは、1921年7月25日に黒人図書館としてのオーバーン分館が開館してからであった。その後、図書館での人種隔離撤廃の実現には1959年まで待たねばならなかった。

1.1　アトランタ・カーネギー図書館における組織の整備

アトランタ・カーネギー図書館では、ウォーレス館長以下、副館長、図書館員、用務員が配置されていた。1902年3月の中央館児童室の新設に伴い、児童図書館員としてハッティ・コルキットが新たに任命された。コルキットのほかに2名の実習生が新たに迎えられ、児童室の図書館実務を3人で担った[6]。1902年から開始したお話の時間が成果を上げたことで、1904年にお話の時間を担当する専門職員としてストーリーテラーという役職を設け、ヘンリエッタ・マッセリングを採用した。これに伴い、児童室の職員体制が見直され、児童図書館員のコルキット、ストーリーテラーのマッセリング、実習生のレイラ・ウルフの3人で担うことになった[7]。たくさんの子どもが来館する午後には、図書館学校の学生が手伝う状況も見られた[8]。その後も、1913年の1年間、コルキットがニューヨークへ研修に行った時期[9]を除いて、コルキットとマッセリングを中心とした運営体制が継続した。1915年には、参考部門長であったトミー・D.バーカーが館長に就任し、学校との連携や黒人のためのオーバーン分館の設置に尽力していった[10]。

1.2　アトランタ・カーネギー図書館における子どものための図書館空間
1.2.1　子どものための図書館空間の対象者

アトランタ・カーネギー図書館は、児童室を通じて提供される児童サービスの対象者を概ね14歳未満としていた[11]。14歳以上の高校生にたいするサービスは、児童部門ではなく、成人向けのサービスを担う諸部門で提供することを

原則としていた[12]。しかしながら、後述するように図書不足で児童サービスの対象者が、成人部門を利用することも多かった。児童室の図書が充実すると、14歳以上でも成人部門ではなく、児童室を利用し続ける利用者も存在し、年齢による厳密な線引きではなかったといえる。

1.2.2　子どものための図書館空間の整備

　アトランタの中央館児童室は地階の25パーセントのスペースを占め[13]、外光を採り入れる窓とともに、照明も設置され、明るい空間であった。児童室の内部は、入口付近に大理石でできた手洗い場、壁面にダークグリーンのコルクボードでできた掲示板、窓台には植物の鉢が置かれること[14]によって、空間の魅力が保たれていた[15]。入口を入った正面の部屋の中央部には、図書館員の机が置かれ、その後方に子どもの背丈に合わせた高さの特注のウィンザーチェアと丸テーブルが複数配置された。

　分館においても、子どものための図書館空間が整備された。1909年以降アン・ウォーレス分館（図1「アン・ウォーレス分館（1909年）：1階平面図」参照）、オークランド・シティ分館、アンクル・リーマス分館、サウス分館が順次開館していくが、いずれにも児童室が設けられていた。児童室といっても独立した部屋ではなく、柵のようなもので仕切られた空間であった。そこには、中央館の児童室と同じように子ども用の椅子とテーブルが準備されていた。

1.3　児童図書の貸出

　アトランタ・カーネギー図書館の中央館児童室では、開設当初から活発な貸出が行われており、図書館全体の貸出冊数の約25パーセントを占めていた。それに加えて、さらなる図書の活用促進のために学校の学習に関連した百科事典のような参考図書、歴史に関する図書、伝記などの提供が必要であると考えられていた[16]。

　中央館児童室開設の翌1903年には、児童室の蔵書冊数が子どもの需要を満たすほど揃えられていなかったと、図書の不足が指摘された[17]。1904年には前年比で児童室の貸出数が約4,000冊減少した（表2「アトランタ・カーネギー

図1　アン・ウォーレス分館（1909年）：1階平面図

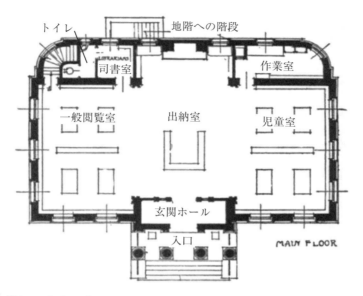

［出典］*Thirteenth Annual report of the Board of Trustees of the Carnegie Library of Atlanta made to the Honorable Mayor and City Council of the City of Atlanta 1911*, p. [4].

図書館の中央館と分館における児童登録者数と貸出冊数：1902-1917年」参照）。その背景について児童部門に関して図書が傷んでいるにも関わらずよく利用され、子どもの不満はほとんど見られないものの、「物理的な図書の提供を増やすことができない限り、この部門の次年度以降の業務は深刻な事態に陥る。現在の歳出状況において、図書予算がまったく不十分であるため、いくつかの外部資金の確保が期待される。もっとたくさんの図書が準備できるまで利用登録を増やすことは有益ではない」[18]と述べ、図書不足が児童部門の利用や貸出に今後大きな影響を与えるとの指摘がなされた。1908年には、「新たな図書が必要なひどい状況にある。実際に図書の提供が需要と釣り合った時期は一度もなかった」[19]と報告された。このように、図書不足は一向に改善されなかった。その結果、概ね10歳以上の子どもの多くは、選択できる図書の少なさに失望

表2　アトランタ・カーネギー図書館の中央館と分館における児童の利用登録者数と貸出冊数：1902-1917年

	1902	1903	1904	1905	1906	1907	1908	1909	1910	1911	1912	1913	1914	1915	1916	1917
中央館																
登録	2,708	3,521	4,371	3,895	—	4,717	1,016	849	1,014	1,145	1,118	—	1,881	2,358	2,762	2,189
貸出	29,365	25,949	21,607	24,666	27,399	29,744	34,461	27,616	32,067	34,839	38,670	36,303	59,737	79,421	126,065	113,051
アン・ウォーレス分館																
登録								225	283	185	281	—				
貸出								2,457	11,890	10,320	14,849	15,044				
オークランド・シティ分館																
登録											172	—				
貸出											2,423	4,695				
アンクル・リーマス分館																
登録												—				
貸出												1,522				
サウス分館																
登録																
貸出																

・1902年は児童室の開室した3月4日から12月31日までの値である。
・1909年のアン・ウォーレス分館は、開館した10月30日から12月31日までの値である。
・1912年のオークランド・シティ分館は、開館した3月15日から12月31日までの値である。
・1913年のアンクル・リーマス分館は、開館した10月18日から12月31日までの値である。
・1914年以降は、中央館、分館の合算の値である。
・1916年は、3月3日に開館したサウス分館の値を含む。
・利用登録の数は、14歳以下の新規登録者の数であると定義されている。
[出典] アトランタ・カーネギー図書館の各年報。

し、発達段階を考慮した図書選択があまり慎重に行われていない成人部門の図書を利用することとなってしまっていた[20]。1910年に一定の児童図書が購入され、成人部門ではなく児童部門の図書を利用したいとする子どもが増加した[21]（表3「アトランタ・カーネギー図書館の中央館児童室の蔵書冊数：1908-1919年」参照）。

　分館も似たような状況であった。アン・ウォーレス分館では、開館して最初のお話の時間の直後、書架には児童図書が12冊しか残っていなかった[22]。これにたいして、1915年には一定数の児童図書がまとまって追加されたことで、図書の貸出増加につながっているとの改善報告が見られた[23]。

　1916年には貸出規則を改正し、ノンフィクションを2冊まで貸出せるようにしたが、ノンフィクションの貸出は大して増加しなかった[24]。

表3　アトランタ・カーネギー図書館の中央館児童室の蔵書冊数：1908-1919年

年	1908	1909	1910	1911	1912	1913	1914-15	1916-19
冊数	4,340	4,730	5,798	6,694	7,376	8,318	7,979	9,558

［出典］アトランタ・カーネギー図書館の各年報による。

1.4　中央館における児童室という空間

　児童室は中央館で最も人気のある部屋であったと報告されている[25]。1905年の活動報告では、子どもは児童室がとても好きで、自宅にいるのと同じような雰囲気で、利用していると報告された[26]。児童室は単なる図書の閲覧や貸出を行う場として以上の役割を与えられていた。児童室が置かれた地階という場所は、お話の時間などで騒がしくなっても成人閲覧者の邪魔にならない。成人から隔離された空間でもあった[27]。隔離された児童室という空間は児童図書館員が統制しており、児童図書館員は入室する子どもの顔や手の清潔さを確認し、汚れていれば児童室の入口付近の手洗い場で綺麗にするよう指導した[28]。また、児童室に不相応な行為のために、児童図書館員に促され家に帰された子どもが4人いたことが記録されている[29]。なお、子どもが多くやってくる時

間帯は、子どもの振る舞いにたいして、成人利用者からも注意が払われていた[30]。

1.5　お話の空間

　1902年の中央館開館とともに設けられた児童室では、お話の時間が開始された。毎週金曜日の午後に、「アンクル・リーマス物語」、「神話」、「南部連合物語」、「自然研究」をテーマとするお話が語られた[31]。1904年から新たなストーリーテラーであるマッセリングによるお話の時間は、入場行進の練習から始まった。マッセリングは、お話の時間が始まる前に子どもを地階の児童室へと入場行進させた。児童室は、音楽が流され、一時的に楽しみの場としてのお話の空間が創り出された[32]。お話の時間は男子の来館者の増加につながった。翌1905年には、マッセリング1人では対応できないほどに子どもが押し寄せ、補助職員が付くことになった[33]。年々、多くの子どもが参加することによって、1回のお話の時間では対応できなくなった。1908年からお話の時間は、午後3時30分開始の10歳未満の年少の子ども向けのものと、午後4時開始の10歳以上の年長の子どものものに分けて実施され始めた[34]。年少の子どもに向けたお話の時間ではおとぎ話、年長の子どものお話の時間では『ギリシア神話』や『アーサー王物語』のような英雄物語が語られた。取り上げられるテーマは、子どもが飽きず、目新しさでその心を惹きつけるように、いくつかのパターンが準備された[35]。この工夫が多くの子どもにお話の時間への強い興味を持たせ、年少の子ども向けのお話と年長の子ども向けのお話の両方に参加する子どもが多かった[36]。1912年にハロウィンのお話の時間の案内を掲示した際、子どもは魔女と幽霊から招待状を受け取ったというお話のために550人が集まった[37]。限られたスペースの中央館児童室で550人の収容は困難で、お話の時間の運営に大きな支障をきたすことになった。それ以降、ハロウィンやクリスマスなどの祝祭日や行事に関連するお話の時間については、事前案内の掲示をほとんどしなくなった。

　お話の時間への参加者数について、中央館とアン・ウォーレス分館は似たような参加者数であった（表4「お話の時間の参加者数：1914-1914年」参照）。

アン・ウォーレス分館には、お話の時間に活用できる空間として、地下に約100人収容できる講堂があった。1階の成人閲覧室と隔てられており、成人利用者に迷惑をかけることなく、多くの子どもを迎えてお話の時間を運営できた。しかし、実態は図書館の規模に比して多くの子どもが来館するため、お話の時間が開催される水曜日は子どものための図書館となっていたという[38]。

表4　お話の時間の参加者数：1913-1914年

	1913年	1914年
中央館児童室	2,977	3,022
アン・ウォーレス分館	3,404	2,337
オークランド・シティ分館	995	667
アンクル・リーマス分館	748	1,558

［出典］アトランタ・カーネギー図書館の各年報による。

　1915年には、お話の時間の内容構成に変化が生じた。そのきっかけとなったのが、ビクトローラと呼ばれたビクター蓄音機を中央館児童部門専用として購入したことであった。年長の子どものためのお話の時間は、オペラの物語とともに、蓄音機による音楽コンサートから構成されていた。年少の子どものお話の時間は、お話の前に蓄音機で音楽を流し、フォークダンスを踊る構成へと変更された[39]。

1.6　お話の空間から読書へと導く仕掛けとしての掲示板
　1902年3月に開室した中央館児童室には、壁面にダークグリーンのコルクボードで覆われた長さ20フィートの掲示板が設置された。そこには、イースター、グレシアンの神話、自然研究、中国、動物園、メモリアルデー、感謝祭、クリスマス、セオドア・ルーズベルトのような設定されたテーマに関する図画や読書リストが掲示された[40]。1905年以降、お話の時間の拡充に伴って、掲示板の活用方法が見直された。具体的には、毎週金曜日のお話の時間で取り上げられた内容に関する掲示をすることで、読まれる図書の質が向上したとい

う[41]。具体的には『ハンス・ブリンカー』の著者メアリー・メイプス・ダッジ、70歳の誕生日を記念したマーク・トウェイン、『アンクル・リーマス物語』の主人公の誕生日、ジョエル・C.ハリスがお話の時間で取り上げられると、お話の概要、関連する読書リスト、作家の書簡などが掲示された。特に毎年12月9日の『アンクル・リーマス物語』の主人公の誕生日を記念したお話会は人気で、600人を超える子どもが来館する年もあった[42]。1906年のクリスマス時期には子どもの母親が招待された。母親たちはクリスマスの飾り付けやお話の時間の前に行われる子どもの行進を見学することで、児童室への理解を高めた[43]。

　その後も掲示板での紹介は継続していった。1907年には野球、ディケンズ、紅葉など[44]、1908年には冬のスポーツ、アラビアンナイト、アメリカの探検家、シートン動物記、プレイグラウンド、インディアンの酋長と工芸品、日本の風景、クリスマス、『ホリホック夫人と彼女の友人』などに関する読書リストと図画が掲示された。特に人気を集めたのは、『ホリホック夫人と彼女の友人』の掲示であった[45]。貸出によって摩耗した図書を切り取って再利用し、挿絵を掲示するとともに、多くの人形を書架棚の上に置くことで、子どもの関心を引いたのである。それに加えて、お話に関連する図書がお話の時間の書架に置かれ、お話の時間を補う読書材として活用された[46]。

1.7　児童室への関心を高めるための館報やしおり

　1910年9月に児童部門は、館報にお話の時間の概要や関連図書リストを掲載し、発行した。この館報は、非常に人気が高く品切れとなり、数百部の追加印刷が行われた。というのは、両親、日曜学校や公立学校の教師が子どもの読書のための図書選択に役立つ資料として有用であったためである。これに関連して、しおりが作成された。このしおりには、いくつかのテーマごとに関連する図書リストが掲載されていた。こちらは、子どものニーズに合わせた読書指導やお話の時間に取り上げた図書の紹介をする際に配布された[47]。この取り組みは、翌年以降も継続的に取り組まれていく[48]。

　1915年には図書リストを発展させて、成人が子どもの図書を選択する手助

けする計画を実行へと移した[49]。クリスマスプレゼントのための図書リストを作成し、ガリ版などで複写した後、アトランタのPTAを通して子どもと関わる成人たちに手渡された。

1.8 学校との連携

1904年にウォーレス館長は児童図書館員コルキットとともに、市内の公立学校を訪問して子どもと話をした。その結果、コルキットは数百名の子どもと顔見知りになり、図書館員に親しみを覚えた子どもは次第に図書館に関心を持つようになった[50]。

1913年、教師と生徒双方に有用な図書館を目指して、図書館はアトランタの学校長らの要望に応え、公立小学校などに約300冊からなる蔵書を配った[51]。特に、中央館や分館から離れた地区の学校で活用され、子どもにとって図書館の代わりとなった。例えば、東アトランタ公立小学校では300冊の蔵書を延べ5,000回以上利用している。しかしながら、1917年に図書館予算が17パーセント削減されたことに伴い、20校で蔵書の提供が廃止されてしまった[52]。

1.9 高校生のための学びの空間

既述のように高校生は成人向けサービスの一環に位置づけられていた。しかしながら、高校生を対象とした独自のサービスを展開することによって、他の成人とは異なる特徴をもつ対象者として考えられはじめた。成人を対象とする参考部門では、高校生に向けたグループ討論や講義受講の場を提供した。具体的には、木曜日の午後に図書館の講義室において、50人から75人程の男子高校生がある社会的な課題に関して、賛成と反対のグループに分かれて討論する取り組みや金曜日に法曹関係者が、高校生に向けて講義を実施する取り組みがあった。それらの取り組みに際して、参考部門にまとめて配架されたテーマ関連図書が活用された[53]。それとともに、レファレンス担当図書館員が女子高生にたいして調べ方を教える取り組みも行われた[54]。

上記のような高校生へのサービスは、通常サービスとして継続されていった。この取り組みは、高校生のみならず、高校の教師にも派生していった[55]。

参考図書リストの作成や提供が行われ、教師の要望に応じて取り置きもできた。ディベートのテーマに関連する図書リストは高校へと送付された。そうした取り組みは、高校教師たちが図書館を有用な情報提供機関と認識し、協力を求める行動へとつながった。例えば、ある高校の歴史の教師は、期末レポートのためのテーマを参考部門へ伝え、参考部門ではそのテーマに関する図書をとりまとめて、学生用の特別な書架に保管する対応を実施した[56]。同じような取り組みは、高校の科学のレポートに関しても実施された。

　また学校への図書提供も実施された。1909年には、限られた予算の中で、男子高校にたいして503冊の参考図書を購入して提供し、延べ769冊の利用があった。同じような取り組みは女子高校にも実施された[57]。

2　黒人の子どものための図書館空間

　1921年8月6日、アトランタの東350kmにあるサウスカロライナ州コロンビアで発行されていた黒人週刊新聞は、オーバーン分館開館について「図書館は知識を求めるわれわれの人種に門戸を開いた」[58]と報じた。この報道のように、アトランタにいる黒人の子どもにとって図書館空間へのアクセスは、1921年7月にアトランタにおける最初の黒人分館[59]であるオーバーン分館開館によって実現した。開館とともに、黒人のアリス・D.ケーリーが分館長に就任し、1929年まで勤めた。彼は図書館学教育を修めていない非専門職館長で[60]、特別な取り組みを行ったという記録はない。

　オーバーン分館で児童サービスの充実が図られるのは、児童サービスの必要性を強く認識していたアニー・L.マクフィーターが図書館員として着任した1934年以降である[61]。マクフィーターは図書館利用者の半数以上が子どもや高校生であることに着目し、取り組みを強化した。お話の時間は成人利用者の邪魔にならないように、土曜日のオーバーン分館の開館時間（正午）に先立って午前中に行われた。未就学児を対象として、母親、年上の兄、姉が一緒に付き添って来館した。学校へ通う年代の子どもへのお話の時間は、図書館員だけではなく、教師がゲスト・ストーリーテラーとして招かれることもあった[62]。それに加えて、この時期ニューディール政策の一環で米国青少年局を通して雇

用された者を、お話の時間の補助職員として配置することができたこと[63]も活動の充実につながった。

黒人学校との連携も行われ、図書館員の学校訪問だけではなく、学校からクラス単位で子どもの図書館訪問が行われた。子どもは、図書館を見学した後に、学校へ戻ってから、図書館の活用方法を事後学習したのである[64]。夏休み前には図書館が学校の教師に夏期読書クラブの効用を伝え、協力を求めた。夏期読書クラブは子ども自身で運営される集まりで、図書リストと規則が収納されたフォルダーが各メンバーに渡された[65]。リストに基づき、一定の図書を読破した子どもに賞状が授与された。夏休み中にメンバーの子どもは何回か図書館に集まって、図書館員から読書指導を受けたり、図書の紹介を受けたりした。夏休み中に所定の読書を終えると、特別に用意された読書クラブ卒業プログラムへ参加することができた。このようにマクフィーターにより、黒人の子どものための図書館空間が整えられていったのである。

3 ニューオーリンズ公立図書館の概要

ニューオーリンズ公立図書館の開館までの簡潔な経緯については、川崎が初代ニューオーリンズ公立図書館長ウイリアム・ビアーの説明を取り上げ紹介したものがある[66]。ここでは、ニューオーリンズ公立図書館における児童サービス空間の整備に関わることに言及しておく。

ニューオーリンズは1849年まで州都であった。ニューオーリンズ公立図書館の端緒は、1843年に裕福な商人であったアビヤ・フィスクが、市民の利用と利益のために図書館を維持すること、そして他の目的のために転用しないことを条件に建物を提供したことから始まった[67]。その後、機械工協会の建物に蔵書を移転させ、1852年には一般市民に公開した。当時の蔵書は子どもの利用を想定していない蔵書（1854年の火災で焼失）であった。その後、市議会は再構築されたフィスク・コレクションを土台に公立図書館設置を決議[68]し、1896年4月に設置された[69]。そして公立図書館は1897年1月18日に一般市民に扉を開いた。この時、児童図書も同時に購入し、子どもに提供を開始したが、児童室と組織としての児童部門はまだ設けられずにいた。

1902年にカーネギーからの寄付を市が受け入れ、その資金で新たな中央館の建物と分館が建設されていった。1907年11月25日にロイヤル・ストリート分館、同年12月28日にアルジェ・ポイント分館、1908年1月31日にナポレオン分館が立て続けに開館した。いずれも独立した部屋としての児童室は設けられなかったものの、児童図書が置かれ、お話会を開催する空間として意識されていた[70]。そして、1908年10月26日にそれまでの中央館は閉館し、6日間かけて新たな建物へと移転した[71]。11月に開館した中央館には、入口の正面の奥にある事務室の左側に参考室、右側に児童室が設けられた[72]。児童室を設け、組織としての児童部門を新設することで、明確に児童へのサービスを開始したのである[73]。この時、ニューオーリンズの図書館に子どものための空間が初めて整備されることになる。その後も、1911年8月26日にキャナル分館が開館した。しかし、これらの図書館はいずれも白人のための図書館で、黒人は成人も子どもも利用できなかった。国勢調査によれば、この時期のニューオーリンズの人口構成（表5「ニューオーリンズの人口：1890-1920年」参照）は白人約73パーセント、黒人約27パーセントであった。人口全体に占める黒人の比率が少ないことは、黒人図書館整備への優先順位を相対的に下げることとなった。

表5　ニューオーリンズの人口：1890-1920年

年	全人口	白人人口（%）	黒人人口（%）
1890	242,039	177,376（73.3）	64,491（26.6）
1900	287,104	208,946（72.8）	77,714（27.1）
1910	339,075	249,403（73.6）	89,262（26.3）
1920	387,219	285,915（73.8）	100,920（26.1）

［出典］ "Table 19. Louisiana - Race and Hispanic Origin for Selected Large Cities and Other Places: Earliest Census to 1990," *Historical Census Statistics On Population Totals By Race, 1790 to 1990, and By Hispanic Origin, 1970 to 1990.* <https://www.census.gov/population/www/documentation/twps0076/LAtab.pdf>. ［Accessed: 2020-01-12］.

　ニューオーリンズで黒人の子どもが図書館にアクセスできるようになったの

は、1915年10月23日に黒人図書館としてのドリュアデス分館が開館してから
であった。ドリュアデス分館によって図書館に黒人の子どものための空間が設
けられることになったのである。

3.1　ニューオーリンズ公立図書館における組織の整備

　ニューオーリンズ公立図書館では、新たな中央館の開館に伴って1908年11
月に児童部門を新設し、ヘンリー・M.ギル館長の下で職員体制の充実も図っ
た。1907年に14名であった中央館の図書館員を17名に増員し、新たに副館長
としてL.・デソムアルジェ・ポイント分館長を副館長に据えた[74]。それに先立
つ1907年にはニューヨークへ児童図書館員に必要な知識を修得させるために
図書館員1名を派遣した[75]ものの、児童室の開室時には児童部門に役職は置か
れずにいた。この状態は、1914年から1915年にかけて「この部門での業務を
担うための研修を受けた人材がいないという不利な状況にある」[76]と報告され
ていることから判断すると、常態化したとみられる。分館には分館長と1名か
2名の図書館員が配置されていた。各図書館にはこれらの図書館員とは別に事
務員や用務員がいた。

3.2　ニューオーリンズ公立図書館における子どものための図書館空間

3.2.1　子どものための図書館空間の対象者

　公立図書館が開館した当初は、概ね13歳までの子ども向けの児童図書が配
架され、14歳以上は成人向けの蔵書の利用が推奨された[77]。つまり児童サー
ビスの対象者をおおよそ13歳までと考えていたようである。その後1914年か
ら1915年には15歳以下に向けた児童図書が置かれ[78]、1916年から1919年には
16歳以下に向けた児童図書が置かれていた[79]。このことは児童サービスの対
象年齢が厳密ではなく、状況に応じて変化していったことを示している。

3.2.2　子どものための図書館空間の整備

　カーネギーの寄付により建設された中央館児童室、ロイヤル・ストリート分
館、アルジェ・ポイント分館、ナポレオン分館の館内には、児童図書を利用す

るための子どもに合わせた特注のテーブルや椅子が置かれる[80]と同時に、読書リストなどを掲げる掲示板も設置された[81]。貸出カウンターは子どもの年齢に不適な図書の貸出を阻む役割を担っていた。定期的にお話の時間が設けられ、多くの参加者があったことが1908年に報告されている[82]。しかしながら、お話の時間は既に学校で取り組まれている内容と重複すると判断され、図書館としては別の取り組みに注力すべきとの結論に至った。それにより1909年から1911年までお話の時間には力が注がれなくなり、それに代わって力を注いだ取り組みが図書の貸出と掲示板を活用した読書案内であった。

3.3 児童図書の貸出

中央館児童室では、1908年の開室当初4,340冊の児童図書が所蔵されており、翌1909年には4,730冊へと400冊増加した（表6「ニューオーリンズ公立図書館中央館児童室の蔵書冊数：1908-1919年」）。この蔵書には、学校の授業で活用されることを意図して多数の複本が含まれていた。

表6　ニューオーリンズ公立図書館中央館児童室の蔵書冊数：**1908-1919年**

年	1908	1909	1910	1911	1912	1913	1914-15	1916-19
冊数	4,340	4,730	5,798	6,694	7,376	8,318	7,979	9,558

［出典］ニューオーリンズ公立図書館の各年報による。

1909年の貸出冊数は50,573冊で、蔵書回転率は約10.7冊となり非常に活用されていた状況が窺える。児童図書の貸出冊数は細かな変動はあるものの中央館で約5万冊から6万冊、分館で約1万冊から3万冊であった（表7「ニューオーリンズ公立図書館の中央館と分館における児童の貸出冊数：1908-1920年」参照）。

3.4 中央館における児童室という空間

児童図書の貸出が盛況であったことは、それを利用する子どもが中央館児童室へ多くやってきたことを意味する。1909年には「この短期間で読者が増加し、

表7 ニューオーリンズ公立図書館の中央館と分館における児童の貸出冊数：1908-1920年

	1908	1909	1910	1911	1912	1913	1914	1915	1916	1917	1918	1919	1920
中央館	5,885	50,573	56,095	48,459	68,549	64,704	55,751	54,362	53,324	51,056	45,965	50,502	51,066
ロイヤル・ストリート分館	19,365	19,467	19,172	19,537	21,154	19,679	86,473	24,727	24,974	28,213	25,964	26,796	28,096
アルジェ・ポイント分館	21,419	11,961	11,659	13,257	18,570	14,356		15,185	15,687	13,886	13,149	13,698	19,201
ナポレオン分館	16,362	17,114	12,353	14,519	18,615	19,117		25,034	24,771	26,653	24,693	23,450	19,064
キャナル分館				6,624	23,009	22,861		21,700	24,911	23,695	25,414	24,899	24,287
ドリュアデス分館（黒人分館）									6,720	9,424	10,088	9,641	9,042

・1908年のナポレオン分館は、開館した1月31日から12月31日までの値である。
・1908年の中央図書館は、児童室の開室した11月から12月31日までの値である。
・1911年のキャナル分館は、開館した8月26日から12月31日までの値である。
・1914年の86,473冊は、ロイヤル・ストリート分館、アルジェ・ポイント分館、ナポレオン分館、キャナル分館の合算値である。
[出典] ニューオーリンズ公立図書館の各年報による。

現在の［児童室の］スペースの4分の1を拡張したが、再び少なくとも半分くらいの拡張スペースを確保しなければならないという深刻な問題に直面した」[83]という。翌1910年には「開室初年度にでさえ、児童部門に割り当てられたスペースはあふれており、当然のごとく、本年は使える空間の必要性をより感じている。……読者や調べ物をする者の数が大幅に増加し、放課後から夕食時までは混雑し、活気ある光景が見られた」[84]と報告された。1911年には「児童部門が設置されてから3年が経過したが、その設備と空間は非常に不愉快になるほどに混雑しており、さらなる発展や現在の1,800人よりも多くの入室者を目指していくことは勧められない」[85]とし、1912年には「図書館のこの部門は絶えず使われており、部屋が混雑し、成人閲覧室へと侵食しても、約30人の閲覧者と1,500冊の図書が提供できるだけの十分なスペースを確保する必要がある」[86]と指摘された。このように、子どものための空間は図書館の想定よりも利用がはるかに多く、混雑する不快な空間となり、統制された静寂な空間として保つことが困難になっていた。十分な換気、採光、専用の入口のある中央館児童室としての整備が図られるのは、1937年まで待たねばならなかった[87]。

3.5　お話の空間

　お話の時間は既に述べた1908年の方針転換に伴って停滞していた。しかしながら、1912年から中央館と分館において、ニューオーリンズで結成されたストーリーテラー・リーグの女性会員エレノア・ペイン、A・ネイサンズ、ジョセフィン・リチャードソンなどのボランティア活動として実施されていくことになった[88]。あくまでもお話の時間の担い手は自発的なボランティアであり、過大な要請はできないものの[89]、継続的に取り組まれていった。なお、お話の時間が新規事業として再始動するのは、新たな児童室が開室した1937年である[90]。

3.6　学びの空間

　ニューオーリンズ公立図書館で人気を博した子ども向けイベントが「チョークトーク」であった。「チョークトーク」とは、作家などの講演者が、あるトピ

ックについて色付きのチョークで絵などを描きつつ、オリジナリティのある話をするというものであった。1910年には中央館の講堂で、著名な芸術家、作家、博物学者のジェイムズ・C.ビアードが、1,000人以上の子どもに向けて自然史やいくつかの事物の起源を教えるために、チョークトークを行った[91]。スケッチに何本かの線を書き加えることで、まったく異なる構図に変化させ、子どもの目を引くことになった。参加者が多かったので翌年も実施されている[92]。

3.7 読書へと導く仕掛けとしての掲示板

中央館児童室には1908年の開室当初より掲示板が設置され、図画や読書リストが定期的に張り出された[93]。1910年、掲示板に張り出されたのは、1月ニューオーリンズの戦い（米英戦争末期）およびリーとジャクソン、2月バレンタイン、カーニバル、ワシントンの誕生日、インディアン、3月動物愛護およびイースター、4月ジャンヌ・ダルクおよびルイジアナの日、5月彗星およびエドワード7世、6月リーとジャクソン、戦没者追悼記念日、国旗記念日、7月合衆国独立記念日、アメリカの夏、夏の海岸、8月夏山、9月新学期、10月ボーイスカウト、フットボール、野球、11月感謝祭、12月クリスマスであった[94]。1911年以降も掲示板を活用した図画や読書リストの掲示は継続されていった。取り上げられたテーマとしては、1911年[95]の鳥類、謝肉祭、動物の日、イースター、西部の山々、運動競技、ルイジアナの日、魚類、花、国、アメリカの女子大学、1912年[96]のアスレチック、南軍、田舎の家、探検家、旗、アーサー王、ルイジアナ100周年、ミシシッピ渓谷、農場での夏休み、山と海岸、アウトドア・スポーツ、米海軍、ウッドロー・ウィルソン第28代大統領、詩人のジェイムズ・ウィットコム・ライリー、1913年[97]の新年、ニューオーリンズの過去と現在、エイプリルフール、メキシコ、コロラド、アリゾナ、カリフォルニア、コロンブス、ハロウィン、ギリシア神話、旅行があった。特に旅行をテーマとした掲示は好評で、成人部門でも展示された。児童室内で掲示板を活用した理由としては、「若い読者に特定主題や特定の図書を図書館側から明確な指示をせずに、提案するという目的に効果的な」[98]手法と考えていた

からであった。

3.8　児童室への呼び水としての展示

　1909年から児童室内で展示が実施された。その1つが春の花に関する展示であった。展示のために子どもが持ち寄った花や市立公園の園長が提供した125種類以上の花を展示した。この年、最も成功した展示は「全国の人形」展であった。この展示には大勢の子どもが押し寄せ、貸出業務が滞るほどであった[99]。この展示をきっかけに児童室を利用する子どもも多かったことから継続的にとり組まれていった。1910年には、関心の高まっていたボーイスカウト運動に関する展示が行われた。深い森の中にある湖畔でのキャンプの場面が再現された。行事に関連した展示も行われ、初期ニューイングランドの感謝祭を再現した展示、クリスマス時期のヒイラギの葉やオーナメントによる装飾のほか、きれいに装飾された大きなクリスマスツリーも置かれた[100]。子どもの協力を得て展示の準備を行うことによって、展示への関心を促した。

　展示のために協力を得たのは、子どもだけではなかった。1912年にはディケンズの生誕100周年を記念した展示が行われた[101]。その際、ディケンズの作品の挿絵や書簡などが出版社から貸与されたし、多くの異なる版の図書も出版社や書店から貸与された。さらに大理石でできたディケンズ像、多数のディケンズの写真が展示され、好評を博した。

3.9　学校との連携

　公立図書館は校長や教師の協力を得て、学年ごとに図書館の児童室を訪問する取り組みを実施した。それをきっかけとして、それまで図書館を利用しなかった子どもが来館するようになった[102]。教師に導かれて来館する子どもに合わせて、図書館は公立学校の授業内容に合わせた図書やパンフレットを揃え、必要に応じて複本も準備した[103]。その取り組みの成果は、「図書館員による学校に向けたレファレンスワークに関して、児童部門の利用者からの増え続ける要求」[104]となって表れていることが報告された。しかし1914年以降中央館児童室の貸出冊数は減少する傾向にあった。その対策として、1919年に図書館

員が公立学校を訪問し、図書館活動を紹介し、興味を喚起するという取り組みを実施した[105]。その結果、1920年の中央館児童室の貸出冊数は、1919年の50,502冊から51,066冊へと微増した（表7参照）。さらに1922年からは小学校に向けて図書の貸出を開始した。子どもは自分の利用カードを持ち、教師が貸出返却業務を担当した。1930年にはこの取り組みを通して約90,000冊が貸出された[106]。

4　黒人の子どものための図書館空間

　黒人の子どもの図書館利用は、前述のように1915年にドリュアデス分館が開館してからであった。この分館の蔵書は他の分館よりも少なく[107]、そのため貸出冊数も他館より少ない傾向にあった（表7参照）。ドリュアデス分館が開館した時期は、ニューオーリンズ公立図書館にとって試練の時代であった。第1次世界大戦下の物価高騰で図書館予算が逼迫するとともに、事務員の求人増加とそれに伴う給与高騰もあって図書館員の離職が相次ぎ、ドリュアデス分館からも退職者が出た[108]。

　ドリュアデス分館は、黒人の子どものための図書館空間ではあったものの、成人と共用であり、限られた資金と人材で子どもへ読書を促す目立った取り組みを行うことは困難であった。学校との連携に関しても、分館の蔵書を活用し、黒人学校で教師の協力を得て図書の貸出を実施したものの、分館の蔵書数が少なく活動を制限せざるを得なかった。黒人の子どもは形式上、児童サービスの対象者となったものの子どもに合わせた空間は提供されていなかった。ドリュアデス分館において子どものための空間が整っていくのは1937年からで、研修を受けた図書館員が2,000人を超える子どもにお話会を行うようになってからと考えられる[109]。

おわりに

　本稿では、アトランタ・カーネギー図書館とニューオーリンズ公立図書館の児童サービスに焦点をあて、白人の子どもと黒人の子どもへの図書館サービス空間という視点でまとめてきた。

アトランタの児童サービス空間は、1902年にカーネギーの寄付を活用した新たな建物に設けられた時を起点とする。半地下構造の部屋は、採光や照明が考慮されるとともに、植物も置かれた明るく居心地の良い空間とされた。子どもに合わせたテーブルや椅子が置かれるとともに、読書リストや関連する図画の掲示を行うための掲示板も設置された空間であった。しかしながら、この空間は白人の子どもを対象とし、黒人の子どもは利用できず排除されていた。黒人の子どものための図書館空間は、1921年に黒人図書館としてのオーバーン分館が設けられるまで存在しなかった。ニューオーリンズも1908年にカーネギーの寄付によって建設された図書館に児童室が設けられ、子どもに合わせたテーブルや椅子、読書リストや図画を貼るための掲示板も設置されていた。しかしアトランタと同じようにニューオーリンズにおいても、1915年に黒人図書館としてのドリュアデス分館が開館するまで、黒人の子どもは図書館空間から排除されていた。

　アトランタでは専任の児童図書館員が子どもの清潔さを確認し、必要に応じて児童室入口付近の手洗い場で洗うよう指示するとともに、不適切な態度の子どもを退館させる措置を用いていた。一方、ニューオーリンズは専任の児童図書館員を配置せず、専任不在の中央館児童室は子どもであふれ、成人閲覧室に侵食していた。アトランタの児童室は統制され、ニューオーリンズの児童室は統制が取れていない空間であった。

　アトランタの児童サービスの特徴はお話の時間にある。お話の時間を担当する専任のストーリーテラーを配置し、毎週お話の時間を中央館や分館の児童室で実施した。一方、ニューオーリンズは、学校での取り組みと重複するという理由でお話の時間を重視しなかった。それよりもチョークトークや多様な展示を活用して学びを促そうとした。アトランタでの子どものための図書館空間の特徴はお話の空間、ニューオーリンズでの子どものための図書館空間の特徴は学びの空間にあったと言えるだろう。

　また両館とも、学校との連携を推進し、図書館員による学校訪問、子どもによる図書館への訪問が行われた。さらに学校への配本を行い、図書館サービスを館外に拡張することで、子どものためのサービス空間も市内へと広がりを見

せていったのである。

　アトランタとニューオーリンズでは、黒人の子どものための図書館空間は黒人分館の開館とともに形式上整えられた。しかし両館とも図書の不足や児童サービスに理解のある図書館員の不在によって、黒人の子どものための空間としての役割を十分に発揮できなかった。アトランタとニューオーリンズにおいて、黒人分館が黒人の子どものための図書館空間としての役割を発揮するには、児童サービスを担う図書館員が活躍する1930年代後半を待たなければならなかった。つまり黒人の子どもは黒人と子どもという二重の排除に直面していたのである。

注

1) 中山愛理「ピッツバーグ・カーネギー図書館における児童サービス空間」相関図書館学方法論研究会（川崎良孝・吉田右子）編『トポスとしての図書館・読書空間を考える』（シリーズ「図書館・文化・社会」1), 松籟社, 2018, p. 181-209.

2) 川崎良孝『アメリカ公立図書館・人種隔離・アメリカ図書館協会：理念と現実との確執』京都図書館情報学研究会発行, 日本図書館協会発売, 2006, p. 39-56.

3) Anne Wallace, "New Building," *First Annual Report to the Carnegie Library of Atlanta, Ga. for Year Ending December 31, 1899*, p. 13.

4) James V. Carmichael, Jr., *Tommie Dora Barker and Southern Librarianship,* University of North Carolina at Chapel Hill, 1987, p. 72.

5) ウィリアム・E.B.デュボイス文書（W.E.B. Du Bois Papers（MS 312). Special Collections and University Archives, University of Massachusetts Amherst Libraries).

6) "Library Staff," *Fourth Annual report Carnegie Library of Atlanta for year ending December 31, 1902*, p. 1.

7) "Library Staff," *Seventh Annual report Carnegie Library of Atlanta for year ending December 31, 1905*, p. 3.

8) "Children's department," *Ninth Annual report of the Board of Trustees of the Carnegie Library of Atlanta made to the Honorable Mayor and City Council of the City of Atlanta for the year 1907*, p. 10.

9) "Staff," *Fifteenth Annual report of the Board of Trustees of the Carnegie Library of Atlanta, Georgia made to the Honorable Mayor and General Council Covering the Work of the Library for the year ending December 31, 1913*, p. 17.

10) Alma H. Jamison, "Development of the Library in Atlanta," *Atlanta Historical Bulletin*,

vol. 4, no. 2, 1939, p. 110-111.

11) "Children's room," *Fourth Annual report Carnegie Library of Atlanta ..., 1902, op.cit.,* p. 23; "Children's department," *Fifth Annual report Carnegie Library of Atlanta for year ending December 31, 1903,* p. 13.

12) *Second Annual report of the Board of Trustees of the Carnegie Library of Atlanta,* 1901, p. 12-13.

13) *First Annual report of the Board of Trustees of the Carnegie Library of Atlanta,* 1900, p. 13.

14) "The Carnegie library of Atlanta," *Carnegie Library Bulletin,* vol. 1, no. 3, October 1902, p. 5.

15) "Children's department," *Tenth Annual report of the Board of Trustees of the Carnegie Library of Atlanta made to the Honorable Mayor and City Council of the City of Atlanta 1908,* p. 13-14.

16) "Children's room," *Fourth Annual report Carnegie Library of Atlanta ..., 1902, op.cit.,* p. 23-24.

17) "Children's department," *Fifth Annual report Carnegie Library of Atlanta ..., 1903, op.cit.,* p. 13-14.

18) "Children's room," *Sixth Annual report Carnegie Library of Atlanta for year ending December 31, 1904,* p. 16-19.

19) "Children's department," *Tenth Annual report of the Board of Trustees of the Carnegie Library of Atlanta ... 1908, op.cit.,* p. 13-14.

20) "Children's department," *Eleventh Annual report of the Board of Trustees of the Carnegie Library of Atlanta made to the Honorable Mayor and City Council of the City of Atlanta 1909,* p. 10.

21) *ibid.,* p. 11-12.

22) "Anne Wallace," *ibid.,* p. 15.

23) "Anne Wallace Branch," *Seventeenth Annual report of the Board of Trustees of the Carnegie Library of Atlanta 1915,* p. 16-17.

24) "Children's Department," *Eighteenth Annual report of the Board of Trustees Carnegie Library of Atlanta, Georgia 1916,* p. 16.

25) "Children's room," *Fourth Annual report Carnegie Library of Atlanta ... 1902, op.cit.,* p. 23-24.

26) "Children's department," *Seventh Annual report Carnegie Library of Atlanta ... 1905, op.cit.,* p. 13-14.

27) "Children's room," *Sixth Annual report Carnegie Library of Atlanta ... 1904, op.cit.,* p. 16-19.

28) "The Carnegie library of Atlanta," *Carnegie Library Bulletin, op.cit.*, p. 5.

29) "Children's department," *Seventh Annual report Carnegie Library of Atlanta … 1905, op.cit.*, p. 13-14.

30) "Children's department," *Tenth Annual report of the Board of Trustees of the Carnegie Library of Atlanta … 1908, op.cit.*, p. 13-14.

31) "Children's room," *Fourth Annual report Carnegie Library of Atlanta … 1902, op.cit.*, p. 23-24.

32) "Children's room," *Sixth Annual report Carnegie Library of Atlanta … 1904, op.cit.*, p. 16-19.

33) "Children's department," *Seventh Annual report Carnegie Library of Atlanta … 1905, op.cit.*, p. 13-14.

34) "Children's department," *Tenth Annual report of the Board of Trustees of the Carnegie Library of Atlanta … 1908, op.cit.*, p. 13-14.

35) "Children's department," *Twelfth Annual report of the Board of Trustees of the Carnegie Library of Atlanta made to the Honorable Mayor and City Council of the City of Atlanta 1910*, p. 11-12.

36) *ibid.*, p. 10.

37) "Juvenile department," *Fourteenth Annual report of the Board of Trustees of the Carnegie Library of Atlanta, Georgia made to the Honorable Mayor and General Council Covering the Work of the Library for the year ending December 31, 1912*, p. 15-17.

38) "Anne Wallace," *Eleventh Annual report of the Board of Trustees of the Carnegie Library of Atlanta … 1909, op.cit.*, p. 15.

39) "Children's Department," *Seventeenth Annual report of the Board of Trustees of the Carnegie Library of Atlanta 1915, op.cit.*, p. 15.

40) "Children's room," *Fourth Annual report Carnegie Library of Atlanta … 1902, op.cit.*, p. 23-24.

41) "Children's department," *Seventh Annual report Carnegie Library of Atlanta … 1905, op.cit.*, p. 13-14.

42) *ibid.*, p. 13-14; "Children's department," *Ninth Annual report of the Board of Trustees of the Carnegie Library of Atlanta … 1907, op.cit.*, p. 10.

43) "Children's department," *Eighth Annual report of the Board of Trustees of the Carnegie Library of Atlanta made to the Honorable Mayor and City Council of Atlanta 1906*, p. 11-13.

44) "Children's department," *Ninth Annual report of the Board of Trustees of the Carnegie Library of Atlanta … 1907, op.cit.*, p. 10.

45) "Children's department," *Tenth Annual report of the Board of Trustees of the Carnegie

Library of Atlanta ... 1908, op.cit., p. 13-14.

46） Julia T. Rankin, "Story hour in Carnegie library of Atlanta," *Library Journal*, vol. 36, no. 4, April 1911, p. 181.

47） "Children's department," *Twelfth Annual report of the Board of Trustees of the Carnegie Library of Atlanta ... 1910, op.cit.*, p. 11-12.

48） "Juvenile department," *Thirteenth Annual report of the Board of Trustees of the Carnegie Library of Atlanta made to the Honorable Mayor and City Council of the City of Atlanta 1911*, p. 11-12.

49） "Children's Department," *Seventeenth Annual report of the Board of Trustees of the Carnegie Library of Atlanta 1915, op.cit.*, p. 15.

50） "Children's room," *Sixth Annual report Carnegie Library of Atlanta ... 1904, op.cit.*, p. 16-19.

51） "Work with the Schools," *Fifteenth Annual report of the Board of Trustees of the Carnegie Library of Atlanta ... 1913, op.cit.*, p. 11.

52） "Report of the Librarian," *Nineteenth Annual report of the Board of Trustees of the Carnegie Library of Atlanta for the year ending December 31, 1917*, p. 9-11.

53） *Second Annual report of the Board of Trustees of the Carnegie Library of Atlanta, op.cit.*, p. 12-13.

54） "Juvenile department," *Fifteenth Annual report of the Board of Trustees of the Carnegie Library of Atlanta ... 1913, op.cit.*, p. 13.

55） "Reference department," *Sixteenth Annual report of the Board of Trustees of the Carnegie Library of Atlanta 1914*, p. 13-14.

56） "Report of the Librarian," *Nineteenth Annual report of the Board of Trustees of the Carnegie Library of Atlanta ... 1917, op.cit.*, p. 11.

57） "Children's department," *Eleventh Annual report of the Board of Trustees of the Carnegie Library of Atlanta ... 1909, op.cit.*, p. 10.

58） William F. Williams, "News and Views," *The Southern indicator*, vol. 22, no. 37, August 6, 1921, p. 1.

59） "Education," *The Crisis*, vol. 22, no. 1, May 1921, p. 30.

60） Akilah S. Nosakhere and Sharon E. Robinson, "Library Service for African Americans in Georgia: A Legacy of Learning and Leadership in Atlanta," *Georgia Library Quarterly*, vol. 35, iss. 2, Summer 1998, p. 10.

61） Annie L. McPheeters, *Library service in black and white: some personal recollections, 1921-1980*, Metuchen, NJ, Scarecrow Press, 1988, p. 29.

62） *Auburn Branch Yearly Report for 1939*, p. 3 （Auburn Avenue Research Library Annie L. McPheeters papers aarl 90-005）.

63) *Report Auburn Branch 1941*, p. 4（Auburn Avenue Research Library Annie L. McPheeters papers aarl 90-005）.

64) *Carnegie Library Auburn Branch Annual Report for 1940*, [p. 3]（Auburn Avenue Research Library Annie L. McPheeters papers aarl 90-005）.

65) Annie L. McPheeters, *Library service in black and white, op.cit.*, p. 29 -30.

66）川崎良孝『アメリカ公立図書館・人種隔離・アメリカ図書館協会』*op.cit.,* p. 48.

67) *New Orleans Mayor Correspondence*, 1852 p. 2-7.

68) *Fisk Free and Public Library of New Orleans: Historical Sketch. By Laws,* 1897, p. 8-13.

69) *Annual Report of the New Orleans Public Library Fisk Library Simon Hernsheim Library, 1907*, p. 5.

70) *ibid.,* p. 16; *Annual Report of the New Orleans Public Library Fisk Library Simon Hernsheim Library, 1908*, p. 16.

71) *ibid.,* p. 6.

72) *ibid.,* p. 8

73) *ibid.,* p. 15.

74) *ibid.,* p. 4.

75) *Annual report of the New Orleans Public Library … 1907, op.cit.*, p. 4.

76) "Juvenile department," *Annual report of the New Orleans public library, Fisk Library Simon Hernsheim Library 1914-1915*, p. 9-10.

77) "Children's department," *Annual report of the New Orleans Public Library … 1908, op.cit.*, p. 15.

78) "Juvenile department," *Annual report of the New Orleans public library … 1914-1915, op.cit.*, p. 9.

79) *Annual report of the New Orleans public library, Fisk Library Simon Hernsheim Library 1916-1919*, p. 14.

80) Emma C. Richey and Evelina P. Kean, *The New Orleans book*, New Orleans, L.Graham, 1915, p. 119-120.

81) *Annual Report of the New Orleans Public Library … 1907, op.cit.,* p. 16.

82) *Annual Report of the New Orleans Public Library … 1908, op.cit.,* p. 15.

83) "Children's department," *Annual report of the New Orleans public library, Fisk, Simon Hernsheim and Carnegie Libraries 1909*, p. 10.

84) "Children's department," *Annual report of the New Orleans public library, Fisk Library Simon Hernsheim Library 1910*, p. 10.

85) "Children's department," *Annual report of the New Orleans public library, Fisk Library Simon Hernsheim Library 1911*, p. 11.

86) "Children's department," *Annual report of the New Orleans public library, Fisk Library*

Simon Hernsheim Library 1912, p. 12.

87) "Activities for Children," *New Orleans public library, Fisk Library Simon Hernsheim Library: Founded 1843: Annual report 1937*, p. 7.

88) "Children's department," *Annual report of the New Orleans public library … 1912, op.cit.*, p. 12-14.

89) "Juvenile department," *Annual report of the New Orleans public library … 1914-1915, op.cit.*, p. 9-10.

90) *Annual report of the New Orleans public library … 1916-1919, op.cit.*, p. 14-15.

91) "Children's department," *Annual report of the New Orleans public library … 1910, op.cit.*, p. 11-12.

92) "Children's department," *Annual report of the New Orleans public library … 1911, op.cit.*, p. 11.

93) "Children's department," *Annual report of the New Orleans Public Library … 1908, op.cit.*, p. 15.

94) "Children's department," *Annual report of the New Orleans public library … 1910, op.cit.*, p. 13.

95) "Children's department," *Annual report of the New Orleans public library … 1911, op.cit.*, p. 11.

96) "Children's department," *Annual report of the New Orleans public library … 1912, op.cit.*, p. 12.

97) "Juvenile department," *Annual report of the New Orleans public library, Fisk Library Simon Hernsheim Library 1913*, p. 17-20.

98) "Children's department," *Annual report of the New Orleans public library … 1912, op.cit.*, p. 12.

99) "Children's department," *Annual report of the New Orleans public library … 1909, op.cit.*, p. 10.

100) "Children's department," *Annual report of the New Orleans public library … 1910, op.cit.*, p. 10-13.

101) "Children's department," *Annual report of the New Orleans public library … 1912, op.cit.*, p. 12-14.

102) "Children's department," *Annual report of the New Orleans public library … 1909, op.cit.*, p. 11.

103) "Children's department," *Annual report of the New Orleans public library … 1910, op.cit.*, p. 10-11.

104) "Children's department," *Annual report of the New Orleans public library … 1912, op.cit.*, p. 12.

105）*Annual report of the New Orleans public library … 1916-1919, op.cit.*, p. 14.

106）*Annual report of the New Orleans public library, Fisk Library Simon Hernsheim Library: Founded 1843: 1928-1929-1930*, p. 11.

107）*Annual report of the New Orleans public library … 1916-1919, op.cit.*, p. 11.

108）*ibid.*, p. 7-11.

109）*New Orleans public library, Fisk Library Simon Hernsheim Library: Founded 1843: Annual report 1939*, p. 18.

ピノキオ・コーナーの評価をめぐる理念と現実の確執
1970 年代の「差別図書」問題と図書館の社会的責任

福井　佑介

はじめに

　図書館や図書館関係団体は、社会的あるいは政治的文脈を意識した決議や声明を出すことがある。そこには、「図書館の社会的責任、すなわち、社会と図書館との関係性の中で顕在化している図書館関係者の自己認識や規範」[1] が反映されている。また、特定の立場の採用は、あらゆる情報を取り扱うという図書館の基本的性格との間に、葛藤を生じさせることもある。

　1970 年代後半の図書館界の社会的責任や規範を理解する上で、いわゆる『ピノキオ』事件は重要な事例である。『ピノキオ』事件は、1976 年に、名古屋市の住民が童話『ピノキオ』を「『障害者』差別の童話」[2] として告発し、名古屋市図書館が貸出・閲覧を停止したことを発端とする。新聞や雑誌で大きく報道されたこともあって、この事件は衆目を集めた。後述のように、名古屋市図書館は、『ピノキオ』の告発者や、障害者、図書館関係者などと議論を重ねながら、3 年にわたって、継続的にこの問題に取り組んだ。特に、「差別図書」の問題への取り組み方を定式化した「検討の三原則」や、市民的な合意づくりを目的にしたピノキオ・コーナーの設置は、図書館界で大きく注目された。

　本研究では、社会的責任や規範の観点から、ピノキオ・コーナーを図書館界が、どのような形で受容したのかを明らかにする。構成は以下の通りである。第 1 章で、『ピノキオ』事件の歴史的な位置や、学術的な重要性、先行研究をまとめ、ピノキオ・コーナーに着目する本研究の位置付けを確認する。第 2 章で

は、議論の前提として、ピノキオ・コーナーを中心に、『ピノキオ』事件の概要を示す。第3章で、ピノキオ・コーナーの評価をめぐる論争の主戦場となった図書館問題研究会での議論を詳述する。第4章において、『ピノキオ』事件の経験の共有に重要な役割を果たした「図書館の自由に関する宣言」の解説を扱い、どの側面が強調されたのかを検討する。そして、「おわりに」で、ピノキオ・コーナーの評価をめぐる構造と図書館界の受容の在り方を検討する。議論を先取りすれば、現在、『ピノキオ』事件の教訓として伝えられる内容とは別に、当時はピノキオ・コーナーの評価をめぐる対立が存在した。そこには、差別問題をとりまく図書館の状況の地域的な相違を背景に、無条件の貸出を行うべきであるという規範と、現実的な制約の下で解決を模索する取り組みであることの、どちらに評価の重心を置くかという違いが反映されていた。

なお、「障害者」の表記に関して、現在では「障碍者」や「障がい者」と表記することもあるが、本研究では歴史研究として、当時の表現のままとする。また、差別表現として批判の対象となった言葉についても、行論上の必要な範囲で引用する。

1　本研究の位置付けと先行研究

『ピノキオ』事件では、社会と図書館の関係性が問われていた。例えば、1979年10月に名古屋市図書館が『ピノキオ』を児童室に戻すという決定を行うにあたって、差別問題と「市民の知る権利を保障するという図書館の責任」[3]の両面を視野に入れた声明を公表していた。また、1977年の全国図書館大会[4]で、『ピノキオ』事件の報告の前に、進行役の塩見昇が「大きな問題として、部落差別、障害者差別などを助長もしくは拡大につながるおそれのある図書が出版され、それを図書館が収集し利用に供していくのが果たしていいのかどうかという指摘がある」と述べた。その上で、「社会的差別をなくしていくことは重要な国民的課題である。それに対して図書館がどうかかわるのか（中略）私たちに問われているのは、図書館の仕事としてどうかかわるのか、すなわち図書館労働を通してこのような社会的、現代的課題にどうかかわるのかということではないだろうか」と指摘していた[5]。このように、同時代的にも、差別問

題という社会的課題と図書館の立場との関係性が問われているという認識があった。

　さらに、戦後公立図書館史の流れの中で、この認識の位置を理解することができる。1960年代から70年代にかけて、公立図書館では質的転換と大衆化が進み、資料中心の保存重視から利用者重視のサービス志向へと移行した。特に、『中小都市における公共図書館の運営』[6]や、それに基づく日野市の図書館実践、『市民の図書館』[7]の影響から、資料の貸出を重視する運動論が拡大しつつあり、理念の面では、図書館活動から指導性を排除する考え方が高まっていたという状況であった[8]。それゆえ、「差別図書」と告発された資料の取り扱いに関する問題は、資料を幅広く提供しようとする図書館の社会的責任が、実践の側から問われるようになったものと位置付けることができよう。

　そして、『ピノキオ』事件は、「図書館の自由に関する宣言」の文脈の中で、現在まで言及され続けることになる。1954年に採択された「図書館の自由に関する宣言」が1979年に改訂されるにあたって、「資料提供の自由」の項目で、最大限の資料提供を前提に、例外的な制限項目が設定されている。その第1は、「人権またはプライバシーを侵害するもの」であった。当該宣言の改訂に関わった塩見昇が明らかにするように、この制限項目は検討段階で多くの議論を呼び、そこには『ピノキオ』事件を含めた差別の問題が念頭にあった[9]。さらに、第4章で詳述するように、1979年、1987年、2004年の3度にわたって刊行された同宣言の解説でも、この制限条項との関係で『ピノキオ』事件への言及は続き、教訓として、「検討の三原則」が大きく取り上げられている。

　以上のような重要性がありながらも、『ピノキオ』事件は、「差別図書」というセンシティブな問題と関わるためであろうか、本格的な研究の俎上に載せられてこなかった。『ピノキオ』事件を取り上げた先行研究として、1990年の松尾敏明・棚橋美代子による『ちびくろサンボとピノキオ』がある。そこでは、図書館問題研究会がまとめた資料集を基に、時系列をまとめている。ただ、議論の中心は当時の動向に対する価値判断にあり、『ピノキオ』の作品評価、障害者差別論のロジック批判、図書館の閲覧禁止措置の批判を行っている[10]。また、『図書館の自由に関する事例33選』でも、児童文学としての『ピノキオ』の

評価、閲覧・貸出停止措置、名古屋市図書館の対応がまとめられている。その上で、同じく資料集に依拠しながら、対立する意見の両論を簡略に併記し、積極的な評価や解釈はなされなかった[11]。

　このように、宣言の解説や先行研究では、『ピノキオ』事件の経過は概説にとどまり、結果（教訓）に焦点があてられる傾向にあった。そのため、『ピノキオ』事件を多角的に検討し、歴史研究としての精度を高める必要があろう。このことを認識しつつ、本研究は、ピノキオ・コーナーの評価にまつわる図書館界での議論に焦点を絞る。これは、上記の諸文献で捨象されていた側面を取り上げるということを意味する。

2　『ピノキオ』事件とピノキオ・コーナー

2.1　『ピノキオ』事件の概要

　まず、『ピノキオ』事件を概観し、ピノキオ・コーナーの位置を確認する[12]。

　1976年11月、名古屋市在住の四方八洲男が、子供への読み聞かせを行う中で、小学館発行の『オールカラー版世界の童話9　ピノキオ』に障害者差別を助長する内容があると認識した[13]。同51年版も同様の内容であることを確認し、小学館に抗議した。同書以外のシリーズにも対象を拡大しながら、小学館と複数回の話し合いを行った。小学館は、4つのシリーズについて書店等からの回収を決定したが[14]、1976年10月に発行されたばかりの『国際版少年少女世界文学全集』の第1巻は、用語の使用に問題がないため、回収の対象外とした。この対応を不十分として、四方らは11月15日に「『障害者』差別の出版物を許さない　まず『ピノキオ』を洗う会」（以下、「洗う会」）の結成を決め[15]、24日から活動を開始し、26日にアピールを公表した。

　四方らが問題視しているのは、『ピノキオ』に登場する、ネコとキツネに関わる部分であった。筆者が当時の資料を確認したところ、概して『ピノキオ』には、ネコとキツネが3度登場する。目が見えないふりをするネコと故意に足を引きずるキツネが、知り合ったピノキオが金貨を持っていることを知り、正体を隠して強盗を働いて木につるしたり、金貨を埋めれば金貨が生る木が育つと騙したりして、ピノキオから金貨を奪い取る。物語の終盤にも登場し、本当

に目が見えなくなり、足が悪くなったネコとキツネが施しを求めるが、ピノキオはもう騙されないと断るのである[16]。

「洗う会」のアピールである「『障害者』差別の童話『ピノキオ』の全面回収を求める」では、ネコとキツネを描写した「めくら」と「びっこ」という用語だけを問題視しているわけではない。話の筋書きも批判し、「『障害者』は危なくて、おそろしい人達、また、不幸でかわいそうなあわれむべき人達」という描き方に、子供への悪影響を懸念した[17]。

このアピールの内容が、翌27日に新聞報道で大きく取り上げられたのを受けて、名古屋市図書館では、問題の性質を検討し、用語の問題と判断した。そして、各館に電話連絡で、『ピノキオ』を事務室に回収し、閲覧・貸出を見合わせるよう指示があった。その後、12月に、臨時児童奉仕担当者会や職員全体での検討会が開催され、中央館が一方的に回収指令を出したことの問題追及がなされたものの、結果論として扱い、今後の対応の検討が重ねられた。

1977年3月には、公開の条件を検討する目的で、分館長、係長、児童担当者の各2名から構成される「六人委員会」が発足した。5月31日に、「六人委員会」は見解をまとめて、解散した。その見解の要旨は「ピノキオ問題は深く図書館の自由にかかわる重要な問題であり、今後広く検討する必要があるので、ピノキオは公開する」というものであった[18]。これについて、庶務係長として、この問題に深くかかわるようになる中村幸夫は、「回収責任にふれないばかりか、公開や検討の方法について具体的な提案は見られませんでした」[19]と批判した。7月26日の、名古屋市図書館と「洗う会」との間で行われた懇談会では、「六人委員会」の結論に「コメントをピノキオに貼付する方向になった」[20]ことが含められていた。「洗う会」は『ピノキオ』の差別性や障害者との関わり方の観点から批判し、取り組みの継続を求めた[21]。

そして、9月に、名古屋市図書館は「ピノキオ検討小委員会」を組織した。これは、館長3名、係長2名、児童担当者1名から成っていた[22]。当該委員会で議論を重ね、1978年6月に、論議を結晶化した「ピノキオ問題の解決のために」が全体集会で承認されるに至った[23]。

そこで示された路線に沿って、「『ピノキオ』検討のための別置実行委員会」

が発足した。当該委員会は、中央館3名、各館1〜2名の計22名から構成され、館長や児童奉仕関係者などを含めた、さまざまな立場の職員で構成されていた[24]。この委員会は、「職員だけで検討すべきではなく、障害者やそのまわりの人たちとも話し合い、さらに一般市民も参加して話し合う機会を図書館がつくっていくべきであるという共通理解に立って、そのことを具体化していく役割をもつもの」[25]であった。この「具体化」の取り組みこそ、ピノキオ・コーナーであった。

2.2 ピノキオ・コーナーの概要

　ピノキオ・コーナーは、1978年10月1日から1年間、名古屋市図書館の全館に設置されることとなった。中央館、14の分館、4つの巡回文庫で予定通り開始され、残す移動図書館1台のみ、12月1日からの開始となった。いずれも、カウンター近くの、最も人目につきやすい場所に設置されていた[26]。この実践に関して、図書館問題研究会の常任委員会が、1979年6月13日に、名古屋市図書館を訪問し、ピノキオ・コーナーを見学した。同時に、「『ピノキオ』検討のための別置実行委員会」のメンバーである斉藤亮（天白図書館館長）など3名から、ピノキオ・コーナーの設置について聞き取り調査を行った。

　その調査報告によれば、ピノキオ・コーナーは全館共通の方針に基づいて運営されていた。ピノキオ・コーナーに置かれた資料は、「洗う会」の批判の対象になった小学館の『国際版少年少女世界文学全集』の第1巻を含めて、出版社の異なる6点の『ピノキオ』と4点の関係資料であった。後者は、名古屋市図書館がまとめた『ピノキオ検討資料』と『利用者の意見集』に加えて、図書館問題研究会がまとめた『ピノキオ問題に関する資料』第1集と第2集をあわせたものと、「洗う会」の1976年のアピールであった。また、「『ピノキオ・コーナー』を設けました」と題する掲示も共通して実施された[27]。

　アンケートの依頼は、利用者が、ピノキオ・コーナーに置かれた資料を貸出カウンターに持ってきたときに、職員から行われた。カウンターにアルバイトが座っている場合には、職員が出てきて、対応していたという。職員が、「"ピノキオ"問題の解決のために」という、今回の措置に踏み切った名古屋市図書

館としての見解を綴った印刷物と、「洗う会」のアピール文、アンケート用紙を手渡した上で、大要、次のことを説明した[28]。

 (1)『ピノキオ』には「洗う会」から障害者差別を助長する内容があるという問題提起があったこと

 (2) 図書館では、この問題を広く市民と一緒に検討したいと考え、アンケートを依頼すること

 (3) アンケート用紙は、図書返却時に持参してもらうこと

 アンケートの回収は、記入者自身がアンケートボックスに投函する方法を採った。これは、利用者の心理的圧迫感の軽減と、回答するか否かの判断を利用者の自主性にゆだねるという狙いがあった。アンケートボックスはコーナーから離れた、カウンターの端に置かれた。

 また、ピノキオ・コーナーの実施と並行して、名古屋市図書館では、「『ピノキオ』を考える市民のつどい」を3回開催したり、障害を持つ人たちと話し合うために2つの共同作業所を訪ねたり、「身体障害者問題についての職員研修会」を2回開催したりした[29]。

 このような、市民的な討議を重視する試みの背景には、理念としての「検討の三原則」が存在した。ただし、ピノキオ・コーナーに先立って明示されていたわけではなかった。むしろ、これが名古屋市図書館の中で定式化したのは、ピノキオ・コーナーの設置期間中であった。中村幸夫が明かすには、1979年5月のことであり、図書館問題研究会の全国大会の特別実践報告などで、具体的な内容を周知している[30]。

 (1) 問題が発生した場合、職制の判断によって処理することなく、全職員で検討する。

 (2) 図書館員だけが制約された条件の中で判断するのではなくて、広範な市民の意見を聞いて判断していく。

 (3) 人権侵害にかかわる問題については、偏見と予断にとらわれないよう、問題の当事者の意見を必ず聞く。

 あわせて、これを実践していく組織として、名古屋市図書館内に「図書館の自由問題検討委員会」を設けることに合意が得られていることを報告した[31]。

この「検討の三原則」は、第4章でみていくように、図書館界で広く共有されることになる。それにもかかわらず、成立時期以外の、定式化したプロセスは明らかではなかった。後年、中村が、静岡大学同窓会の「憲法50年シンポジウム」への参加論文の中で明らかにするには、「不思議なことにこの『3原則』の定式化にあたって、名古屋では一回の討論もしたことがない」と述べ、「自然発生といってよかった」とする事情を説明している[32]。それによると、時期を同じくして、紙芝居『くろいいぬ』に含まれる表現をめぐる問題提起があり、紙芝居の作者に問題の所在を伝える必要があった[33]。その際、「ピノキオ問題に取り組んでいた名古屋の姿勢を簡潔に総括する必要があった。そこで、それまでの活動のスタイルを3か条にまとめたまでで、それ以外の意図は何もなかった」と述べている。その後、『くろいいぬ』の作者への手紙の内容を検討委員会に報告したときに、同僚の司書が、「『中村さん、今の3か条はまさに検討の3原則というべきですよ』と、ほめてくれた。以上が『検討の3原則』誕生のすべてである」とまとめている[34]。

　さて、ピノキオ・コーナーに寄せられた意見の累計は、1978年10月末の時点で42通[35]、1979年の4月末で218通[36]、6月末で255通[37]、8月末で300通[38]という推移をみせた。最終的に、児童を含めて305通の回答が集まった。そして、コーナーの終了が目前に迫った9月21日に名古屋市図書館職員の全体集会で、『ピノキオ』の閲覧・貸出停止を解除する方針を採択した[39]。その論理は、10月1日に公表された「『ピノキオ』を閲覧室に戻します」に反映されていた。

　　100年前に書かれた童話『ピノキオ』は、現代の目で見直せば問題になる表現・内容を持っています。図書館がそれを提供することによって、障害を持つ人たちを傷つけ、差別思想を助長するおそれがないとはいいきれません。しかし、『ピノキオ』が障害を持つ人個人の人権を明らかに侵害していることも、子どもの差別意識を助長するかどうか具体的に解明することも困難ですし、明白な差別図書であるかどうかは断定できません。さらに、差別助長するおそれがないとはいいきれないという理由で資料提供をやめることは、市民の知る権利を保障するという図書館の責任を放棄することになりますので、『ピノキオ』を児童室（コーナー）に

戻します。また、これまでの記録を作成し、公表します。

　資料の内容に問題があると、市民から指摘された場合、明らかに人権
またはプライバシーを侵害すると認められる資料を除き、資料提供をし
ながら市民と共に検討します。この窓口として意見交換のできる「意見の
ひろば」を設けますので、ご活用ください。また、問題を市民や当事者と
検討していくために図書館の自由問題検討委員会を常設し、検討・調査・
研修等を行います[40]（傍点、引用者）。

　この結論について、「洗う会」は必ずしも納得したわけではなく、「敢えて児
童に提供するに値う意義が、具体的に実証されるのでなければ、引き続き、児
童書のコーナーに本書を置かぬこと」[41]（原文ママ）を名古屋市図書館に申し入
れた。このことを、「洗う会」自身が図書館問題研究会の会員に向けて『みんな
の図書館』1980年2月号の「ピノキオ問題『終結』に思う」で報告している。同
時に、名古屋市図書館の3年間の取り組みを列挙し、「さまざまな論議を重ね、
どうすべきか模索を続けたその態度には敬意を惜しむものではありません」と
評価し、それに続けて、「いやむしろ、敬意を感じるからこそ、それがよりよ
い形で実を結ぶことを願わずにはおれない」と述べるように、プロセスについ
ては理解を示していた[42]。

　以上の経緯からわかるように、名古屋市図書館は継続的にこの問題に取り組
み、結論を導くにあたって、ピノキオ・コーナーという実践が重要な位置を占
めていた。次章では、図書館界において、このコーナーにどのような反応があ
ったのかを検討する。

3　ピノキオ・コーナーの評価をめぐる対立

3.1　主戦場としての図書館問題研究会

　『ピノキオ』事件は、新聞や週刊誌で取り上げられ、広く注目されていた。
図書館界でも、日本図書館協会の機関誌である『図書館雑誌』や、第1章でも
触れた全国図書館大会で取り上げられることがあったものの、最も大きく取り
上げたのは、図書館問題研究会であった。

　図書館問題研究会は、1955年5月に結成された、図書館員の個人加盟の団体

である。主要な会員が戦後公立図書館の質的転換を主導する調査・報告に関わっていたり、図書館界の中で、政治的、社会的問題への関心を強く示していたりした[43]。

　名古屋市図書館で『ピノキオ』の回収が行われた直後に、愛知支部から図書館問題研究会へと報告があった。それを受けて、図書館問題研究会は、1976年12月に、「古典的な児童よみもの『ピノキオ』を差別図書として回収を求めるアピールに反論する声明」を発表した。そこでは、「『回収』措置は問題のある部分を目にふれさせないというやり方」であり、「一種の『検閲』」や「ファッショ的挑戦」に該当しており、「作品を故意にゆがめて解釈するか、あるいは文学作品のよみ方がわからないものの主張」と、「洗う会」を批判していた[44]。

　その後も、「洗う会」を交えた公開フォーラムを開催したり、月刊の機関誌『みんなの図書館』に名古屋市図書館の動向の報告を掲載したり、資料集を作成したりするなど、この事件に継続的に関心を寄せていた。そして、『ピノキオ』事件あるいはピノキオ・コーナーの評価に関する見解の相違が最も明確な形で顕在化したのは、図書館問題研究会の全国大会（年次大会）においてであった。

3.2　1978年大会

　図書館問題研究会では、年に一度、全国大会を開催し、その後一年間の運動方針を採択している。この頃の全国大会の総参加者数は200名前後であった[45]。3日間開催され、初日と3日目は全体会で、2日目はテーマごとに設けられた分科会が開かれる。運動方針を採択するプロセスとして、事前に、常任委員会が『みんなの図書館』で社会や図書館界の情勢をまとめた上で方針案を提示し、大会の全体会で、それを基礎に、方針について議論する。1970年代後半には、「運動方針」は「任務と課題」という表現になっていた。

　1978年9月23日から25日の第25回図書館問題研究会全国大会を前に、『みんなの図書館』9月号に、基調報告が掲載された。ピノキオ・コーナーへの言及があったのは「任務と課題」を提示する前段階の、情勢分析の中であった。図書館界に注目した部分のうち、「図書館の自由をめぐる諸相」のはじめにピ

ノキオ・コーナーを取り上げている。

そこではまず、1978年4月25日の『朝日新聞』の名古屋市内版の記事として、「子どもに『ピノキオ』を貸し出してもよいかどうかを検討するために、一年間、特別コーナーを設け、高校生以上を対象に閲覧、貸出しをする、その際、『ピノキオをどう思うか』というアンケートをとる」[46]と報じていることに触れた。なお、この部分は記事の抜粋であるかのような記述になっているが、記事の表現をつなぎ合わせた要約である。元の記事を参照すれば、主見出しは「近く貸し出し再開」であり、袖見出しや本文で「高校生以上を対象」であることが繰り返し触れられており[47]、記事との関係でみれば、内容が曲解されていたわけではない。

これに続けて、名古屋市図書館の取り組みに一定の評価をした上で、次のように述べている。

　　一方、さきの新聞報道が事実とすれば、この措置は大きな問題を内包しているのではないでしょうか。このやり方は、館長がやり方がまずくて済まなかったという自己批判をひき出しておいて、凍結を解除しているものの、（みんなの図書館九月）貸出再開といえるものではなく、回収措置の若干の変化をもった継続にすぎない様にみえます[48]。

その理由を2点挙げている。第1に、利用者は「後難のおそれがあり」とコーナーには近づかず、「借りてゆけばアンケートに記入しなくてはならず」（傍点、引用者）、「予防拘禁」ともいうべき措置であるとする。第2に、高校生以上を対象としているため、子どもから『ピノキオ』を読む権利を奪っている。そして、全住民に貸出しを保障した上で解決の道を探るべきであると主張した[49]。

これを受けて、大会3日目の全体会において、名古屋市図書館の小木曽眞が、当該部分に代わる修正案を提示した。それは、ピノキオ・コーナーを「積極的に市民の間の討議をうながしていくというユニークな方針」と述べ、「新しい試みが含まれており、今後が注目されます」とする、積極的な評価を与える内容であった。あわせて、元の文章の問題点として、「後難のおそれあり」などの解釈の出し方や、高校生以上に限定するという現状の方針と異なる内容を含んでいることなどを指摘して、「当事者としては心外」であると主張した[50]。

しかし、大田区立大森南図書館の館長であった菅原勲（東京）はこの修正案について、告発者におもねるもので、回収した行為を正当化する印象を受けたとして、「検討のための特別公開などと資料提供にこんなことが正当化されてはならない」[51]と批判した。

　この後、当事者として中村幸夫も議論に加わり、小木曽と共に、名古屋市図書館における議論の経過を説明した。特に、一時的に、高校生以上に限定するという意見が強かったが、現在では子供も対象にする方針になっていると念押しした。また、塩見昇（大阪）も、原案は利用者が敬遠することを決めてかかっている記述になっている旨を指摘して、名古屋市図書館の努力を受け止める記述にすべきであると主張し、これに清水隆（東京）も賛同した[52]。

　一方で、森崎震二（東京）が、副委員長の立場から発言した。そこで強調したのは、まず、手続き面であった。すなわち、事実誤認の修正ならば、大会当日までに連絡をもらい、対応することができたということであった。さらに、「手続きだけの問題じゃなくて、『ピノキオ』問題を考える背景に考えかたのちがいがあって、それがこういうかたちででてるんじゃないか」と述べた[53]。その「ちがい」の内容に立ち入ることはなかったが、原案の作成を担当した東京支部の初稿は「はげしい内容」であり、原案は了解を得て修正を行ったものであることを明かしている[54]。そして、最終的に、原案と修正案について、両論併記して記録に残し、「一年間ご検討いただくということで考える場を確保していく。これがやはり図問研的なやり方ではないであろうか」という森崎の案が採用されることになった。議論の終盤にも、中村幸夫は、大会の時点で事実関係をとらえるという方法論の正当性を訴え、菅原勲は「新刊書のコーナーと特別に検討するコーナーとは天と地の相違がある」と持論を重ねて主張した[55]。

　このように、ピノキオ・コーナーの評価について、一年間の検討という処理になったため、議論は翌年に持ち越されることになった。

3.3 1979年大会

3.3.1 大会前史と情勢分析

　第26回図書館問題研究会全国大会は、1979年9月15日から17日に開催された。この大会の運営や、基調報告をまとめる当事者の観点から押さえておきたいのは、一年の間に、図書館問題研究会の組織に大きな変化があったことである。1978年には、常任委員会がない状態で図書館問題研究会の運営がなされていたが、本部を東京から大阪に移すことになり、関西で常任委員会が発足していた[56]。

　大会までに、ピノキオ・コーナーの報告が『みんなの図書館』に掲載された。1979年3月号は「差別問題にとりくむ名古屋市図書館からのレポート」という特集を組み、名古屋市中村図書館の阪谷孝一による「ピノキオ・コーナーの開設とその利用状況」[57]などを掲載した。10月号では、第2章2節でみたような、常任委員会による調査報告が巻頭に掲載された[58]。この号は、全国大会に「間に合うようにと、いつもより一週間早く発行」[59]されており、大会の開催地が岐阜であることにあわせて、中部地方の図書館を特集していた。名古屋市西図書館の服部昌史による「市民参加の『ピノキオ』検討」も掲載された[60]。会員は、大会直前にピノキオ・コーナーに関する詳細な報告を目にしたことになる。

　全国大会に向けた基調報告は、『みんなの図書館』9月号に掲載された。その情勢分析の「図書館の自由をめぐって」という項目では、同年5月に改訂されたばかりの「図書館の自由に関する宣言」に言及している。そして、同宣言の理念を日常実践の中で具体化する必要があることを指摘した上で、『ピノキオ』問題に言及し、「わが国の図書館界がこれまでに経験したことのない貴重な実践を積み重ねている」と評価した[61]。さらに、次のようにも述べている。

　　ピノキオが差別意識を助長するかどうかを子どもについてたしかめる方法は考えられなかったか（学校の教師などの協力を得て）、ピノキオを普通の形で公開しつつ特別コーナーを設けることは採れなかったかなど、名古屋市図書館の措置についての問題点はいくつか考えられる。だが今回の対処を通して、現代社会に生きる図書館のあり方を、積極的に市民

に提示し、ともに考えていこうとする姿勢は高く評価されるべきである
し、この経験を図書館界が共有し、今後の活動の発展に生かすことが必
要であろう（傍点、引用者）[62]。

この指摘を起点に、全国大会で議論が行われることになった。

3.3.2　全体会における情勢報告と特別実践報告（1日目）

　大会初日の全体会は、三苫正勝から「委員長の挨拶」があり、続けて塩見昇
から「情勢報告」が行われた[63]。基調報告の内容のうち、『ピノキオ』事件に
関わる部分では、10月号の調査報告とセットにして理解してもらいたいと求
めつつ、それらの前提となった常任委員会の考え方として、次の3点を示し
た[64]。

(1) 市民（図書館利用者）が、図書館の蔵書について指摘をすることは、基
本的に好ましいことである。図書館は、これにきちんと応えていくこ
とが大切である。

(2)『ピノキオ』に問題を感じた告発者が回収を要求するのは、それとして
もっともだが、回収が求められたから応じるという形でのみ対応す
る、問題のありそうな書物を書架から撤去することで対応するのは正
しくないだろう。

(3) 今回の問題でいえば障害者差別など、図書館は現代的な課題にどう取
り組むのかということは、ひとつの苦悩に満ちた暗中模索の取り組み
である。名古屋市図書館やその職員は、これを経験したのであり、日
本の図書館界では経験してこなかった重要な実践である。そして、そ
の経験は広く図書館界で共有していく必要がある。

　情勢報告の後に、西村一夫からの「活動報告」を挟んで、中村幸夫から「ピ
ノキオ問題について」と題する特別実践報告が行われた[65]。そこでは、経緯や
関連資料に触れつつ、第2章2節で触れた「『ピノキオ』を閲覧室に戻します」
と同様の論理を次のように示した。

　　ピノキオには問題になる箇所はあることはわかる。しかし、「洗う会」
　　が言っているように、表現が差別を助長するおそれがあるという理由だ

けで、資料を回収する、資料を差別図書と断定するわけには、今の段階ではいかないだろう。また、そういうことでは、名古屋市立図書館の職員の合意が得られないし、市民的合意も得られない。図書館としての基本的な任務は、国民あるいは住民の知る自由、知る権利を保障していくところにあるし、住民の求めるものについては提供していかなければならない[66]。

　そして、この原則に従って検討した結果、実行委員会としては『ピノキオ』を公開に戻すことを決定し、職員のほぼ全員の合意も得られたと報告した。あわせて、「検討の三原則」を紹介し、この種の問題を扱う組織を名古屋市図書館に設けることにも触れた。最後に、反省点や限界として、最初に回収を行ったとこや、200名近い職員の合意を得なければならないこと、職制サイドからの規制などを挙げつつ、理論面や実践面での討議を深めるように求めた[67]。

3.3.3　分科会（2日目）

　2日目には、10の分科会が設けられた。第九分科会「図書館の自由について話し合おう」では、午前中に、5月に改訂された「図書館の自由に関する宣言」を取り上げ、午後に『ピノキオ』事件に関する議論があった。この分科会の担当常任委員は塩見昇[68]、司会は長谷川光児、記録は酒川玲子であった[69]。参加者について、「『洗う会』から、市民の方が三人、名古屋の図書館の方が六人、あとはその他の方で、二十数人」という報告がある[70]。

　午後にはまず、名古屋市図書館の服部昌史から「『ピノキオ』市民討議の歴史的意義」という題目で約1時間のレポートがあった。そこでは、事件の経緯、「検討の三原則」、今後の組織や職員の意識が扱われた。その後の議論では、大会の特集号での報告を参照すれば、次の意見や論点が出されていた[71]。

- ・告発者を「敵」とみずに、粘り強く話し合いをしたことや、館内で討議を深めたことは評価に値する。
- ・図書館が読書の動機を指定したり、予測したりすべきではない。何のために読書するかは利用者の自由である。
- ・回収措置は誤りであり、名古屋市図書館の職員も同様の評価をしている

が、そこに自らたどり着くための地道な努力に学ぶべきものがある。
- 「洗う会」からの出席者は、対応を一応評価しているが、一年を経過した時点でコーナーを打ち切り、全面開架とした措置には納得できないと主張した。
- 図書館員の側から、すぐに出版物の回収要求が出されるが、それでは問題となっているものが世間の目から隠されてしまい、議論にならないという旨の指摘があった。「洗う会」側は、回収要求は問題提起の手段であり、資料の抹殺を意味していないと反論した。

なお、司会を担当した神奈川県立図書館の長谷川は、大会報告とは別に、この分科会に関する文章を『みんなの図書館』に掲載した。そこでは、「それぞれに異なった観点からの主張がされ、司会の手際の悪さもあって、討論が充分にかみあうまでにはなりませんでした」[72] と述べた。続けて示した司会者としての感想で、次のように、ピノキオ・コーナーに強い批判を加えていた。

　　回収がまちがいであることは早くから指摘されていましたが、最終的に回収解除のためには「ピノキオ・コーナー」の設置という経過をたどらざるを得なかったのが現実でした。回収それ自体は、事なかれ主義の反射的行為としての性格をもっていましたが、回収のあやまりに対する厳しい態度の欠如から、「ピノキオ・コーナー」の設置という二重のあやまりをおかしたと言えます。
　　「書物のもつ不都合な点や誤解を招く可能性、などを追求するようにさせる」ピノキオ・コーナーを、人権の名のもとに、「民主的、組織的」に設置したとは！　しかも、名古屋市図書館のみならず、図問研大会での両論併記の形で、図問研全体がこの一年間、そのあやまりを容認したのです[73]。

以上のように、第九分科会では、『ピノキオ』事件あるいはピノキオ・コーナーに関して、相違する様々な見解や論点が顕在化した。しかし、議論が尽くされたわけではなく、翌日の全体会へと続くこととなった。

3.3.4 全体会（3日目）

　最終日の全体会では、ピノキオ・コーナーの評価をめぐって、議事録20頁に及ぶ激論が交わされた[74]。

　論争の口火を切ったのは、前年度の全国大会では副委員長として大会の運営側に立っていた森崎震二であった。森崎は、前年の議論を踏まえて、一年間の検討結果を出すように求めた。情勢分析を担当した塩見昇が、会場での討論を経たものが検討結果になる旨を回答すると、森崎は、提案者としての見解を述べるように迫った。そこで塩見は、1日目の情勢分析で示した3点を再提示した。森崎は即座に「今の考え方には納得できません」と反発した。特に、（1）の、市民からの図書館資料にたいする指摘を基本的に歓迎するという部分について、回収要求を必然のように表現しているが、ゲバや暴力を許すことにつながり、そのような要求は裁判所を通すべきであるとした。これを是認する態度は、図書館問題研究会の歴史に汚点を残すと批判した[75]。

　この後の議論では、発言者の所属地域による見解の相違が顕著である。すなわち、森崎をはじめとする関東の会員が、名古屋市図書館が資料を書架から回収したことやピノキオ・コーナーを強く批判するのにたいして、当事者としてピノキオ・コーナーに関する認識や意図を説明する名古屋市図書館の職員（図書館問題研究会愛知支部の会員）と、名古屋市図書館の取り組みに一定の理解を示す関西の事務局を代表した塩見昇という構図である。議論全体をみれば、かなり激しい調子で議論の応酬があったことがわかる。指摘を「重箱の隅」と退けたり[76]、「人格を侮辱された」と退会届を取り出したり[77]、図書館問題研究会での立場が変わった森崎が一年で態度を大きく変えたことへの批判があったり[78]、発言が途中で遮られたりすることがあった[79]。それぞれの陣営の主張に注目すれば、以下のようにまとめることができよう。

　まず、関東の会員は、前年にも発言があった菅原勲（東京）をはじめとして[80]、名古屋市図書館の回収が誤りであることを強調していた。名古屋市図書館の関係者も同様の認識であることを確認すると、桑名みちる（東京）や高木純子（東京）は、それを図書館問題研究会の見解として明記するべきであると主張した[81]。森崎も「自明の事なら言うべき」[82]と述べ、松岡（東京）も同様

のことを主張した[83]。あわせて、『みんなの図書館』10月号の常任理事会の報告についても、池沢昇（東京）から、名古屋市図書館の関係者が「一生けん命やったんだからとして、回収や条件付き貸出は評価が小さくなっている。図書館がいきなり回収措置をとった事、二年後の条件付き貸出、これは図書館がとるべき措置ではないと思います」（原文ママ）という批判もあった[84]。

　もう一つの論点は、この「二年後の条件付き貸出」が指している、ピノキオ・コーナーの評価についてであった。森崎は、「回収の一変形」と捉える、前年の情勢分析で示した評価を確認した[85]。松岡もこれに同調し[86]、高木純子も「コーナーを設けた事自体が回収的措置であり誤りだったという事が明白だとおっしゃるなら、やはりその事を明記しなければ」ならないと述べた[87]。菅原も、前年に引き続き、「検討のためのコーナー作りも図書館の本質から見て、あってはならないもの」[88]と批判した。さらに、「近代公共図書館とは異質のもの」と述べて、他の資料が人種差別、民族差別と批判された場合を考えれば、際限なく続くことを問題視しながら、「図書館はこういうコーナーを設ける場所ではない」と述べた[89]。千葉県から市民の立場で参加していた鈴木由美子は、ピノキオ・コーナーで意見を求めるときにプライバシー保護が徹底されていないという認識を示したり、読書や感想を述べることの自発性を否定している取り組みではないかと批判したりした。また、たとえ子供の意見を聞くという方針を採っているとしても、アンケートの文書が高卒以上の学力がなければ読みこなせないと述べて、「カウンターは差別、選別の場になる」とも述べた[90]。

　一方で、名古屋市図書館から、図書館問題研究会の愛知支部の会員として発言したのは中村幸夫と服部昌史であった。服部は、関連する論点として登場した、前日の第九分科会の評価に関して発言し[91]、ピノキオ・コーナーについて応じたのは中村であった。中村は、回収が誤りであったことに「議論の余地はない」と述べつつ、明記の有無の議論は不毛であるとした。ピノキオ・コーナーに関して、全面公開に達しようとしている現時点からみれば、コーナーについて「不正常な状態だった」というのも当然であるという認識を示している。ただし、ピノキオ・コーナーが一定の状況の中で生じている実践であることを無視すべきではないことを強調した。その上で、「これからも別置コーナーを

一部回収した状態で設けるかという論議とは違う」と主張した。すなわち、何らかの問題提起が外部からあったとしても、資料への自由なアクセスを維持しながら検討を行うべきであるという考えを示した[92]。

　一定の議論を経た後に、塩見昇が常任委員としての立場から考えを明らかにした[93]。まず、回収という形での対応が誤りであることは自明のことで、議論の前提であったため、記入することについてはやぶさかではないと述べた。また、市民団体からの回収要求を危険視する森崎の見解について、「一般論としてはそう思います」としながらも、「身内に障害者を持っている小さな市民グループが『ピノキオ』を見てこういう本はあってほしくないと考えた。それが『回収』という表現で出てくることはそれとしてあり得ることだと思う」と現実に根差した理解を示した[94]。

　そして、ピノキオ・コーナーについて、前日の分科会でも「ベストとは言わないにしても次善の方法として評価できる」という意見があったことを紹介し、「評価がわかれるところだ」というのが実際であろうとしている。また、経験の評価や共有に力点を置いたのは、次の理由からであった。すなわち、書架からの回収が図書館側の自主規制で、誤った措置であり、「その誤りをどう回復していくかが問題であり、その中から、これは障害者の人権に関わる問題だという受けとめ方ができた」。これは日本の図書館が経験する「新しい問題」であり、「現代社会に生きる図書館としてどう関れるかを模索する場」であった。その成果として、「問題があった時は職場みんなで討議する、その為に常設の委員会を館内に作る、市民から提起があった時にはそういう提起があるという事を市民に返していく『意見のひろば』を設ける。そういう事を通して今日的な問題にコミットしていく。これは暗中模索の実践だと思う」と評価した。方法に問題があるとしても、これを大切にすることで、日常の問題として、「図書館の自由に関する宣言」の理念が、日常実践で活かされるようになることにもつながると述べた[95]。

　しかし、森崎は、この説明は日本図書館協会の場ならばよくできているが、図書館問題研究会では、それでは足りず、一致できることを強調するのがここでのやり方であると反発した。あわせて、告発者への同情をもって語っている

ようだが、そのことと容認することは完全に異なるとして、「回収は言うべき
でない、市民的共感を得なければ運動は進まないし真理にならないということ
を説く事が図問研の基本的態度だと思う」と批判した[96]。この発言に続けて、
前述した菅原によるコーナー批判や、他の図書館での類似問題への言及を挟ん
で、塩見は、「図問研の今年度の基調を決める大会」であることに鑑みて、議
論のまとめ方として次の3点を示した。

> 一つは、名古屋市図書館が回収をしたという事は誤りである事を明記す
> る。二つ目は、「この経験を図書館界が共有し」が何を共有さるかという
> 点。障害者の差別という新しい問題を受けて取り組んできた名古屋の図
> 書館の職員集団の対応の経験を共有する。三つ目は検討コーナーについ
> て異論があることに明記。そういう内容です[97]（原文ママ）。

　そして、森崎との調整の議論を行いつつ、この線に沿って、討議は終結し
た。

3.4　大会終了後

　大会の後にも、『みんなの図書館』に、ピノキオ・コーナーに関するいくつ
かの論考が掲載された。『みんなの図書館』12月号の特集は全国大会の印象で
あった。3.3.3で言及した長谷川光児のピノキオ・コーナー批判以外に、大会
においてピノキオ・コーナーへの批判を明確にしていた菅原勲の「ピノキオ問
題雑感」や、山内薫（墨田区立あずま図書館）の「図書館の自由侵す『ピノキ
オ・コーナー』の設置」が掲載された。

　菅原は、まず、回収が間違いだったということに合意したことを評価した。
その上で、問題点として、大きく3点を挙げた。第1に、本の内容についてそ
れが任意であっても、アンケートに類する用紙を渡し回答を求めるなど、読書
に付帯条件をつけてはならない。無条件で貸し出されなければならない。児童
についても、図書館が感想文を強いてはならないことは常識である。第2に、
『ピノキオ』のみが別置されるいわれはない。大会でも発言したように、『ちび
くろサンボ』『シナの五にんきょうだい』などをはじめ、それは際限なく発展す
ることになる。第3に、図書館の職員はその専門性に支えられ、適書とされる

児童書の選択と提供についても、明確な判断と責任を負わなければならない。利用者等に聞かなければ選択と提供が出来ないということになれば、それは専門性の放棄である。それならば、「誰がどこで論議すべきか」という問題が残されることになる。これには、図書館員が一個人としてあるいは研究団体員として対等のレベルで話し合い、民間の団体としてアンケートやシンポジウムを企画し、その成果を資料として作成することを提案した。その資料が、公的職員によって、選択・提供業務の中で活かされるはずである[98]。

　山内薫は、このコーナーが、利用者が自由に本を選び、借りることを明らかに妨げていると主張した。住民からのフィードバック回路は重要であるが、「それは、誰でもが自由に本を借りられるという情況があってはじめて考え得るのであって、あくまでこのコーナーは利用制限、自由を侵すものだと思う」と述べ、「ある課題を集めていくためには多少自由が制限されても仕方がないという風に考えては絶対にいけない問題なのだ」と論じた[99]。

　しかしながら、これらのような批判が掲載されたものの[100]、ピノキオ・コーナーに関する評価にまつわる議論が図書館問題研究会内で大きく展開されることはなかった。名古屋市図書館は、『ピノキオ』事件の決着から間を置かずに発生した、『名古屋市史』問題に取り組み始め、そのことを報告していた[101]。1980年の全国大会に向けた基調報告では、『名古屋市史』問題が取り上げられ、『ピノキオ』事件は、「検討の三原則」や「図書館の自由問題検討委員会」の背景として名前が挙がるにとどまった[102]。

　もちろん、その後の議論が皆無であったわけではない。鈴木由美子はこの問題にこだわり、大会直後だけではなく[103]、1983年になっても「ピノキオ問題から逃げてはいけない」という論考で「まだ議論を始めてさえいない」と強調して、従来からの主張を訴えた[104]。これに中村幸夫は、『名古屋市史』や『名古屋地名年表』の問題を軸に「検討の三原則」を主にした記事で応じ[105]、それを受けた鈴木の論考も掲載された[106]。そこでの一つの論点は、資料の利用に予断を与えることや、具体的なラベリング（資料へのコメントの貼り付け）であった。中村も、「コメント貼付については絶対に容認できる措置ではない」と述べつつ、それが実現してしまっている図書館があるとしても、その陰にあ

る良心的な図書館員の抵抗までも切り捨てるべきではないという旨のことを論じていた[107]。鈴木は、現実が理想通りいかないことを認めつつ、「『アンケート付き貸出し』『利用目的別提供制限』『説教付き貸出し』『ラベリング』などは、まるで危険なアクロバットに似ていた。本を隠したい人には提供制限していると語り、公開を主張する人には、同じ実践を見せて本を隠していないと説明する」として、本の作り手あるいは利用者の人権を無視することなしに遂行できないことであると反駁していた[108]。図書館問題研究会が更なる議論を呼びかけ[109]、それに応じた短文が掲載されることもあったが[110]、大きな議論には結びつかなかったのである。

3.5　本章のまとめ

　本章でみてきたように、ピノキオ・コーナーに関する見解の相違が顕在化していたものの、それ以上に図書館問題研究会内で議論が深められることはなかった。特に、1979年の図書館問題研究会の全国大会で一致をみた、（1）名古屋市図書館が回収をしたという事は誤りである、（2）名古屋の図書館の職員集団の対応の経験を共有する、（3）検討コーナーについて異論がある、という3点について、図書館問題研究会の枠内では、これ以上の進展を見せることはなかった。1979年の全国大会における白熱した議論は、同時代人の記憶には強く残っていると思われるが[111]、後世に『ピノキオ』事件を伝えるのに、より大きな役割を果たしたのは、「図書館の自由に関する宣言」の文脈であった。

4　「図書館の自由に関する宣言」と『ピノキオ』事件

4.1　「図書館の自由に関する宣言」の改訂と差別問題

　本章では、『ピノキオ』事件が、「図書館の自由に関する宣言」の文脈の中で、いかなる形で現在まで伝えられたのかを検討する。同宣言の改訂後に『ピノキオ』事件が終結しており、この後世への伝達は宣言の解説の中で行われた。本節では、その前史として、宣言の改訂作業中に、「差別図書」問題や『ピノキオ』事件がどのように意識されてきたのかということや、「資料提供の自由」の例外項目である「人権またはプライバシーを侵害するもの」が、どのような変

遷をたどったのかを概観する。その上で、次節において、宣言の解説における
『ピノキオ』事件への言及の在り方を検討する。

　そもそも、「図書館の自由に関する宣言」の改訂に至る動向の起点は、1973
年の山口県立図書館図書抜き取り放置事件であり、1974年に日本図書館協会
に「図書館の自由に関する調査委員会」が設置され、同委員会が副文改訂のた
めの草案を2度提示し、主文を含めた改訂に切り替えた後の改訂案を経て、最
終案が1979年5月30日の日本図書館協会の総会で採択された[112]。

　この「図書館の自由に関する調査委員会」を設置するか否かの議論を行って
いる段階から、差別問題は意識されていた。この委員会名の原案は「図書館の
自由委員会」であり、1974年4月23日に、第1回「図書館の自由委員会設置可
否検討委員会」が開催された。そこでは、(1)委員会の設置の可否の検討に加
えて、(2)設置する場合に担当する事業内容、(3)山口県立図書館の事件との
関連をどのように結論付けるか、という3点が主な議題であった[113]。日本図書
館協会の理事会では、一致した点についての報告があり、委員会が担うのは、
図書館の自由に関係する啓蒙・教育活動や、調査研究などであったという[114]。
後の報告では、「なお、同和問題に関する資料の取り扱いについては複雑な問
題があるため、とくに関西において検討集会を開くことにした」と、議論があ
ったことを窺わせている[115]。その詳細は、『みんなの図書館』の前誌である図
書館問題研究会の『会報』で、次のように報告されている。すなわち、「議題
が部落問題に移ると、討論は大へんむずかしくなり、主旨としては異論はない
が、部落問題が非常にきびしい状況にあるとき、時期的に無理があるのではな
いか。部落問題について一番現場で苦労している関西方面の図書館員の立場に
ついての、委員(特に東京在住の)の認識が甘いのではないか。などの意見も
出て、結局、関西で図書館の自由委員会設置に関して特に部落問題を中心にし
た討論集会を開くことになりました」[116](原文ママ)。

　このような趣旨で開催された、5月19日の関西地区での討論集会では、同和
問題に関して、図書館員としての経験についての情報交換が行われた。さら
に、「資料の収集提供については困難な問題が生じている」という認識の下で、
「差別をなくすという国民的立場から、図書館として着実なサービス改善の実

践、研究に努めつつ対処してゆく必要が強調された」[117]。

　そして、12月に「図書館の自由に関する調査委員会」の設置が正式に決まった[118]。活動開始後も継続的に差別問題が議題として取り上げられていた。例えば、1976年9月の『図書館雑誌』で、近畿地区小委員会は、石塚栄二の文責で、「『新着だより』の削除事件をめぐって」[119]という事例研究を掲載している。ここで取り上げたのは、ある自治体の図書館が東上高志の『ドキュメント・八鹿高校事件』を購入し、「新着図書だより」に掲載したところ、同自治体の同和教育室から、不適当との指摘を受けたという事例であった。同和行政の窓口一本化という背景を押さえつつ、問題点の整理や、図書館として採るべき方策を論じている。この事件の位置付けについて、「同和問題と図書館の自由の関係には、（1）明らかに差別図書と見なされるものをどう取り扱うかの問題と（2）部落解放運動の路線をめぐる問題のふたつがある。このケースは後者に関わる事例である」[120]とも述べていた。

　同委員会は、1976年5月に「図書館の自由に関する宣言」の副文を新たに作成することを申し合わせた[121]。「新着だより」の記事と同じ『図書館雑誌』9月号で、副文案の問題点と改正の大綱を示していた[122]。その段階から、1954年版が「資料提供の自由」の限界として例示していた「貴重な資料」「公開をはばかる種類のもの」という表現について、「範疇を異にする次のような問題がふくまれている」という理由で、削除することを明らかにしている。それに続けて「①人権、あるいはプライバシーを侵害するおそれが明確なもの。②図書館に資料を寄せた個人又は機関が公開を否とするもの。③いわゆるわいせつ出版物。④名誉棄損・剽窃等により判決の確定している場合、がある」とした。この①と②は具体的に列挙するとして、「問題の判断については、当事者の要求、専門家の意見を尊重し、最終的には図書館員の研究と見識をもって対処すべきこと、およびこの種の制限は極力限定すべきであり、一定時期後に再検討する必要があることを述べる」とした[123]。

　翌1977年9月の、最初の副文案において、当該項目は、次のようにまとめられた。

　　　次の場合に限って提供の自由の原則に制限が加えられる。これらの制限

は、極力限定して適用し、時期を経て再検討されるべき性質のものである。

　1）人権やプライバシーを侵害するもの

　2）寄贈又は寄託資料のうち、寄贈者又は寄託者が公開を否とする非公刊資料

　3）名誉棄損およびわいせつ出版物であることの判決が確定したもの[124]

　同年12月の副文第2草案で、当該項目に変化はない。ただし、「人権やプライバシーを侵害するもの」の部分に注記が付され、「『特定の個人・団体の人権やプライバシーを侵害するもの。』というように、限定すべきだとする意見もある」（傍点、引用者）という但し書きが示された[125]。

　翌年には、主文を含めた改訂へと方針を転換し、1978年8月に改訂第1次案を示した。そこでも、当該項目は表現の微修正がなされたにとどまった[126]。1979年2月の最終案を経て[127]、5月30日に1979年改訂版が日本図書館協会総会で採択されることになる。採択の直前の討論会が、1979年3月27日に開催された。そこでは、「図書館の自由に関する調査委員会」の委員長である森耕一による改訂の趣旨説明や、意見交換が行われた。この意見交換において、「人権またはプライバシーを侵害するもの」という制限項目（第2-1-(1)）の解釈が論点になっていた。当該委員会の内部資料によれば、「拡大解釈をおそれる意見が多く出された。『特定の個人』にかかわる『人権…』と理解してもよいか、という質問が出された」のであり、「これに対し、委員から『そうです。』という発言もあった」と記録されている[128]。なお、この発言について、2019年8月6日に、当時「図書館の自由に関する調査委員会」の一員であった塩見昇に筆者がインタビューしたところによれば、石塚栄二によるものであったという。

　別の文献で塩見が明らかにするように、改訂案の原案作成は、「近畿地区小委員会に属する森耕一、石塚栄二、酒井忠志、塩見昇の4人による起草委員会の手で、1978年4〜6月に集中的に取り組まれ」[129]た。このとき、従来の議論の蓄積を確認した上で、公約数的に整理する形で作業を進め、分担を次のように割り振っていた[130]。

・前文、第1（収集の自由）：森耕一
・第2（提供の自由）：酒井忠志
・第3（利用者の秘密）：石塚栄二
・第4（検閲への反対）、結び：塩見昇

　ただ、「提供制限があり得る場合の基準としての『人権またはプライバシーを侵害するもの』、寄託者が公開を否とする非公刊資料というカテゴリーの設定、図書館の自由のたたかいで不利益をうけた職員が万一出た場合の日図協の役割」などについて、石塚は強い関心を示していた[131]。そもそも石塚は、和歌山県立図書館や大阪市立図書館での勤務経験を踏まえた「現場の責任者という立場からの実務判断」や、帝塚山大学への転出以降の「学部長の立場から主導的に対処された同和教育推進の経験」をもって、近畿地区小委員会が続けた部落差別、差別表現に関する学習に積極的に関与していたとされている[132]。

　このように、副文第2草案の時点で存在していた論点である「特定の個人」に関わる人権という、制限項目の射程の議論は、採択直前まで継続していた[133]。しかしながら、採択された1979年版「図書館の自由に関する宣言」では、当該項目に関する表現は、このような議論を反映することなく、従来とほとんど同じであった。

　　　提供の自由は、次の場合にかぎって制限されることがある。これらの制限は、極力限定して適用し、時期を経て再検討されるべきものである。
　　　（1）人権またはプライバシーを侵害するもの。
　　　（2）わいせつ出版物であるとの判決が確定したもの。
　　　（3）寄贈または寄託資料のうち、寄贈者または寄託者が公開を否とする非公刊資料[134]。

　このような、議論に決着がついていない論点は、塩見の言う「公約数の合意にはいまだ難しいと思われる事項」[135]に該当した。当時、このような事項について、「この段階での文章化は見送り、宣言とは別に解説のような文書を作成し、その中で取り扱うのがよいだろう、ということが暗黙の了解のような形で意識されていた」[136]という。「人権またはプライバシーを侵害するもの」という項目の説明は、次節でみるように、解説の中で扱われ、そこで『ピノキオ』

事件が取り上げられ続けることになる。

4.2 「図書館の自由に関する宣言」の解説における制限項目
4.2.1 1979年解説

　日本図書館協会の「図書館の自由に関する調査委員会」は、1979年10月20日に「図書館の自由に関する宣言」に関する最初の解説書を刊行した。同書の作成も、森耕一、石塚栄二、酒井忠志、塩見昇の4名が担当した[137]。その発行日は、『ピノキオ』を閲覧室に戻してから1カ月も経過しておらず、『ピノキオ』事件に関する議論を十分に反映できる日程はなかった。

　解説書の作成については、改訂の審議過程で表明されてきたことであった。ただし、最初の解説書については、「詳しい逐条解説をつくるとなると、おそらく2、3年はかかるであろう。そこで、とりあえず最小限に的をしぼって簡単な解説をつくることにした」という認識が示されていた[138]。

　その中で、「人権またはプライバシーを侵害するもの」には独立した解説が付されていた。この制限項目について、「必ずしもすべての人にすっきりと理解されたとは言えない点がある。ある資料が『侵害するもの』であるという判断はいったいだれがするのか、また、この内容は人によっては拡大解釈をするおそれもある。どういう基準にもとづいて判断するのかというような疑問である」[139]と述べた。続けて、改訂作業時に念頭に置いていたのは『部落地名総覧』や、ある種の古地図、行政資料など、「就職差別や結婚差別に直ちにつながるもの」であったことを明かしている。その上で、「このように宣言で『侵害するもの』とされる資料は、さしあたって、特定された個人の人権またはプライバシーを侵害するものと理解されるのである」（傍点、引用者）と明示した。

　ただ、資料に関する判断が全ての人で一致するとは限らないとして、前節でもみた「新着だより」事件や、『ピノキオ』事件、某大学で『現代用語の基礎知識』に差別的内容が含まれているとして学生団体から、資料を閲覧に供した図書館の責任を問う公開質問状が出された事例を列挙した。

　『ピノキオ』事件の取り上げ方としては、名古屋市図書館による回収措置に触れた上で、図書館問題研究会常任委員会による声明を引用し、「ここにも、

提供の自由に制限を加えるべき人権侵害の資料であるかどうかという点での判断のちがいが表れている」[140]と述べるにとどまった。これらを経て、今後も類似の事例に図書館は直面するであろうが、そこで得られる経験と教訓を全国的に蓄積し、広く社会的に認められる合意点を作り出していくことの重要性を説き、拡大解釈を戒めた[141]。

4.2.2 1987年解説

　前節でみたように、1979年の解説では、『ピノキオ』事件は他の事例と扱いに差がなかったのであるが、1987年の『「図書館の自由に関する宣言1979年改訂」解説』では、扱いが大きくなる。この解説も、「図書館の自由に関する調査委員会」が作成したものであった。旧版の記述で修正が必要な箇所を洗い出し、関東・近畿の両小委員会が分担して草稿を執筆し、全国委員会における総合的な検討を行った。そして、当該委員会の委員長に就任していた石塚栄二が第二次草案を執筆した。意見の統一をみることができなかった部分もあったが、石塚の責任で調整を行ったという。それは、著作権法の改正が流動的であることを踏まえて、文献複写申込書の取り扱いをどこまで記述するのかという部分と、「人権またはプライバシーを侵害するもの」の項目であった。後者では、「もっとふみこんだ見解を表明すべきであるという意見もあった」が、社会的合意を形成していく努力の中で解決をはかるという趣旨にとどめることにしたと明かしている[142]。

　実際の解説では、旧版と同じ流れを採用し、残された疑問点、改訂作業で念頭にあった資料の種類、「特定の個人の人権またはプライバシーを侵害するものに限って適用するものである」こと、判断が一致するとは限らないことを説明した[143]。

　それに続けて、「このような経験のなかで名古屋市図書館が『ピノキオ』事件の処理にあたって確認した3原則は、次のようなものであった」と「検討の三原則」の内容を提示した。そして、「この3原則に示されているように、図書館員が問題に主体的に取り組む姿勢と、当事者や市民の参加をえて幅広い合意を形成していく方向が打ちだされたことは、この制限項目の内容を明確にしてい

くうえで貴重な成果であったというべき」という評価を与えた。さらに、合意形成の必要性と、制限が恣意的に拡大されることに注意して締めくくった[144]。

4.2.3　2004年解説

　この解説書の第2版は2004年に出版されており、これが最新版にあたる。「図書館の自由に関する調査委員会」は2002年8月に「図書館の自由委員会」に名称を変更しており、第2版の出版時の委員長は、1979年の図書館問題研究会全国大会で「委員長の挨拶」をしていた三苫正勝であった。三苫による「あとがき」によれば、時代の変化に応じて改訂増補の必要性が増したのであり、次のように述べている。

> 　特に、「人権またはプライバシーを侵害」の項が、最も恣意的解釈や拡大解釈あるいは自己規制の見られるところで、今回は厳密な解釈が求められた。委員の間でも論議が繰り返され、幾度書き直されたかわからない。しかし、やむをえず制限することになった場合の方法については、当初案はこまかく具体的に書きこんであったのだが、世のなかには前後を読み飛ばして、あるいは故意に無視して、そこに書いてあることだけを根拠に、いきなり利用制限をしてしまうような人たちがあとを絶たないところから、具体的な方法を書くのは避けることにした。いよいよ刊行されることになってもまだ、これでいいのかという不安はぬぐえないのが正直な気持ちである[145]。

　この解説書の出版に至るまでに、委員内での議論のみならず、原案を公開して、外部からの意見を広く求めた。まず、委員が分担して素案をまとめ、委員会内で会議を重ねて修正を行った[146]。そして、2002年の全国図書館大会の分科会で、新しい解説の内容を議題にした。そこではまず、三苫から解説を改訂することの全体的な趣旨説明があった。そして、福永正三が「人権またはプライバシーを侵害」の項目について、井上靖代が「図書館はすべての検閲に反対する」の項目について、新しい内容を示して論点を説明した[147]。前者では、最初に、「人権またはプライバシー」という表現に関連して、「プライバシーの権利が人権に含まれることに、今日ではほとんど異論がないと考えられる

から、この制限項目の文言を『プライバシー、その他の人権を侵害するもの』と読み替えられるべき」と述べて、将来的に宣言本文を修正することを期待した[148]。

　次に、福永は、第1版で言う「残された疑問点」の部分について、回答を具体化しようと試みたという。そして、（A）判断基準、（B）判断主体、（C）提供制限しなければいけないという結論に到達したら、どういう制限方法があり得るのか、に分けて説明した[149]。

　（A）の導入は、「被害者の人権の保護と著者の思想、表現の自由の確保とのバランス、および国民の知る自由を保障する図書館の公共的責任を考えれば、次のようになろう」というもので、第2版と内容的には違いがない。続く具体例の列挙では、特定の者のプライバシーや人権侵害に直結するものを除き、制限項目に該当しないという認識が示された[150]、これは第2版の記述に接続する。しかし、この列挙に含められていた名誉棄損や、関連する実践に含められていた「ピノキオ問題に対する名古屋市の図書館の対応と長野市史考問題」[151]は、第2版の当該部分には含められなくなる[152]。

　本研究に最も関係するのは、（B）の部分であり、最終的な第2版とは記述が大きく異なっていた。ここでは、「Aに述べた基準の運用について、意見の対立が予想されるところから、図書館内外の多様な意見が公平に反映されつつも、図書館の主体性が確保された合議体による判断が求められる」[153]と述べた。その上で、『ピノキオ』事件での「一応の解決策」を紹介すると位置づけて、原案と記述の意図を説明した。

　　「1.各図書館に資料の利用制限の是非・程度を検討する委員会を設置しておくことが望ましい。小規模図書館においては、全会員による検討会を委員会に代えることができる。委員会はすべての会員の意見が反映されるような組織であることを要する。委員会または検討会は、当該資料に関して直接の理解を有するもの、および一般の図書館利用者の求めに応じて、意見を表明する機会を与えなければならない。委員会は個別の資料と人権のかかわりを検討するのみでなく、広く図書館の自由に関する日常的な研修の場として利用すること、および研究会を主宰すること

ができるものとする」。

　手続き的な民主制というのをここで確保しておく。結論はともかく、手続きで、やはり正義というものを実現しておこうというぐらいの気持ちで書いた。そこで、その検討会ないしは委員会で検討の結果、もちろん一切の提供制限をする必要なしという判断も当然ありうるわけで、その際はたぶん図書館にクレームをつけてきた人に対して、こういう理由で提供制限をする必要がないと判断したという、アカウンタビリティー（説明責任）を果たせればそれで済む[154]。

最後の、（C）の説明の趣旨は、過度の制限にならないよう留意することと、制限項目がこの解説に記載されていることが安易な閲覧制限につながらないかという懸念であった[155]。

　この後、第二次案を『図書館雑誌』に掲載したり、図書館の自由委員会のホームページに全文を掲載して意見を募集したり、公開の意見交換会を開いたり、翌年の全国図書館大会で最終案を提示したりして、第2版の内容が確定した。

　そこでは、上記のABCの議論とその内容に対応して、「人権またはプライバシーの侵害」の項目の説明は、（1）「侵害するもの」であると判断する基準、（2）判断の主体と手続き、（3）利用制限の方法、（4）制限措置の再検討で構成されていた。『ピノキオ』事件が言及されたのは、この（2）においてであった。

　その冒頭で、「それぞれの図書館が、図書館内外の多様な意見を参考にしながら、公平かつ主体的に意思決定することが求められる」と述べた上で、上記の（B）の説明で引用した部分の前半を、内容はそのままに、箇条書きに落とし込んでいる。その要素を簡単にまとめれば、（1）委員会の設置、（2）委員会にすべての職員の意見が反映されるべき、（3）求めに応じて意見表明する機会を設ける、（4）委員会は資料の取り扱いの検討と研究の場になる、（5）制限措置をとった場合には理由を公表する、といったことである。そして、『ピノキオ』事件の経緯を説明し、「名古屋市図書館は障害者団体、文学者をはじめ幅広い市民の合意づくりに努め、1979年10月に提供制限を解除した」とまとめた。さらに、「今後、批判を受けた蔵書については、『明らかに人権またはプラ

イバシーを侵害すると認められる資料を除き、資料提供をしながら市民と共に検討』することとして、次の原則を確認した」（傍点、引用者）と述べて、「検討の三原則」を具体的に示し、この項目の記述を終えた[156]。

おわりに

　これまでみてきたように、ピノキオ・コーナーは、『ピノキオ』事件という「差別図書」を告発する動きに図書館がどのように関わるのかを模索する中で生み出された。その成り立ちは、名古屋市図書館で『ピノキオ』が回収された状況下で、図書館としての結論を導くべく、市民的な合意形成を目指して設置するというものであった。以下では、図書館界によるピノキオ・コーナーの受容の在り方として、評価をめぐる対立の構図と、解説書での取り上げられ方をまとめる。

　同時代的には、ピノキオ・コーナーについての評価は分かれた。「回収の一変形」や読書への条件付けといった批判には、図書館活動から指導性を排し、無条件の貸出を保障するという規範が強く反映されていた。当事者である名古屋市図書館の図書館員でさえ、問題視された資料へのフルアクセスが保障されていない前提状況を否定的に認識しており、その点では、ピノキオ・コーナーに一定の限界があることを認識していた。

　他方で、誤った措置が生み出した状況からの回復を目指す、現実に制約された中での取り組みとして、暗中模索の実践や市民の合意づくりを積極的に評価する見解があった。なお、ピノキオ・コーナーというプロセス自体は、「洗う会」にさえ受け入れられており、市民の合意づくりという目的や、図書館として結論を出すための取り組みという点からみれば、このコーナーは現実的に一定の成果を出していた。

　これらの評価の在り方には、概して関東の図書館員が批判し、当事者である中部と、関西の図書館員が積極的な評価をするように、地域差が存在していた。上記の評価の違いが、原則（理想）か実践（現実）かという重点の置き方の相違であると解釈するならば、第4章1節で触れた「図書館の自由委員会可否検討委員会」で明らかになった、部落問題に関する現場での「苦労」にまつわ

る東西の差の影響を示唆していよう。

そのような中で、図書館問題研究会での議論では、（1）名古屋市図書館が回収をしたという事は誤りである、（2）障害者の差別という新しい問題を受けて取り組んできた名古屋の図書館の職員集団の対応の経験を共有する、（3）検討コーナーについて異論がある、という論点について、一応の合意に至っていた。しかしながら、実質的に、（2）経験の共有を担ったのは、日本図書館協会の「図書館の自由に関する調査委員会」であった。

そもそも、名古屋市図書館は、『ピノキオ』を児童室に戻す決定の中で、「個人の人権」、「市民の知る権利を保障」、「人権またはプライバシー」という表現を用いていた。これは、同年5月に採択された改訂版「図書館の自由に関する宣言」を具体的に受容していたことを意味する。特に、「個人」という部分に注目すれば、まだ解説が刊行されていなかった時点の声明であることに鑑みて、表層的な受容ではないことがわかる。すなわち、改訂作業に関わる議論で登場していた論点を踏まえており、「図書館の自由に関する調査委員会」の考え方と軌を一にしていた。

ただ、「図書館の自由に関する宣言」の解説書で共有された「経験」の主眼にあったのは、手続き的な公正さとしての「検討の三原則」であり、目指すべき方向性としての「幅広い市民の合意づくり」であった。その手段として現実にあらわれたピノキオ・コーナーは、是非にかかわる解釈や総括が提示されないまま、『ピノキオ』事件の後景に退き、具体的な言及はなされないまま現在に至っている。

つまり、1979年の議論と比較検討すれば、（1）の回収措置は、先行研究で挙げた文献にみられるように、批判の対象になっている。（2）の経験の共有は、名古屋市図書館の取り組みの手続きや方向性という形で、「図書館の自由に関する宣言」の解説書の記述に反映された。これは、ピノキオ・コーナーについての肯定的な見解の核心部分だけが継承されたということである。そして、否定的見解を含めて、（3）のピノキオ・コーナーの総括は明確な形で行われることがなかったのである。

『ピノキオ』事件が同時代人の記憶から規範の文脈で参照される歴史へと移

り行く現状にあって、ピノキオ・コーナーを契機に生じた議論を明らかにすることで、当時の認識や、現在まで残る規範の位置の理解につながった。本研究ではピノキオ・コーナーに議論を絞ったが、『ピノキオ』事件の全体を、歴史的・社会的背景の中で理解する研究が進展すれば、さらなる知見をもたらすことになろう。

謝辞：本研究は、JSPS科研費JP18K18331「図書館の社会的責任に関する戦後史研究」（福井佑介研究代表者）の助成を受けたものです。

注

1) 福井佑介「社会的責任論からみた戦後の全国図書館大会の展開：図書館界の『総意』を示すフォーラムの興亡」相関図書館学方法論研究会編『図書館と読書をめぐる理念と現実』松籟社, 2019, p. 139.
2) 「障害者」差別の出版物を許さない　まず「ピノキオ」を洗う会「アピール：『障害者』差別の童話『ピノキオ』の全面回収を求める」図書館問題研究会『ピノキオ問題に関する資料集』図書館問題研究会, 1977年5月, p. 2.
3) 「ピノキオを児童室に戻します：『ピノキオ問題』の解決と障害者差別の解消をめざして」は、次の文献の資料6として示されているものを参照。名古屋市図書館の自由問題検討委員会「『ピノキオ問題』と図書館の自由：名古屋市図書館における検討と結果」日本図書館協会図書館の自由に関する調査委員会編『図書館と自由をめぐる事例研究その2』日本図書館協会, 1981年, p. 24-25.
4) 図書館関係の情報共有のみならず、図書館界の「総意」を表明するための議論を行う場でもあった。詳細は下記を参照。前掲1).
5) 「第4分科会　読書の自由と図書館」全国図書館大会実行委員会『昭和52年度全国図書館大会記録』1978年3月, p. 63.
6) 日本図書館協会編『中小都市における公共図書館の運営』日本図書館協会, 1963年.
7) 日本図書館協会編『市民の図書館』日本図書館協会, 1970年.
8) このようなことについては、下記を参照。福井佑介『図書館の倫理的価値「知る自由」の歴史的展開』松籟社, 2015年, p. 65-102.
9) 塩見昇『図書館の自由委員会の成立と「図書館の自由に関する宣言」改訂』日本図書館協会, 2017年, p. 180.
10) 杉尾敏明・棚橋美代子『ちびくろサンボとピノキオ』青木書店, 1990年.
11) 日本図書館協会図書館の自由に関する調査委員会編『図書館の自由に関する事例

33選』日本図書館協会, 1997年.

12）全体的な時系列は下記を参照。前掲3), p. 7-25. 前掲10), p. 96-127.

13）「童話でも身障の扱い慎重に『子供心に差別意識』：名古屋の市民グループ出版社へ抗議活動」『毎日新聞』1976年11月27日.

14）小学館「謹告」図書館問題研究会『ピノキオ問題に関する資料集』図書館問題研究会, 1977年5月, p. 5.

15）四方八洲男「『ピノキオ』検討・交渉経過（概要）」図書館問題研究会『ピノキオ問題に関する資料集』図書館問題研究会, 1977年5月, p. 3-4.

16）出版時期の近いものとして、次の文献を参照した。原作・コッロディ／文・木ひとみ／画・小野かおる『ピノキオ』集英社, 1966年, p. 48-70, 90-103, 144-145. 原作・コッローディ／文・光吉夏弥／絵・永田力『トッパンの絵物語9　ピノキオ』フレーベル館, 1968年, p. 16-21, 28-31, 47. また、次の文献のように、3度目の登場が省略されているものもあるが、ネコとキツネを描写する表現や筋書きに大きな差はない。コロディ作・村上幸雄編著『世界名作童話全集34　ピノキオ』ポプラ社, 1964年, p. 37-49, 63-70. 問題視された『オールカラー版世界の童話』9巻では、ネコとキツネが障害者を装う点は同じであるが、ひと気のないところに連れ出して木につるすのみで、簡略化された筋書きであった。教育童話研究会編・波多野勤子・浜田廣介・村岡花子監修『オールカラー版世界の童話9　ピノキオ』小学館, 1966年, p. 21-22.

17）前掲2).

18）中村幸夫「『ピノキオ問題』が教えるもの」『みんなの図書館』15, 1978年9月, p. 24.

19）同上.

20）「『まず『ピノキオ』を洗う会』と市立図書館とのピノキオについての懇談会（記録）」『図問研あいち』92, 1977年7月, p. 8.

21）同上, p. 7-17.

22）前掲18), p. 26.

23）「ピノキオ問題全体集会」『みんなの図書館』14, 1978年8月, p. 29-32. 「ピノキオ問題解決のために」『みんなの図書館』21, 1979年2月, p. 12.

24）図書館問題研究会・常任委員会「調査報告・名古屋市図書館における『ピノキオ』の検討」『みんなの図書館』28, 1979年9月, p. 5.

25）同上, p. 2.

26）阪谷孝一「ピノキオ・コーナーの開設とその利用状況」『みんなの図書館』21, 1979年2月, p. 5-11.

27）前述の常任委員会報告では、掲示を写真に収めたものが掲載されている。掲示の本文は次のように始まっていることが読み取れる。「童話『ピノキオ』は100年来、読みつがれてきた児童文学の古典です。しかし、この作品に、身体に障害を持つ

人びとへの差別意識を助長するおそれのあることが市民から指摘されました。名古屋市図書館では、この批判に対して検討してきましたが、このたび、障害を持つ人も、持たない人も含めて、広く市民の皆様にお考えいただくため、特に『ピノキオ・コーナー』を開架室カウンター横に設けました」。前掲24), p. 6-8.

28) 前掲26). なお、配布物には、利用者懇談会への案内状送付希望者に向けた用紙が含められることもあった。前掲24), p. 7-8.

29) 「ピノキオ」検討のための別置実行委員会「『ピノキオ問題』解決にむけてのまとめと提言」『みんなの図書館』29, 1979年10月, p. 60.

30) 「全体会：一日目」『みんなの図書館』31, 1979年12月, p. 17.

31) 同上.

32) 中村幸夫『表現の自由の理念を求めて：図書館における32年の実践レポート』私家版, 2008年.

33) これに関しては、次の文献を参照。中村幸夫「紙芝居『くろいいぬ』をめぐって：問題の発生と経過」『みんなの図書館』21, 1979年2月, p. 13-20.

34) 前掲32), p. 28-29. なお、同時代的な言及としては、1983年に「この三ヶ条が成文化したのは、ピノキオ問題が三年目に入った頃、紙芝居『くろいいぬ』の作者に送った書簡の中であったが、資料をさかのぼると一九七七年七月、ピノキオの回収解除を求めた図問研愛知支部の決議に早くも原型が現れていることがわかる」と述べている。中村幸夫「『自由と人権』についての覚え書：『ピノキオ問題から逃げてはいけない』(本誌九月号)に応えて」『みんなの図書館』78, 1983年10月, p. 51-62.

35) 前掲26), p. 7.

36) 前掲24), p. 8.

37) 服部昌史「市民参加の『ピノキオ』検討：図書館の自由と弱者の人権の狭間で」『みんなの図書館』28, 1979年9月, p. 42.

38) 前掲30), p. 16.

39) 前掲29), p. 61.

40) 前掲3).

41) 「障害者」差別の出版を許さない！ まずピノキオを洗う会「ピノキオ問題『終結』に思う」『みんなの図書館』33, 1980年1月, p. 43.

42) 同上, p. 44.

43) 詳細は、下記を参照。前掲8).

44) 図書館問題研究会常任委員会「古典的な児童よみもの『ピノキオ』を差別図書として回収を求めるアピールに反論する声明」『会報』180, 1977年2月, p. 136-137.

45) 1978年大会は188名、1979年大会は235名であった。「大会参加者」『みんなの図書館』19, 1978年12月, p. 136.「大会参加者」『みんなの図書館』31, 1979年12月, p.

118.

46)「"暮らしに生きる図書館"の追求と創造：一九七八年第25回図問研全国大会基調報告」『みんなの図書館』14, 1978年8月, p. 63.

47) なお、次のように、この時点での四方の反応も報じている。「ピノキオ問題でこうした方法をとるのは、おそらく全国では初めて、と図書館は説明するが、この別置コーナーについては洗う会の"受け"もいい。洗う会の会員の一人である緑区鳴子町、四方八洲男さん（三八）は『改めて市民に問題をみつめ直してもらう意味でも結構なことだ』と話す」。「近く貸し出し再開」『朝日新聞』名古屋市内版, 1978年4月25日, 12面.

48) 前掲46).

49) 同上, p. 63-64.

50)「全体会：第三日」『みんなの図書館』19, 1978年12月, p. 111-113.

51) 同上, p. 113.

52) 同上, p. 113-117.

53) 同上, p. 119.

54) 同上, p. 118.

55) 同上, p. 119-121.

56) 例えば、下記参照。同上), p. 124.「ともんけん：事務局だより」『みんなの図書館』30, 1979年11月, p. 62.

57) 前掲26).

58) 前掲24).

59)「編集メモ」『みんなの図書館』28, 1979年9月, p. 65.

60) 前掲37), p. 39-44.

61)「八〇年代に向けて地域に根差した図書館づくりをすすめよう：第二十六回図書館問題研究会全国大会基調報告」『みんなの図書館』27, 1979年8月, p. 22-23.

62) 同上, p. 24.

63) 前掲30), p. 6-12.

64) 同上, p. 11-12.

65) 同上, p. 15-19.

66) 同上, p. 16.

67) 同上, p. 17-19.

68)「分科会へのおさそい：第二十六回全国大会」『みんなの図書館』27, 1979年8月, p. 68-69.

69)「図書館の自由について話し合おう：第九分科会」『みんなの図書館』31, 1979年12月, p. 78-81.

70)「全体会：三日目」『みんなの図書館』31, 1979年12月, p. 95.

71）前掲69），p. 80-81.

72）長谷川光児「『ピノキオ・コーナー』の評価をめぐって」『みんなの図書館』30，1979年11月，p. 14.

73）同上，p. 15.

74）前掲70），p. 86-106.

75）同上，p. 87.

76）同上，p. 90.

77）同上，p. 93.

78）同上，p. 103.

79）同上.

80）あわせて第九分科会の議論の進め方の是非に言及したことで、これに関する一連のやり取りがあった。同上，p. 88.

81）同上，p. 90, 93.

82）同上，p. 92.

83）同上，p. 91.

84）同上，p. 94.

85）同上，p. 86.

86）同上，p. 91.

87）同上，p. 93.

88）同上，p. 88.

89）同上，p. 101.

90）同上，p. 89, 93.

91）同上，p. 90.

92）同上.

93）塩見による第九分科会の評価については以下を参照。同上，p. 94.

94）同上，p. 96-97.

95）同上，p. 97.

96）同上，p. 99-100.

97）同上，p. 102.

98）菅原勲「ピノキオ問題雑感」『みんなの図書館』30, 1979年11月，p. 18-19.

99）山内薫「図書館の自由侵す『ピノキオ・コーナー』の設置」『みんなの図書館』30，1979年11月，p. 24-25.

100）翌1980年の2月号には、第2章2節の末尾で確認した、「洗う会」による「ピノキオ問題『終結』に思う」が掲載された。前掲41）.

101）この問題は、『名古屋市史』の復刻版に、被差別部落を示す地名と差別表現があったことに関するものである。名古屋市西図書館の梶川による報告がある。図書

館問題研究会愛知支部「名古屋市立図書館図書館の自由問題検討委員会の結成および市史問題の取りくみにあたって」『みんなの図書館』33, 1980 年 1 月, p. 61-62. 梶川雅宏「ピノキオ問題から市史問題へ：市史問題公開学習会の報告」『みんなの図書館』37, 1980 年 5 月, p. 21-33.

102）「住民の学習権を保障する図書館づくりの中身を考えよう：第二十七回図書館問題研究会全国大会基調報告」『みんなの図書館』40, 1980 年 8 月, p. 30.

103）鈴木由美子「手さぐりのピノキオ問題」『みんなの図書館』34, 1980 年 2 月, p. 54-62.

104）鈴木由美子「ピノキオ問題から逃げてはいけない」『みんなの図書館』76, 1983 年 8 月, p. 36-43.

105）中村幸夫「『自由と人権』についての覚え書」前掲 34）.

106）鈴木由美子「『自分』を持つことから始めてみませんか：続・ピノキオ問題から逃げてはいけない」『みんなの図書館』80, 1983 年 12 月, p. 41-47.

107）中村幸夫「『自由と人権』についての覚え書」前掲 34）, p. 59.

108）前掲 106）, p. 46.

109）同上, p. 47.「強まる図書館要求, そして『行革』の影響：図書館をめぐる情勢」『みんなの図書館』86, 1984 年 6 月, p. 38.

110）吉田美穂子「職員集団形成はすべての土台：「ピノキオ問題から逃げてはいけない」に触発されて」『みんなの図書館』85, 1984 年 5 月, p. 71-72.

111）『みんなの図書館』1983 年 7 月号では, 図書館問題研究会の全国大会が 30 回を迎えたことで, 印象記を掲載した。菅原勲, 森崎震二, 塩見昇は 1979 年大会を大きく取り上げた。菅原が振り返ったのは『ピノキオ』事件関係の大会だけであり, 再度, 持論を展開した。議論の分かれ目は「図書館資料の提供は無条件でなければならないと認めるかどうか」で, 条件を付けた貸出しを批判しつつ, 図書館員の責任を強調し,「誰かの意見に頼らなければ収集・提供を自律的に行えないということであってはならない」とする。森崎も,「問題処理の流れが自由宣言や図問研方針とくいちがっているように思え, 修正を求めましたが実りませんでした。もしそのまま決定するならば図問研の死滅であると思い前夜に退会を決意して大会発言しました」と回想した。塩見は,「ピノキオ論議では,『私の意見がいれられなければ図問研を退会する』という恫喝まがいのまことに不愉快な, およそ図問研らしくない発言がとびだしてまことに困惑させられたことも強く記憶に残っている」と述べた。菅原勲「ピノキオ問題に想う」『みんなの図書館』74, 1983 年 6 月, p. 74-75. 森崎震二「大会三〇年」『みんなの図書館』74, 1983 年 6 月, p. 76-77. 塩見昇「大会参加十六回のなかで想うこと」『みんなの図書館』74, 1983 年 6 月, p. 77. 近年の回想では下記を参照。村岡和彦「二題話：『みんなの図書館』とわたし」『みんなの図書館』503, 2019 年 3 月, p. 42-43.

112）詳細は、下記を参照。前掲8).前掲9).

113）「理事会」『図書館雑誌』68（8），1974年8月，p. 345-347.

114）同上，p. 346.

115）図書館の自由委員会設置検討委員会「『図書館の自由委員会』設置検討委員会報告」『図書館雑誌』68（11），1974年11月，p. 479.

116）「"図書館の自由委員会"設置の方向：これまでの経過と図問研の活動」『会報』152, 1974.7, p. 149.

117）前掲115).

118）「協会通信」『図書館雑誌』69（2），1975年2月，p. 82.

119）図書館の自由に関する調査委員会近畿地区小委員会「『新着だより』の削除事件をめぐって」『図書館雑誌』70（9），1976年9月，p. 374-376.

120）同上，p. 374.

121）図書館の自由に関する調査委員会「第3回関東・近畿地区小委員会連絡会から」『図書館雑誌』70（7），1976年7月，p. 262.

122）図書館の自由に関する調査委員会「『図書館の自由に関する宣言』解説文作成について：1954年『副文』案の改訂のために」『図書館雑誌』70（9），1976年9月，p. 377-379.

123）同上，p. 379.

124）図書館の自由に関する調査委員会「『図書館の自由に関する宣言』副文案（1977年）」『図書館雑誌』71（9），1977年9月，p. 421.

125）図書館の自由に関する調査委員会「『図書館の自由に関する宣言』副文第2草案：全国の図書館関係者の討論と意見を期待します」『図書館雑誌』71（12），1977年12月，p. 550-551.

126）図書館の自由に関する調査委員会「『図書館の自由に関する宣言』改訂第1次案：広範な討論と意見表明を望む」『図書館雑誌』72（8），1978年8月，p. 403-405.

127）図書館の自由に関する調査委員会「図書館の自由に関する宣言：1979年改訂案」『図書館雑誌』73（2），1979年2月，p. 71-73.

128）「『宣言』討論会について」『全国委員会通信』30, 1979年6月，p. 5.

129）前掲9)，p. 130.

130）同上，p. 131.

131）塩見昇「図書館員の基点を問い続ける石塚さん」石塚栄二先生の傘寿をお祝いする会編『読書の自由と図書館：石塚栄二先生傘寿記念論集』日本図書館研究会, 2017, p. 8.

132）同上，p. 7.

133）塩見は、検討の諸段階で「人権またはプライバシーを侵害するもの」に多くの議論を呼んだと回想している。また、「部落差別をはじめ、この時期に顕在化した

『ピノキオ』が提起した障害者差別や人種差別、職業差別、性差別などにつながる恐れがあるとみられる資料を想定しつつ、制限の是非、判断基準、制限方法などが論議された」という。前掲9)，p. 180.

134）「図書館の自由に関する宣言：1979年改訂」『図書館雑誌』73（8），1979年8月，p. 419.

135）前掲9)，p. 131.

136）同上.

137）前掲131).このことは、宣言の最初の解説でも確認できる。日本図書館協会図書館の自由に関する調査委員会編『図書館の自由に関する宣言：1979年改訂』日本図書館協会, 1979年, p. 45.

138）同上.

139）同上, p. 22.

140）同上, p. 23.

141）同上, p. 23-24.

142）日本図書館協会図書館の自由に関する調査委員会『「図書館の自由に関する宣言1979年改訂」解説』日本図書館協会, 1987年, p. 65.

143）同上, p. 24-25.

144）同上, p. 25.

145）日本図書館協会図書館の自由委員会『「図書館の自由に関する宣言1979年改訂」解説』日本図書館協会, 2004年, p. 118-119.

146）同上, p. 119.

147）全国図書館大会実行委員会編『平成14年度全国図書館大会記録』全国図書館大会実行委員会, 2003年, p. 249-253.

148）同上, p. 250.

149）同上.

150）同上.

151）同上.

152）このほか、ここではプライバシーについての説明もあった。同上, p. 250-251.

153）同上, p. 251.

154）同上, p. 251.

155）同上, p. 251-252.この説明を受けて、会場からの質疑応答では、東條文規が制限項目の存在自体を批判したり、塩見昇が宣言改訂時の認識を示しつつ、「ABCをひっくるめて判断主体は図書館である」ことを強調したりした。同上, p. 255-257.

156）前掲145)，p. 27-28.

各論文抄録

戦後初期公民館構想における図書館の位置づけに関する批判的再解釈：なぜ図書館と公民館は分離して語られてきたのか

吉田　右子

本稿では公民館設置の基点に立ち戻り、公民館を発案した寺中作雄の言説を中心に公民館構想における図書館の位置づけを検討した。公民館の発案と設置の最初期に焦点を当て、その段階で図書館および資料提供を含む図書館サービスはどのように捉えられていたのかを分析し、占領期初期にいかなる地域社会の学びの空間が示されていたのかを解明した。占領期公民館構想においては既存の図書館との関係や公民館内の資料提供サービス機能が提示されつつも図書館界と公民館界による領域横断的な議論はなされず、両者の一体的運営に向けた方向性は示されなかった。両者の関係性は図書館と公民館での個別的連携にとどまり、個別法を持つ図書館と社会教育法に規定された公民館の制度上の複線構造により、図書館と公民館は分離して論じられてきたことを結論とした。

原則の遵守と公務員や市民としての義務との確執：『ラベリング声明』(1951年)と共産主義プロパガンダを中心にして

川崎　良孝

戦後冷戦期にあって、共産主義を唱道すると図書にラベリングを要求する動きがあった。それに対応してアメリカ図書館協会は1951年に『ラベリング声明』を満場一致で採択するとともに、アメリカの図書館員は反共産主義者であるとも書

き込んだ。声明を採択した同じ年次大会で、会長経験者でもあるデトロイト公立図書館長アルヴェリングが、共産主義プロパガンダの図書は一般貸出にそぐわないとして、中央館参考部門にのみ置くという同館の方針を説明した。この方針について、検閲とかラベリングという批判がだされ論争になった。本稿は理念としての民主主義と国策としての民主主義、および原則としての『図書館の権利宣言』と現場での実践の確執ととらえ、こうした経過を入念に追っている。さらにラベリングにまつわる諸事件も紹介している。

1950年代の『実践国語』誌上における俗悪書論争：学校図書館の選書に対する国語科教員の異議申し立て

杉山　悦子

　本論は、国語科教育機関誌で繰り広げられた読書指導に関する議論を分析し、学校図書館と国語科教育の間に、選定図書に関する主張の相違があったことを明らかにした。1954年秋、図書室に子どもが寄りつかない現状を危惧したある中学校教員が、名作や全集等ではなく、探偵・冒険もの等を図書室に並べることを提案した。教員は、読後感を生徒と自由に話し合うことによって、現実の問題を思考する、10代の「生活読書」を模索していた。学校図書館界には基本図書目録を「良書」出版の圧力にする思惑があり、子どもを主体とする読書教育のための図書を求めた学校教育側との間に齟齬をきたしていた。戦後新教育の目玉であったはずの学校図書館自らが矛盾を抱えていたことを示し、戦後教育改革期の学校図書館に対する史的解釈に一石を投じた。

図書館法制をめぐる展開の考察

塩見　昇

　戦後教育改革の一環として公共図書館の制度的根拠を示す図書館法が1950年に制定された。だが法の規制力と公権力の指導に図書館の発展を賭けた当時の図書館界指導層の願いは満たされず、制定早々に改正運動が始まる。その過程で図書館法を活かす図書館づくりを志向する若い世代の動きも生まれ、その後の図書館発展の担い手となる。70年代初期には単独法である図書館法を社会教育法に統合する改廃問題も起きた。90年代末以降は国の政治・経済政策の関連で法の基幹に

及ぶ変更も加えられる。そこでは規制力の乏しさが批判されてきた図書館法が「規制緩和」の観点から改変を迫られた。法制定から70年間の法制の展開を考察し、図書館づくり、図書館サービスの進展と法制の関連、規制力の乏しい図書館法を活かす地域や住民の関与について論究する。

読書の推進と上海図書館講座

拱　佳蔚

　世界的に読書メディアは多様になり、多くの国が読書推進に取り組んでいる。中国の最近の調査をみると、読書自体への国民の関わりに変化はないとしても、読書のためのメディアと読書の方式が変化しつつあり、変化に応じた読書の促進が重要となる。本報告は現在の上海図書館が実施している読書推進の試みを紹介し、続いて40年間にわたる上海図書館講座と読書推進について述べる。前者では『上海公共図書館読書報告』、読書記録提供サービス、読書マラソン、「図書館の夜」に触れる。後者では講座の概要を示した後、「書香上海」と東方書院という特徴のある取り組みを紹介する。そして結論では、メディアの多様化に伴う講座空間の拡大の必要性、交流型講演会の必要性、若い人の意見を反映させる仕組みの必要性などを提言する。

上海図書館国際交流処の歴史と展望

金　晶

　上海図書館国際交流処は上海図書館の重要な部署として、国際交流の責務を担い、文化外交における図書館の役割を果たしている。本報告は上海図書館国際交流処の職能、歴史と現状を分析し、その将来を展望する。まず国際交流処の上海図書館での組織上の位置づけの歴史的な変遷、および他市の国際交流処の状況を特に杭州図書館を取り上げて概説する。続いて多元的文化サービスの一環としての上海図書館国際交流処の活動の現状を、「上海の窓」、「上海で結びつく」、それに上海国際図書館フォーラムの3点に絞って歴史と現状を説明する。それらを踏まえて、国際交流処の現状と今後の課題についていくつかの提言を行う。

アメリカ南部における児童サービスとその空間：アトランタ・カーネギー図書館とニューオーリンズ公立図書館を中心にして

中山　愛理

　本稿は、アトランタ・カーネギー図書館とニューオーリンズ公立図書館の児童サービスに焦点をあて、子どもへの図書館サービス空間という視点から検討した。同館で児童サービスが開始されて以降、黒人の子どもたちがサービスを享受できるまでの時期を対象に、図書館内外における児童サービス空間の位置づけ、児童サービス空間でどのような取り組みが実施されていたのかを通して、白人の子ども、黒人の子どもが図書館へ受け入れられていった状況を解明した。その結果、白人の子どもにたいする空間の整備は、新たな図書館の建物により始まり、それを担う児童図書館員の存在に大きく依拠していたことと、黒人の子どもにたいする空間整備は、黒人図書館開館まで形式上実現せず、開館したのちも児童サービスを担当する図書館員が活躍する1930年代後半まで進まなかったことを明らかにした。

ピノキオ・コーナーの評価をめぐる理念と現実の確執：1970年代の差別図書問題と図書館の社会的責任

福井　佑介

　本研究では、差別図書の問題に名古屋市図書館が取り組んだ事例としてよく知られる『ピノキオ』事件を取り上げた。特にピノキオ・コーナーに焦点をあて、1970年代後半に存在したピノキオ・コーナーの評価をめぐる論争と、名古屋市立図書館の教訓を後世に伝えた「図書館の自由に関する宣言」の解説の展開を分析した。その結果、論争の構図と図書館界での受容の在り方が明らかになった。すなわち、差別問題と公立図書館の距離に関する地域差を背景に、無条件の貸出を重視する規範（理念）と、現実的な制約の下で解決を模索し、市民の合意形成を目指したという実践的評価（現実）が衝突していた。解説の中で強調されたのは実践的評価であり、規範の議論とも関係するピノキオ・コーナー自体の総括は、明確な形で行われないままであった。

索　引

・用語対照という性格を持たせている。
・書名で著者がカタカナになっている図書には訳書があり、原書名は示していない。

初出

本書のうち、下記の論考はすでに発表したものであり、その典拠を示すと同時に転載を許可してくださった日本図書館研究会にお礼申し上げる。

・吉田右子「戦後初期公民館構想における図書館の位置づけに関する批判的再解釈：なぜ図書館と公民館は分離して語られてきたのか」は、下記論文を大幅に加筆した。
　初出：吉田右子「占領期公民館構想における図書館の位置づけに関する批判的再解釈」『図書館界』71 巻 3 号, 2019 年 9 月, p. 189-203.

編集後記

　相関図書館学方法論研究会は多年にわたって研究会活動を続け、その成果を刊行してきた。研究会を編者としての図書は2016年刊行の『マイノリティ、知的自由、図書館：思想・実践・歴史』が最初であった。そして2018年4月からは松籟社の協力を得て、本研究会の研究成果を〈シリーズ〉「図書館・文化・社会」として世に問うことになった。出版リスクを考えて印刷部数を絞ったこともあって、幸いなことに創刊号のシリーズ1「トポスとしての図書館・読書空間を考える」は早期に完売になり、絶版になってしまった。シリーズ2では紙媒体の本が完売すれば、電子図書として扱えるようにした（すなわち翻訳論文の著作権獲得に際して、電子図書でも販売できるとの条件を盛り込んだ）。この扱いは今後も続ける予定である。シリーズ2は発行部数を増したが、販売は順調でほぼ完売という状態である。今回、シリーズ3を上梓することができて喜んでいる。今後も引き続きご支援をいただけると幸いである。なお図書館法制をめぐる歴史的展開に関する塩見昇論文、上海図書館の読書推進活動を扱った拱佳蔚論文、上海図書館の国際交流処の歴史と現状を取り上げた金晶論文は、研究会から報告を依頼した。

（川崎良孝・三浦太郎）

相関図書館学方法論研究会会員（2019年4月1日現在）

安里のり子（ハワイ大学）　　　　　A.ウェルトハイマー（ハワイ大学）

川崎良孝（京都大学名誉教授）　　　久野和子（神戸女子大学）

嶋崎さや香（大阪樟蔭女子大学）　　杉山悦子（四国大学）

中山愛理（大妻女子大学）　　　　　福井祐介（京都大学）

三浦太郎（明治大学）　　　　　　　山崎沙織（東京大学）

吉田右子（筑波大学）　　　　　　　和気尚美（三重大学）

編者・執筆者・翻訳者紹介［掲載順］

●編（著）者

川崎　良孝（かわさき　よしたか）
　　2015　京都大学名誉教授
　　主要業績：アメリカ図書館協会知的
　　　自由部編纂『図書館の原則（改
　　　訂4版）』（翻訳，日本図書館協会，
　　　2016）；『アメリカ大都市公立図書
　　　館と「棄てられた」空間』（京都図
　　　書館情報学研究会，2016）；『開かれ
　　　た図書館とは』（京都図書館情報学
　　　研究会，2018）ほか

三浦　太郎（みうら　たろう）
　　2019　明治大学文学部教授
　　主要業績：「戦後占領期におけるアメ
　　　リカ図書館像：CIE図書館のサー
　　　ビスを中心に」（共著『図書館と読
　　　書をめぐる理念と現実』松籟社，
　　　2019）；『図書・図書館史：図書館
　　　発展の来し方から見えてくるもの』
　　　（編著，ミネルヴァ書房，2019）ほか

●執筆者

吉田　右子（よしだ　ゆうこ）
　　2011　筑波大学大学院図書館情報メ
　　　ディア研究科教授
　　主要業績：『メディアとしての図書館』
　　　（日本図書館協会，2004）；『デンマ
　　　ークのにぎやかな公共図書館』（新
　　　評論，2010）；『オランダ公共図書館
　　　の挑戦：サービスを有料にするの
　　　はなぜか？』（新評論，2018）ほか

杉山　悦子（すぎやま　えつこ）
　　2019　四国大学文学部准教授
　　主要業績：「「愛の教具」が戦後の沖縄
　　　にもたらしたもの：戦災校舎復興
　　　募金による購入図書を中心に」（『琉
　　　球・沖縄研究』5, 2017）；「戦中・
　　　戦後の読書指導：阪本一郎の場合」
　　　（『日本図書館情報学会誌』65 (1)，
　　　2019）ほか

塩見　昇（しおみ　のぼる）
　　2002　大阪教育大学名誉教授
　　主要業績：『日本学校図書館史』（全国
　　　学校図書館協議会，1987）；『図書
　　　館の自由委員会の成立と「図書館
　　　の自由に関する宣言」改訂』（日本
　　　図書館協会，2007）；『図書館の発
　　　展を求めて』（日本図書館研究会，
　　　2007）；『新図書館法と現代の図書
　　　館』（編著，日本図書館協会，2009）
　　　ほか

拱　佳蔚（Gong Jiawei）
　　上海図書館国際交流処　副処長
　　上海図書館副研究館員
　　主要業績：「图书馆讲坛的设计」（邱冠
　　　华・金德政编『图书馆阅读推广基
　　　础工作』北京，朝华出版社，2015）；
　　　「图书馆讲坛的专业设计」，「图书馆
　　　讲坛主持人」（邱冠华・王丽丽・拱
　　　佳蔚编『图书馆讲坛工作』北京，朝
　　　华出版社，2017）ほか

金 晶 (Jin Jing)
　　上海図書館国際交流センター 「上海の
　　窓」担当主任
　　主要業績:「超越图书:上海图书馆"上
　　　海之窗"项目的探索及发展」(『第八
　　　届上海国际图书馆论坛论文集』上
　　　海科学技术文献出版社, 2016);「上
　　　海図書館フォーラムを手掛かりに
　　　図書館を考える」(共著『図書館と
　　　読書をめぐる理念と現実』松籟社,
　　　2019) ほか

呉 桐 (Wu Tong)
　　2018　京都大学大学院教育学研究科博
　　　士後期課程進学
　　主要業績:「<文献レビュー>史実と伝
　　　奇:清末民初期における小説内
　　　外の女学生」(『教育・社会・文化:
　　　研究紀要』, 2017);「1930年代中国
　　　におけるモダンガールの身体表象:
　　　女性誌『玲瓏』を中心に」(『京都大
　　　学大学院教育学研究科紀要』2020)
　　　ほか

中山　愛理 (なかやま　まなり)
　　2016　大妻女子大学短期大学部准教授
　　主要業績:「アメリカ公立図書館が提供
　　　するサービスのモノ・コト〈経験〉
　　　への拡大」(共著『現代の図書館・
　　　図書館思想の形成と展開』京都図
　　　書館情報学研究会, 2017);「ピッツ
　　　バーグ・カーネギー図書館におけ
　　　る児童サービス空間」(共著『トポ
　　　スとしての図書館・読書空間を考
　　　える』松籟社, 2018) ほか

福井　佑介 (ふくい　ゆうすけ)
　　2016　京都大学大学院教育学研究科講
　　　師
　　主要業績:『図書館の倫理的価値「知
　　　る自由」の歴史的展開』(松籟社,
　　　2015);「出版関連議員と政論メ
　　　ディアの変遷:雑誌の専門化と商業
　　　化」(共著『近代日本のメディア議
　　　員』創元社, 2018);「社会的責任論
　　　からみた戦後の全国図書館大会の
　　　展開:図書館界の『総意』を示すフ
　　　ォーラムの興亡」(共著『図書館と
　　　読書をめぐる理念と現実』松籟社,
　　　2019) ほか

シリーズ〈図書館・文化・社会〉3

時代のなかの図書館・読書文化

2020 年 4 月 27 日　初版発行　　　　　定価はカバーに表示しています

編著者　　相関図書館学方法論研究会（川崎良孝・三浦太郎）

発行者　　相坂　　一

発行所　　松籟社（しょうらいしゃ）
〒 612-0801　京都市伏見区深草正覚町 1-34
電話　075-531-2878　　振替　01040-3-13030
url　http://shoraisha.com/

印刷・製本　　亜細亜印刷株式会社
カバーデザイン　　安藤紫野（こゆるぎデザイン）

Printed in Japan

© 2020　ISBN978-4-87984-389-0 C0030